大展好書　好書大展

品嘗好書　冠群可期

孫式太極拳：04

孫祿堂武學思想

孫玉奎 著

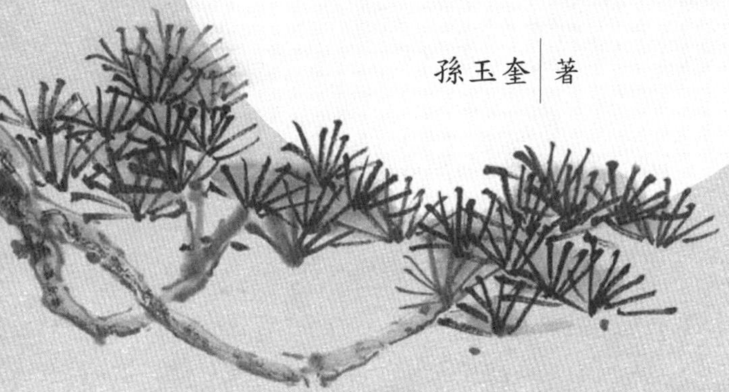

大展出版社有限公司

孫祿堂先師像

孫祿堂先師 1929 年任江蘇國術館館長時拳照

孫玉奎八卦刀

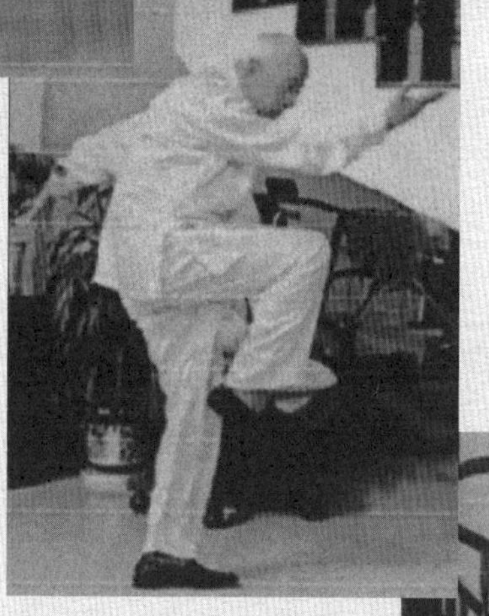

孫玉奎八卦拳大蟒翻身

孫玉奎八卦雙劍

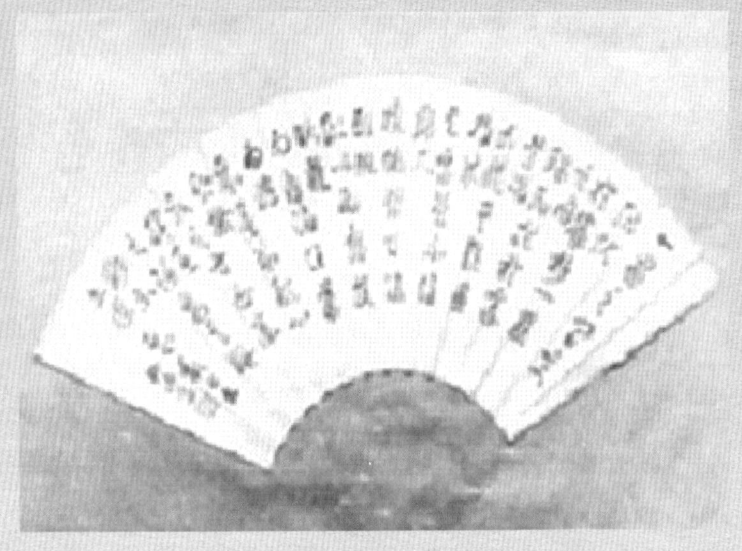

拳道與書法

品祿堂師遺墨有感
楊世垣

我重品先師遺墨，想起先師常說的一句話：武學與文學一理。先師直至晚年，練拳寫字是每日必修功課。每當揮毫，必遵練拳九要之法，兩足平踏，身中正鬆靜，虛靈頂勁，腰塌肩沉，肘垂腕懸，以指尖握筆桿上端，借指關節靈活，筆運中鋒。臨摹何碑帖，盡維妙維肖。將拳之勁道融入書法，自成一體，出神入化。先師援筆勁力，蓋發腰際。即是習小楷，雖只動手指，但運勁仍由腰發，至肩、至肘、貫於手指，一氣流行。觀先師草書，如練拳盤架，圓活緊湊，靈活中透著沉穩，柔軟中含著剛勁，奇幻倏忽，行雲流水。可見拳法於墨跡之中。綴其小文，與同道共賞！

前言

從《封神演義》可以聯想到，有史以來，武學就是強身健體、保家衛國的必修之術，遺憾的是沒有文字記載。到宋朝雖有《武穆遺書》，只有理論，而無拳譜；明朝雖有戚繼光著的《紀效新書》，只有廝殺戰術，而沒有上升到文化層次；到清末，尚見《太極拳論》，但也沒有文字的學練拳譜。到民初，孫祿堂承前啟後，出版了《形意拳學》、《八卦拳學》、《太極拳學》、《八卦劍學》、《拳意述真》五部拳學著作。既有拳譜可照圖學練，又有拳學理論和傳承始末，且發現形意、八卦、太極三派理論大方向都是一致的，從而提倡「三派合一」的大武學思想，成為武學史上劃時代的里程碑。並把三教文化和醫學、生理、天理等知識融於武學，成為中華民族文化不可或缺的重要部分，具有創世紀的貢獻！

《孫祿堂武學思想》彰顯在已出版的專著和論文

中，更隱藏在生活之愛好和讀書寫字中。

孫祿堂終生愛讀《易經》，並融於武學，有孔子「易編三絕」之功夫。

孫祿堂崇尚老子「無為自然」之旨，和儒家中庸思想，且熟讀孫臏的兵書戰策，並在著作中多處引用。

孫祿堂終生喜愛書法，酷愛讀傳統《書論》。孫婉容、孫寶亨前輩將孫祿堂書法真跡，貢獻出來刊印面世，為本書插圖增添了光彩，我在此敬誠恭拜，衷心感謝！

孫祿堂武學文化含量豐富，有簡約、易學、易練、變化神妙、中和自然和利於自律系統本能地運行等特點；且敢於創新，和而不俗，成為武學發展史上「絕無僅有」的貢獻。

為了鑑別作者所述《孫祿堂武學思想》的正誤或真偽，第一卷「原著精要篇」則是必不可少。

孫祿堂宗師「太極一氣、動靜中和」的思想，是儒家「太極」和「中庸」文化的繼承和創新。他對「佛道」兩家有「敬而不辯、述而不作」地認識和態度，所以引用其經典，多沒有解釋。本人大膽「實事求是」地有所淺解，說出大師書外之言，不當之處，願拜求方家老師指正。

「聯想深悟篇」和「繼承發展篇」，是受孫祿堂武學思想的啟發而作！但還需要伴隨著學習有關傳統文化和生理、醫理等知識，用近代科學「與時俱進」地體悟和提高。

「拳道回味」是深悟和體會的昇華詩作，是筆者靈感的顯現，與前面論述對照，便於記憶，利於「拋磚引玉」和交流，從而為傳統武術事業的發展，做出應有的貢獻。

附：孫祿堂太極拳照一幀：

孫玉奎

序言一

孫祿堂先生集先輩大成於一身，創新立說，著有孫祿堂武學叢書，卷卷經典，拳式簡約，哲理邃密，拳與道合，承續先宗絕學，後來居上，獨樹一幟，影響極為深遠。至今仍為世人尊崇與敬仰。

喜聞孫玉奎先生新著《孫祿堂武學思想》一書，即將集結付梓。該書立意高遠，感悟到作者用心良苦。悉心對孫祿堂武學思想之要，即內勁為旨、動靜中和、善養浩然正氣、修身求本的大武學思想做了詮釋，為愛好者研究探索、交流切磋技理搭建了平台。而更多體現出的是作者對《孫祿堂武學》傳承、發展的欣喜和信心。非常高興，誠摯祝賀！

又悉玉奎先生所著《孫祿堂武學論語》出版僅四年，已多次再版，有關論文公開發表已逾 30 餘篇。好事不斷，喜之不已。

孫玉奎家族四代與孫拳結緣。其祖父輩孫振川、孫振岱兄弟雙雙為孫祿堂入室弟子，功夫了得。其父孫雨人拜在孫劍雲（孫老之女）門下，並多年得師伯孫存周指導。雨人師兄知識淵博，文武雙全，但時運不佳，不幸年僅 78 歲離去。惜哉！

孫玉奎先生幼年隨父孫雨人習拳，有幸得師爺存周、劍雲指導。與孫家三代人因拳緣情深。玉奎先生的子女、兒媳、孫女均隨其修習孫拳。武藝有成，堪稱武術世家。

孫玉奎先生深諳國學，武修文養，特別是退休後潛心研修孫拳，又參生物學、訊息學等，著書立論，默默的做著奉獻。玉奎先生不問年齡，以其年事已高之身，舉重若輕的擔負起承傳、弘揚、推廣「孫氏武學」的重任，無怨無悔。是為序。

孫祿堂嫡孫女

順平縣蒲陽拳社社長

孫婉容

欣聞孫玉奎先生所著《孫祿堂武學思想》即將付梓出版，非常高興，謹表祝賀！先生新著突出了「形意八卦太極」三派合一的大武學思想。

全書貫穿和突出了孫祿堂「文武俱進，動靜中和」以及「大道至簡，一以貫之」的思想，這與毛澤東「體育者，養生之道也，抑其過而救其不及，野蠻其體魄，文明其精神」和「目不兩視而明，耳不兩聽而聰，筋骨之鍛鍊而百其方法，是擾之也」的認知非常相近，幾乎就是一個道理。同時，具有生理學和武學相融的特點，二者相輔相成，融會貫通，這是今後傳統武學發展的一個大方向。

四年前，先生所著《孫祿堂武學論語》已再版印刷四次，發行近兩萬冊，說明武林同道非常喜歡。現在《孫祿堂武學思想》又出版面世，確是我中華武學一大喜事和幸事，期盼更多的武術愛好者加入到習練中華武術的隊伍中來，讓我們共同迎接中華武術春天的到來。

孫玉奎先生具有非常深厚的孫氏武學功底，對孫祿堂武學的普及和推廣做了大量卓有成效的工作，對中華傳統文化亦有極深的造詣，希望先生為中華武學做出新的更大的貢獻，是為序。

河北省武術協會主席

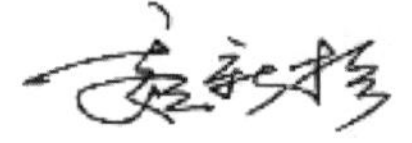

序言三

我們的武學老師孫玉奎，近八十高齡，仍有新著《孫祿堂武學思想》一書出版，令人欽佩。

我們從師五年來，時時處處被老師的師道所激勵、拳道所吸引、人道所感動。老師所倡導學習孫祿堂的「太極一氣，一氣流行」、「文武兼修，動靜中和」的理念，是當今武學大方向性問題，更是習練者通向成功的必由之路。

老師將孫祿堂武學思想融入拳術和器械套路的習練之中。我們透過學練孫氏雪片刀、八卦劍、八卦刀、奇槍等套路，並不斷深思體悟，漸漸領悟出孫祿堂武學理念的精深和奇妙。

在套路動作上，師父以八卦拳為基礎，創編了 64 變卦八卦刀及「捋擠」推手。64 變卦左右手持器械，使八卦的變化更為靈妙，左右手同時持械，開發左右腦，多次重複練習，利於短時間內增強體質，開發本能，靈活多變，妙趣橫生。

和老師學習「捋擠」推手，使我們體會到「太極八法」可以由「捋擠」二法代替，從而領悟到「大道至簡」的道理，既簡易，又增加了興趣。

我們有幸參與了《孫祿堂武學思想》的校核工作，又使我們多了一次認真學習孫祿堂武學原著的機會。

願老師《孫祿堂武學思想》一書能為武學發展有巨大貢獻！

刘永占　杨红利

序言四

我們的師父孫玉奎先生古稀之年仍筆耕不綴，令我後輩敬仰！其新作《孫祿堂武學思想》一書，提倡弘揚孫祿堂武學思想，要求規範地按孫祿堂拳照來學練孫氏拳。應牢記其「文武俱進、動靜中和」的武學宗旨，充分啟發人體先天就有的自律程序。經過「拳練千遍，拳理自見」的途徑，把孫氏武學的套路練成自己的本能反應，從而達到「拳無拳，意無意，無可無不可」上乘水準！

《孫祿堂武學思想》一書既有傳統文化「易理、醫理、道德經、兵法、書法」等內容；又有現代生理學、物理學，仿生學等道理，並反覆刪減文本，以不浪費讀者時間為原則。

《孫祿堂武學思想》一書效法孫祿堂的「形正氣和、修身求本」創新思想，也有昇華的認識，譬如「手足肘膝能導引武學的六合九要和神氣的自然出現」。我們在練習劈拳、懶紮衣、單換掌、雪片刀、奇槍和八卦劍（刀）64 變化的組合時，親身體驗到了這一武學發現。這對弘揚孫祿堂武學有很重要的意義。

以上道理，使我們認識到多練套路，能產生「條件反射」的功夫；也體會到，孫祿堂武學套路創編的靈妙所在。

我們有幸參與了《孫祿堂武學思想》的校核工作，又使我們多了一次認真學習孫祿堂武學原著的機會。

我們立誓，以學練和弘揚孫祿堂武學思想為終生功課。

目錄

第一卷

原著精要篇

第一篇｜孫祿堂論太極拳學

孫祿堂的《太極拳學》，在面世的《太極拳論》中，文化含量最為全面豐富。本人將孫祿堂有關太極拳的論述，加以小標題組織彙編，並將王宗岳、楊澄甫兩位大師的精論附後，以為詳參！其中「王論」講用，「楊論」講練，分別如上下弦月，有顯有藏；「孫論」講理如滿望之月，其論述精微詳見下文。

一、太極淵源河洛理

孫祿堂《太極拳學》曰：「《易》之為用，廣大精微，而於修身治己之術尤為詳盡。先哲曰：『武學與文學一理，同出一源可也！』

人自有知識情慾，先天元氣漸消，後天之氣漸長。故身軀日弱，而百病迭生。古人憂之，於是嘗藥以祛其病，靜坐以養其心，而又懼動靜之不能互為其用也，更發明拳術，以求復其虛靈之氣。

梁武帝時，達摩東來，慮其徒眾未諳動靜相養之道，於是著《易筋》、《洗髓》兩經，為強健身體之初步。

太極則濫觴於唐之李道子、許宣平。元順帝時，張三豐先生修道於武當，見修丹之士，兼練拳術者，後天之力用之過當，不能得中和之氣，以至傷丹而損元氣。故尊二經之義，用周子太極圖之形，取河洛之理，先後《易》

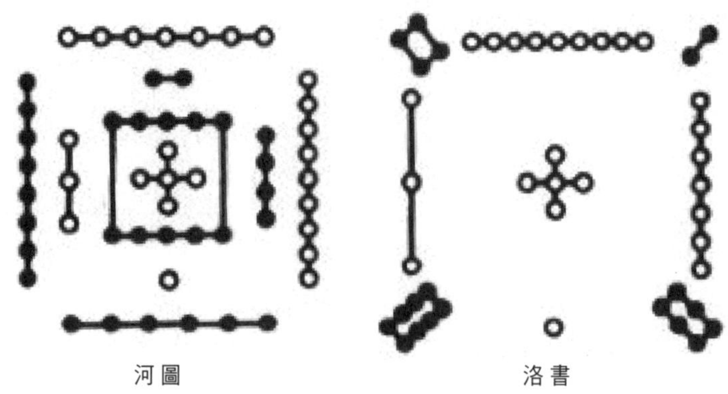
河圖　　洛書

之數，作太極拳術，闡明養身之妙。

張松溪、單征南等傳其衣缽。其精微奧妙，山右王宗岳先生，論之詳矣！」

二、太極一氣感而通

孫祿堂《太極拳學》曰：「太極者，無極而太極也。道之伸縮流行，即太極一氣，一氣即太極也。蓋萬物生於一理，拳學生於一氣。虛無一氣者，為人性命之根，造化之源，也即拳中內勁之基礎也。

人自賦性含生以後，本藏有養生之元氣，不仰不俯，不偏不倚，和而不流，至善至極，是為真陽，所謂中和之氣是也！

其氣平時洋溢於四體之中，沁潤於百骸之內，無處不有，無時不然，內外一氣，流行不息。於是拳之開合、動靜即根此氣而生；放伸、收縮之妙，即由此氣而出。有無不立，開合自然，皆在當中一點子運用，即太極是也。

以體言，則為太極；以用言，則為一氣。學者能於開合動靜相交處，悟徹本原，則可在各式圜研相合之中，得其妙用矣。

人為萬物之靈，能感通諸事之應。是以心在內，而理周乎物；物在外，而理具於心。意者，心之所發也。是故心意誠於中，而萬物形於外，內外總是一氣之流行也。

太極者，屬土也，生生不息謂之土，因其一氣運用謂之太極。

此氣在內，由下而上，督脈之理也；由上而下，任脈之理也；內中之呼吸，以神用息，從尾閭至夾脊至玉枕，至天頂而下，將元陽收斂於氣海矣。

以無極式為根，以太極式為體，斯二者，乃拳中萬式之基礎也。以五行、八卦、十三勢，為太極之用，又為萬法之綱也。

將神氣收斂於內，混融而為一，則為德，是太極之體也；使神氣宣佈於外則為道，是太極之用也。有體無用，弊在無變化；有用無體，弊在無根本。所以體用兼賅，乃得萬全。

太極為無極之後天，萬極之先天。拳經云：『物物一太極，物物一陰陽也。』其中本一理、二氣、三才、四象、五行、六合、七星、八卦、九宮等奧義，始於一，終於九，九又還於一之數也。

一理者，即太極拳術起點腹內中和之氣，太極是也。

物物一陰陽
物物一太極

二氣者，身體一動一靜之式，兩儀是也（這裡不講陰陽）。

三才者，頭手足，即上中下也。

四象者，即前進、後退、左顧、右盼也（這裡不講太陽少陽、太陰少陰）。

五行者，即進、退、顧、盼、定也（這裡不講金木水火土）。

六合者，即精合其神、神合其氣、氣合其精，是內三合也；肩與胯合、肘與膝合、手與足合，是外三合也。內外如一，是成為六合。

七星者，頭、手、肩、肘、胯、膝、足共七拳，是七星也。

八卦者，掤、捋、擠、按、採、挒、肘、靠，即八法也（這裡不講乾坤坎離、艮震巽兌）。

九宮者，以八手加中定，是九宮也（以上孫祿堂唯物思想可見矣！）。

天之所覆，地之所載，凡有血氣者，皆秉天地之全氣、全理而成，推之全球無異也。聖人受天地之正氣，率性修道而有其身。所以練神化之功者，須擇天時、地利、氣候、方向而練之。以借天地之靈氣，受日月之照臨，而能與太虛同體，與天地並立矣」。

三、動靜中和盡元性

孫祿堂《太極拳學》曰：「乾坤肇造，元氣流行，動靜分合，遂生萬物。氣以成形，而人道生焉。拳腳陰陽相合，而拳道出焉。拳技云：『起鑽落翻之未發謂之中，發皆中節謂之和。中也者（虛空之性體也），拳學之大本也；和也者（是已發之中也），拳學之達道也』。練者以和為體，和之中智勇生焉。拳之內勁是由中和而生也。所以，拳術一道，首重中和，中和以外無玄妙也。

拳術以手足動作合於規矩，謂之調息；內外神形相合，起落進退如一，謂之息調；動作旋轉，一氣流行，呼吸似有而無，謂之停息，也謂之真息。莊子云：『呼吸以踵』，即此意也。

胎息訣云：『氣穴之間，又謂之天地根，凝神於此，海底之氣與神氣相交，歸於丹田之中，運貫於周身，暢達於四肢，融融和和，上下相連，手足相顧，如太極陰陽魚，即是明心見性，一神之妙用也』。

『天地中和之氣』乃此拳之性質，純以養正氣為宗旨。練習先後天合一之理，惟其三害莫犯，謹守九要而不失。

內五行要動，外五行要隨。神氣收斂入骨，兩股前節要有力。以上皆是用意，不是用勁。先哲云：虛靈頂勁是也。時時練習，後天之精自化，先天之氣自生矣。

夫道者，陰陽之根，萬物之體也。其道未發，懸於太虛之內；其道已發，流行於萬物之中。

人為萬物之靈，能感通諸事之應。是以心在內，而理周乎物；物在外，而理具於心。拳中自始至終無有乖戾之氣，則能盡其性矣。《丹書》云：『靜則為性，動則為意，妙用則為神也。』

拳術之理皆是規矩中之用力耳。若專以求力，即被力拘；專以求氣，即被氣拘；若專以求沉重，即為沉重所捆墜；若專以求輕浮，神氣即被輕浮所散。所以然者，拳術練之形式順者，自有力；中和者，自生氣；神意歸於丹田者，自然重如泰山；將神氣合一，化為虛空者，自然身輕如羽。拳經云：『尚德不尚力，意在蓄神耳。』若不明此理，即練至捷如飛鳥，力舉千鈞，不過匹夫之勇也。

四、一氣貫穿水中游

孫祿堂《太極拳學》曰：「無極之理，天地之始也！當人未練拳術之初，兩足如立空虛之地，動靜不能自如也（即不用意念）。靜為無極體，動為無極用。若言其靜，則胸中空空洞洞，意向、思想一無所有，內無所視，外無所觀也。但腹內確有至虛至無之根，氤氤氳氳，清濁不辨，有無不立，一氣渾然者也。此謂無極形式也。

練架子時，內中精氣神貴能圓滿無虧，神意徐徐下注於丹田。務使氣斂入脊骨，呼吸通靈，周身罔間，氣如車輪，一氣貫穿，全是用意，不用拙力。

太極拳初層練習，身體如在水中，兩足踏地，周身與手足動作如有水之阻力；

第二層練習，身體手足動作，如在水中，而兩足已浮起，如長泅者浮游其間皆自如也；

第三層練習，身體逾輕靈，兩足如在水面上行，心中戰戰兢兢，如履薄冰。腹內總要有虛空鬆開之意。

道本自然一氣游，空空淨淨最難求，得來萬法皆無用，身形應當似水流！

五、神氣妙用合太虛

孫祿堂《太極拳學》曰：「靜為本體，動為作用，若言其靜，未露其機，若言其動，未見其跡。正發而未發之間，謂之動靜之機也。操練手法時，手足動作，要在周身靈活不滯。先達云：『終朝每日常纏手，總在不即不離內求玄妙，不丟不頂中討消息，以致引進落空，四兩撥千斤，所發之神氣，運化於周身，無微不至，以致於應用，無處不有，無時不然也。

遇人相較，曲中求直，蓄而後發；方者以正其中，圓者以應其外；伸縮往來，肘不離肋，手不離心；所用皆是道理，有不得力處，便是雙重未化，要於陰陽開合中求之。

太極式一氣流行，一動一靜，分合上下，內外如一，謂之練體，為知己功夫；二人打手，起落進退，力從人借，氣由脊發，勁由內換，變換在腿，含蓄在胸，運用在兩肩，主宰在腰；合中寓開，開中寓合；上與兩膊相繫，下與兩腿相隨，觸之旋轉，引進落空，謂之習用，為知人功夫。

用之於彼，不可專用成法，須固住自己神氣，不使散亂，不求勝人，而人莫能勝。此謂無敵於天下也。

成法者，是初入門教人之規矩，可以變化人之氣質，開人之知識，明人之心性。是化除後天之氣質，以復先天之氣也。練至虛無之時，無所謂體，無所謂用。至練虛合道，是將真意化到至虛至無之境，不動之時，內中寂然，忽然有不測之事，雖不見不聞，而能覺而避之。夫若是，則至拳無拳、意無意、無形無象、練神還虛、神化不測之妙道得矣。

太極之旨，不獨可延年益壽，直可與太虛同體矣！」

附一：王宗岳太極拳論

太極者，無極而生，陰陽之母也。動之則分，靜之則合。無過不及，隨曲就伸。人剛我柔謂之走，我順人背謂之黏。動急則急應，動緩則緩隨。雖變化萬端，而理唯一貫。由招熟而漸悟懂勁，由懂勁而階及神明。然非用力日久，不能豁然貫通焉。

虛領頂勁，氣沉丹田。不偏不倚，忽隱忽現。左重則左虛，右重則右杳。仰之則彌高，俯之則彌深；進之則愈長，退之則愈促；一羽不能加，蠅蟲不能落；人不知我，我獨知人。英雄所向無敵，蓋皆由此而及也。

斯技旁門甚多，雖勢有區別，概不外乎壯欺弱，慢讓快耳。有力打無力，手慢讓手快，是皆先天自然之能，非關學力而有為也。察四兩撥千斤之句，顯非力勝；觀耄耋禦眾之形，快何能為。

立如秤準，活如車輪，偏沉則隨，雙重則滯。每見數年純功，不能運化者，率皆自為人制，雙重之病未悟而。欲避此病，須知陰陽；黏即是走，走即是黏，陽不離陰，陰不離陽；陰陽相濟，方為懂勁。懂勁後，愈練愈精，默識揣摩，漸至從心所欲。

本是捨己從人，多誤捨近求遠。所謂差之毫釐，謬之千里。學者不可不詳辨焉。是為論。

附二：

楊澄甫論太極拳十要（楊澄甫口述　陳微明筆錄）

1. 虛靈頂勁，頂勁者，頭容正直，神貫於頂也。不可用力，用力則項強，氣血不能流通，須有虛靈自然之意。非有虛靈頂勁，則精神不能提起也。

2. 含胸拔背，含胸者，胸略內含，使氣沉於丹田也。胸忌挺出，挺出則氣擁胸際，上重下輕，腳跟易於浮起。拔背者，氣貼於背也，能含胸則自能拔背，能拔背則能力由脊發，所向無敵也。

3. 鬆腰，腰為一身之主宰，能鬆腰然後兩足有力，下盤穩固；虛實變化皆由腰轉動，故曰：「命意源頭在腰際」，由不得力必於腰腿求之也。

4. 分虛實，太極拳術以分虛實為第一義，如全身皆坐在右腿，則右腿為實，左腿為虛；全身皆坐在左腿，則左腿為實，右腿為虛。虛實能分，而後轉動輕靈，毫不費力；如不能分，則邁步重滯，自立不穩，而易為人所牽動。

5. 沉肩墜肘，沉肩者，肩鬆開下垂也。若不能鬆垂，兩肩端起，則氣亦隨之而上，全身皆不得力。墜肘者，肘往下鬆垂之意，肘若懸起，則肩不能沉，放人不遠，近於外家之斷勁矣。

6. 用意不用力，太極拳論云：「此全是用意不用力。」練太極拳全身鬆開，不能有分毫之拙勁，以留滯於筋骨血脈之間以自縛束，然後能輕靈變化，圓轉自如。或疑不用力何以能長力？蓋人身之有經絡，如地之有溝壑，溝壑不塞而氣行，經絡不閉則氣通。如渾身僵勁滿經絡，氣血停滯，轉動不靈，牽一髮而全身動矣。若不用力而用意，意之所至，氣即至焉，如是氣血流注，日日貫輸，周流全身，無時停滯。久久練習，則得真正內勁，即太極拳論中所云:「極柔軟，然後極堅剛也。」太極拳功夫純熟之人，臂膊如綿裹鐵，分量極沉；練外家拳者，用力則顯有力，不用力時，則甚輕浮，可見其力乃外勁浮面之勁也。不用意而用力，最易引動，不足尚也。

7. 上下相隨，上下相隨者，即太極拳論中所云：「其根在腳，發於腿，主宰於腰，形於手指，由腳而腿而腰，總須完整一氣也。」手動、腰動、足動，眼神亦隨之動，如是方可謂之上下相隨。有一不動，即散亂也。

8. 內外相合，太極拳所練在神，故云：「神為主帥，身為驅使。」精神能提得起，自然舉動輕靈。架子不外虛實開合，所謂開者，不但手足開，心意亦與之俱開；所謂合者，不但手足合，心意亦與之俱合，能內外合為一氣，則渾然無間矣。

9. 相連不斷，外家拳術，其勁乃後天之拙勁，故有起有止，有連有斷，舊力巳盡，新力未生，此時最易為人所乘。太極拳用意不用力，自始至終，綿綿不斷，週而復始，循環無窮。原論所謂「如長江大河，滔滔不絕」，又曰「運勁如抽絲」，皆言其貫串一氣也。

10. 動中求靜，外家拳術，以跳擲為能，用盡氣力，故練習之後，無不喘氣者。太極拳以靜禦動，雖動猶靜，故練架子愈慢愈好。使則呼吸深長，氣沉丹田，自無血脈憤張之弊。學者細心休會，庶可得其意焉。

第二篇 孫祿堂論形意拳學

一、形意拳歷代傳承

形意拳創自達摩祖師，名為內經，至宋岳武穆，始有形意拳之名，即《易筋》之作用也，謂之形意。元、明兩代因無書籍，幾乎失傳。當明末清初之際，有蒲東諸馮人姬公，先生諱際可，字隆風，武藝高超。經歷有年，適終南山，得岳武穆拳譜數篇，融會其精微奧妙，後傳授曹繼武先生。曹先生即康熙武試三元、陝西靖遠總鎮者是也，以平生功夫授人而娛餘年。

曹先生以技傳山西太谷戴龍邦先生，戴傳直隸李洛能先生，李氏再傳郭雲深、劉奇蘭、白西園、車毅齋、宋世榮諸先生。郭傳李奎元、許占鰲諸先生；劉傳李存義、耿繼善、周明泰諸先生。余侍李奎元先生為師，又從學郭雲深先生數載，曾得見岳武穆拳譜，頓開茅塞。

二、形意拳演習之要

此拳之性質，係順天地自然之理，純以養正氣為宗旨，誠武業中文雅事也。

無極者，當人未練拳術之先，無思無意，無形無象，無我無他，胸中渾渾沌沌，一氣渾淪，無所向意者也。此勢是順行天地自然之道，謂之無極形式也。

將動而未動之時，心中空空洞洞，一氣渾然，形跡未露，其理已具，故其形象太極一氣也。

太極勢起點之時，心中如同在平地立竿，心氣自然平穩沉靜，亦無偏移，謂之心與意合、意與氣合、氣與力合，此之謂內三合也。

兩肩鬆開均齊抽勁，兩胯裡根亦均齊抽勁，是肩與胯合也。兩肘往下垂勁，不可顯露，後肘裡曲不可有死彎，要圓滿如半月形。兩膝往裡扣勁，不可顯露，是肘與膝合也。兩足後跟均向外扭勁，不可顯露，是手與足合也，此之謂外三合也。

肩要催肘，肘要催手；腰要催胯，胯要催膝，膝要催足。身子仍直立，不可左右歪斜。心氣穩住，陰陽相合，上下相連，內外如一，此之謂六合也，三體因此而生也。

丹書云：「道自虛無生一氣，便從一氣產陰陽；陰陽再合成三體，三體重生萬物張。」萬法皆出於三體式，此式乃入道之門，形意拳中之總機關也。

兩儀者，拳中動靜、起落、伸縮、往來之理也。劈拳者，屬金，是一氣之起落也；崩拳者，屬木，是一氣之伸縮也。鑽拳者，屬水，是一氣之曲曲流行，無微不至也；炮拳者，屬火，如炮忽然炸裂，是一氣之開合也；橫拳者，屬土，是一氣之團聚也。練之既久，可以去五臟之病，此謂居人之性也。

至若龍有搜骨之法，虎有撲食之猛；猴有縱山之靈；熊有浮水之性。推之其他八形，各有其妙，所謂居物之性也。

人、物之性既居，起落進退、變化無窮，是其智也；得中和、體物不遺，是其仁也；內外如一，成為六合，是其勇也。三者既備，動作運用，手足相顧，至大至剛，養吾浩然之氣。與儒家誠中形外之理，一以貫之相同也。

形意拳演習之要，一要塌腰，二要縮肩，三要扣胸，四要頂，五要提，六要橫順要知清，七要起鑽落翻要分明。

塌腰者，尾閭上提，陽氣上升，督脈之理也；縮肩者，兩肩向回抽勁也；扣胸者，開胸順氣，陰氣下降，任脈之理也；頂者，頭頂、舌頂、手頂是也；提者，穀道內提也；橫者，起也；順者，落也；起者，鑽也；落者，翻也。起是去，落是打。起亦打，落亦打。打起落，如水之翻浪，是起落也。

起似伏龍登天，落如霹雷擊地。起無形，落無蹤，起意好似捲地風。束身而起，長身而落；起如箭，落如風，追風趕月不放鬆。遇敵要取勝，四梢要齊全。無論如何，起、落、鑽、翻、往來，總是肘不離肋，手不離心，一氣之流行也。

周身內外，全用真意運用，所用之力，有而若無，實而若虛。腹內之氣，意在積蓄虛靈之神耳。呼吸似有似無，與丹道功夫，歸爐、沐浴之時呼吸相同。因此似有而無，皆是真息，是一神之妙用也。莊子云「真人之呼吸以踵」，即是此意。

用功練去，不要間斷，練到至虛，身無其身，心無其心，方是形神俱渺，與道合真之境。此時能與太虛同體矣。以後練虛合道，能至寂然不動，感而遂通，無可無不可也。拳經云：「固靈根而動心者，武藝也；養靈根而靜心者，修道也。」所以形意拳術，與丹道合一者也。

三、動靜中和盡其性

形意拳之道無他，神、氣二者而已。丹道始終全仗呼吸，大小周天，以及還虛之功者，皆是呼吸之變化耳。拳術之道亦然。文武剛柔、隨時消息，此皆是順中用逆，逆中行順，用其無過無不及中和之道也。

拳技云：「起鑽落翻之未發謂之中，發而皆中節謂之和。中也者，形意拳之大本也；和也者，形意拳之達道也。五行合一，致其中和，則天地位，萬物育矣！若知五行歸一和順，則天地之事，無不可推矣。」

意者，即人之元性也。在天地則為土，在拳則為橫，橫者，即拳中先天、圓滿、中和之一氣也。形意者，從其規矩，順其自然，外不乖於形式，內不悖於神氣。外面形式之順，是內中神氣之和；外面形式之正，是內中意氣之中，即內外合而為一者也。先賢云：「得其一而萬事畢矣。」

與人相較，總是光明正大，不能暗藏奸心。勝、敗，皆能於道理有益也。惟是彼之剛柔、虛實、巧拙不可不察也。

《中庸》云：「天命之謂性，率性之謂道。」不動是未發之中也，動作能循三體式之本體，是已發之和也，和者是已發之中也。在腹內氣之體言也，其大無外，其小無內。在外之用言之，可以不見而彰，不動而變，無為而成。

內外合一者，是心中神意下照於海底，腹內靜極而動；海底之氣，微微自下而上，與神意相交，歸於丹田之中，運貫於周身，暢達於四肢，融融和和，如此方是上下相連，手足自然相顧，合內外而為一者也。

拳術調呼吸，總要純任自然，用真意之元神，引之於丹田，腹雖實而若虛，有而若無。《老子》云「綿綿若存」，亦此意也，此理即拳中內勁之意義也。勁者，即內中神氣貫通之氣也。

靜坐以呼吸調息，練拳術以手足動作調息。起落進退皆合規矩，手足動作亦俱和順，內外神形相合，謂之息調。以身體動作旋轉，縱橫往來，無有停滯，一氣流行，循環無端，謂之停息，亦謂之脫胎神化也。

拳術一道，首重中和，中和之外無玄妙也。故形意拳之內勁，是由此中和而生也。是人之元神、元氣相合，自無而有，自微而著，由一氣之動，而發於周身，活活潑潑，無物不有，無時不然。《中庸》云：「放之則彌六合，卷之則退藏於密。」皆是拳之內勁也。先賢云：拳中若練到此時，是拳無拳，意無意，無意之中是真意，此之謂也。

形意拳之道，先以心中虛實為體，以神氣相交為用，以腰為主宰，以丹田為根，以三體式為基礎，以九要之規模，為練拳之具，以五行十二形為拳中之物。故將所發出散亂之氣，順中用逆縮回，要用真息積於丹田，口中之呼吸，不可有一毫之勉強，要純任自然耳。

挺胸、提腹、努氣是練形意拳之大弊病也。或有練數年功夫，不覺有進步，以通者觀之，是入於俗派自然之魔力也。此時不可停功，千萬不可被疑團所阻，即速求明師說明道理而練去，用力之久，而一旦豁然貫通，則諸魔盡去，而吾拳之全體大用無不明矣。邱祖云：「經一番魔亂，長一層福力也。」

練拳術不可固執不通，若專以求力，即被力拘；專以求氣，即被氣拘；若專以求沉重，即為沉重所捆墜；若專以求輕浮，神氣即被輕浮所散。所以然者，練之形式順者，自有力；內裡中和者，自生氣；神意歸於丹田者，身自然重如泰山；將神氣合一化成虛空者，自然身輕如羽。故此不可以專求，亦是有若無，實若虛，勿忘勿助，不免而中，不思而得，從容中道而已。

四、三步功夫與道同

形意拳術，有三層道理，有三步功夫，有三種練法。三層道理：練精化氣，練氣化神，練神還虛；三步功夫：易骨、易筋、洗髓；三種練法：明勁、暗勁、化勁。

易骨者，是拳中之明勁，練精化氣之道也。將人身中散亂之氣，收納於丹田之內，不偏不倚，和而不流。用九要之規矩鍛鍊，練至六陽純全，剛健之至。即拳中上下相連，手足相顧，內外如一。至此拳中明勁之功盡，易骨之勁全，練精化氣之功亦畢矣。

暗勁者，拳中之柔勁也，即練氣化神、易筋之道也。拳中所用之勁，是將形、氣、神（神即意也）合住。兩手往後用力拉回（內中有縮力），其意如拔鋼絲。前手往前推，後手往回拉，其意如撕絲棉；又如兩手拉硬弓，要用力徐徐拉開之意。兩手往外翻橫，或往裡裹勁。拳經云：「裹者，如包裹之不露。」兩手往前推勁，如同推有輪之重物，往前推而推不動之意。所用之勁，如同手往前往下按物一般。後足用力蹬勁，如同邁大步、過水溝之意。拳經云「腳打踩意不落空」，是前足。「消息全憑後腳蹬」，是後足。兩足進退，惟明勁有聲，暗勁無聲耳。

化勁者，即練神還虛，洗髓之功夫也。是將暗勁練到至柔至順。丹經云：「陰陽混成，剛柔悉化，謂之丹熟。」柔勁之終，是化勁之始也。所以再加向上功夫，用練神還虛，至形神俱杳，與道合真。拳經謂之「拳無拳，意無意，無意之中是真意」，是謂之化勁，練神還虛，洗髓之功畢矣。

練拳術者，不可守定成規、成法而應用之。成法者，是初入們教人之規矩，可以變化人之氣質，開人之知識，明人之心性。是化除後天之氣質，以復其先天之氣也。已至虛無之時，無所謂體，無所謂用。

拳經云：「靜為本體，動為作用，是體用一源也。」以體言，行止坐臥，一言一默，無往而不得其道也。以用言之，無可無不可也。

明暗勁之體用，是將周身四肢鬆開，神氣縮回，而沉於丹田。內外合成一氣，再將兩目視定彼之兩目或四肢。自己不動，而為體也。若論形意拳本質之體用，是自己練趟子謂之體，與人相較之時，按練時而應之謂之用也。虛實變化不自專用，因彼所發之形式而生之也。彼之剛柔、虛實、巧拙不可不察也。余練拳一生，總是以道服人也。

剛有明剛，有暗剛；柔者有明柔，有暗柔也。明剛者，彼神氣皆露於外，手如鋼鉤一般，氣力似透於骨，自己身體如被人捆住一般。

暗剛者，彼動如綿，神氣透於骨髓，心中如觸電一般。

明柔者，彼之動作毫無氣力，然而身輕如羽，神氣無一毫散亂之處，與彼交手時，似有而又似無。

暗柔者，神氣威嚴，轉動如鋼球，手如同鰾膠相似，胳膊如同鋼絲條一般，能將人黏住或纏住。

若是有求道之心，遇以上四形式之人，若己不能被彼之神氣欺住，可以與彼相較，否則，只可虛心而恭敬之，以求其道也。兵法云：「知己知彼，百戰百勝。」能如此可以無敵於天下也。

附孫祿堂形意拳燕形照：

第三篇｜孫祿堂論八卦拳學

一、八卦拳探源

古者庖羲氏之王天下，仰觀於天，俯觀於地，觀鳥獸之文，與地之宜，近取諸身，遠取諸物，始作八卦，以通神明之德，以類萬物之情。是以八卦取象命名，製成拳術。

近取諸身者言之，則頭為乾，腹為坤，足為震，股為巽，耳為坎，目為離，手為艮，口為兌。若在拳中，則頭為乾，腹為坤，腎為坎，心為離，尾閭至第七節大椎為巽，項上大椎為艮，腹左為震，腹右為兌，此身體八卦之名也。

以四肢言之，腹為無極，臍為太極，兩腎為兩儀，兩胳膊兩腿為四象，兩胳膊兩腿各兩節為八卦。兩胳膊兩腿加兩手足共六十四節，合六十四卦也。

若遠取諸物言之，則乾為馬，坤為牛，震為龍，巽為雞，坎為豕，離為雉，艮為狗，兌為羊。拳中則乾為獅，坤為麟，震為龍，巽為風，坎為蛇，離為鷂，艮為熊，兌為猴。以上皆遠取諸物也。

咸、同年間，聞直隸文安有董海川先生者，精技擊，好遨遊。漫遊南省，於皖屬渝花山得異人之傳。後董先生傳之程先生廷華、李先生存義、尹先生福、馬先生維祺、劉先生鳳春、梁先生振普、張先生占魁、史先生六、王先生立德。自是而後，尹先生傳之馬桂等，李先生傳之尚雲祥、李文豹、趙雲龍、郝恩光等。余與周詳、李文彪、秦成等皆親炙程先生之門者。覼縷（luó lǚ）述之，以示不忘。是編粗淺之言，以明拳術極深之理；簡約之式，能通拳法至妙之道。

二、順逆和化盡己性

善為醫者，必先治本。知先天之本在腎，後天之本在脾，脾為中宮之土，土為萬物之母。蓋先生脾官，而後五臟、六腑、四肢百骸隨之以生而成全體。先天後天二者具於人身，皆不離八卦之形體也。按身體言，內有八卦；按四肢言，外有八卦。以八卦之身，練八卦之數，此八卦拳術之名稱也。

八卦拳與圓圖皆象天，天一氣上下，象一氣運陰陽，陰陽相交，即太極一氣也。八卦拳左旋右轉，兩胯裡根，如圓圈裡邊無有棱角，兩眼望著前手食指梢，對著圓圈中心看去，旋轉不停如太極一氣也。所以八卦拳在圓圖虛無中求玄妙也。

八卦者，由無極而太極，太極生兩儀，兩儀生四象，四象生八卦。參互錯綜，以六十四卦為拳之體，三百八十四爻，則互為其用也。每爻有每爻之意，陽極而陰，陰極而陽；逆中行順，順中用逆；求其中和，氣歸丹田，含有靜極而動，動極而靜之意。

順、逆、和、化四者，即拳中合宜之理也。順者，手足順其自然往前伸也；逆者，氣力往回縮也；和者，氣力中正無乖也；化者，化其後天之氣力歸於丹田而返真陽也。

八能者，乃搬、攔、截、扣、推、托、帶、領。八者，即拳中之性也。八能者，內含六十四式，合六十四卦也。八者，正卦也，六十四者，變卦也，即為拳中之性也。

六十四卦含之於順、逆、和、化四者之中，而為德，行之於身者而為道，用之於外者而為情。情者，即起、鑽、落、翻也。

八能用時，務要周身一家，合內外一道，在觀彼之高矮，量彼之虛實，察彼之氣質，而得之於心，酌量用之，而能時措之宜。四情用得恰當，則能與性、德合而為一道也。

李東垣先生曰：「人自虛無而生神，積神而生氣，積氣而生精，此自無而之有也。練精而化氣，練氣而化神，練神而化虛，此自有而之無。」拳術之道，生化之理，亦即此意也。

須知先後天合一之理，內外卦歸一之式，二者判別，且能使先天為後天之體，後天為先天之用。無先天則後天無根本，無後天則先天不成全。

若使之先天健全，須借後天有形式之身，以行有為變化之道，則能補全先天之氣也。

今以先天而言，則為拳中無形之勁，謂之性，性即身中無形之八卦也，亦謂之先天；以後天而言，自有身形、陰陽、開合、伸縮，生出四象。四象者，各有陰陽謂之情，情者，手足、身體、旋轉、動作，即成有形之八卦也，謂之後天。此是先後天分言，謂之開也，合而言之，人心即天理，天理即人心。

無極學，兩足如立空虛之地，動靜不能自如也。靜為無極體，動為無極用。若言其靜，則胸中空空洞洞，意向、思想一無所有，將神定住，內無所視，外無所觀也。但腹內確有至虛至無之根，而能生出無極之氣也。其氣似霧，氤氤氳氳黑白不分，形如湍水；清濁不辨，此謂無極形式也。

上下相通是為內呼吸，此拳與道家功夫相表裡。不特此也，乾、坤、坎、離等卦，或為龍，或為馬，或為牛，皆取象於物。

心在內，而理周於物；物在外，而理具於心。近取諸身，遠取諸物，奇正變化，運用不窮。而又剛柔相濟，虛實兼到，空而不空，不空而空，此八卦拳之妙用也。

學人欲練神化之功者，須擇天時、地利、氣候、方向而練之。練時陽日起點往左旋，陰日起點往右轉，大略言之，一日一換方向；詳細言之，一時一換方向，此為天時也。

地利者，須擇山林茂盛之地，或寺觀莊嚴之處，或房屋潔淨之區，此為地利也。此理練法，是借天地之靈氣，受日月之照臨，得五行之秀美，而能與太虛同體，是為上乘神化之功也。

大約天地間，凡物之美者，皆得天地之靈氣，受日月之孕育，而能成為至善之物也。拳術之道亦莫不然，譬之大聖賢，心含萬里，身包萬象，與太虛同體，故心一動，其理流行於天地之間，發著於六合之遠，而萬物之中，無物不有也，心一靜，其氣能縮至於心中，寂然如靜室，無一物所有，能與太虛合而為一體也。

或曰聖人亦人耳，何者能與天地並立也？曰：因聖人受天地之正氣，率性修道而有其身，惟身體如同九重天，內外如一，玲瓏透剔，無有雜氣摻入其中，心一思念，純是天理；身一動作，皆是天道。故能不勉而中，不思而得，從容中道，此聖人與太虛同體，與天地並立也。拳術之理，與聖道合而為一者也。

三、戒三害精九要

練習先後天合一之理，惟其三害莫犯，謹守九要而不失，則四體身形隨著意，照法實力作去，久之能上下相連，手足相顧。內外如一，渾然天理，此時是先後天八卦合一之體也。

三害者何？一曰努氣，二曰拙力，三曰腆胸提腹。用努氣者，太剛則折，易生胸滿氣逆、肺炸諸症。用拙力者，血脈不能流通，經絡不能舒暢，甚至可以結成瘡毒諸害。腆胸提腹者，逆氣上行，兩足無根，拳體不得中和，練之可以傷身，明之自能得拳學入門要道。

九要者何？一要塌，二要扣，三要提，四要頂，五要裹，六要鬆，七要垂，八要縮，九要起鑽落翻分明。

塌者，腰往下塌勁，尾閭上提，督脈之理也；扣者，開胸順氣，陰氣下降，任脈之理也；提者，穀道內提也；頂者，舌頂上齶、頭頂、手頂是也；裹者，兩肘往裡裹勁，如兩手往上托物，必得往裡裹勁也；鬆者，鬆開兩肩如拉弓然，不使膀尖外露也；垂者，兩肘往下垂勁也；

縮者，兩肩與兩胯裡根，極力往回縮勁也；起鑽落翻者，起為鑽，落為翻；起為橫，落為順；起鑽是穿，落翻是打；起亦打，落亦打；打起落，如機輪之循環無間也。所練之要法，與形意拳無異也。

四、簡約出功夫

陽火陰符之理，始終兩段功夫，一進陽火（拳中之明勁也），一運陰符（拳中之暗勁也）。進陽火者，陰中返陽，進其剛健之德，所以復先天也。運陰符者，陽中用陰，運其柔順之德，所以養先天也。

陽火陰符，功力俱到，剛柔相當，健順兼全。陽中有陰，陰中有陽，陰陽一氣，渾然天理。圓坨坨（氣無缺也），光灼灼（神氣足也），淨裸裸（無雜氣也），赤灑灑（氣無拘也），聖胎完成。一粒金丹懸於太虛空中，寂然不動，感而隨通，本良知良能面目，復還先天，一粒金丹吞入腹，始知我命不由天也。再加向上功夫，練神還虛，打破虛空，脫出真身，永久不壞，所謂聖而不可知之之謂神，進於形神俱秒，與道合真之境矣。

意者心之所發，身體四梢是意之所指揮也。則拳中自始至終無有乖戾之氣，則能盡其性矣。盡其性，則能復其未發意之初心。還虛之式，惟手足身體，外形不要著力，俱隨意而行之。然身體亦非全不用力，其勁不過極力往回縮去，意在蓄神耳。

外形身體手足，俱以意運用之，行之以久，身體力行，化之似覺有若無、實若虛之意。每逢靜中動時，身子移出而不知己已動，則不知有己也。每與他人比較時，伸縮往來飛騰變化，如入無人之境，而身體氣力自覺不動，是不知己之動而靜，則不知有彼也。夫若是，則能不見而彰，不動而變，無為而成，至拳無拳、意無意、無形無象、無我無他、練神還虛、神化不測之妙道得矣。

體操門類繁多，惟八卦拳練習極易，用法最良。係行天地自然之理，運用一派純正之氣，無論男女婦孺，及年近半百皆可練習。一無曲腿折腰之苦，二無皮肉抹挫之勞，且不必短服窄袖，隨便常服，均可練習，此誠武技中儒雅之事也！

附：孫祿堂八卦拳照

第四篇 孫祿堂論八卦劍學

一、八卦劍之理

古有猿公教少女以刺擊，而劍術始見於記載。八卦劍術傳者佚（yì）其姓名。自董海川太夫子來京，始輾轉相傳，八卦劍之名遂著。余親炙程廷華夫子之門，程廷華師固受業董太夫子者也。竊本得之廷華師者，因有此編之作，請得而申其義焉。

按八卦始於太極，由是而生兩儀、生四象、生八卦。其本體，則一太極也！吾人各有一太極之體，故此劍左旋右旋、陰陽相生，實具太極之妙用；一動一靜不離爻變，極其變化神奇之功終，不外參互錯綜之理，故其外圓內方也！亦即圓以象天，方以象地之意也！

伏羲之卦先天也，文王之卦後天也。劍之本體太極，先天也；劍之縱橫離合，後天也。惟其有先天之體，故寂然不動；惟其有後天之功，故變化莫測。所謂散則萬殊，合則一本也。八卦劍，自其體言之，實即太極劍也。

八卦劍學，實出於八卦拳中，習者應以八卦拳為主，以八卦劍為輔。各派劍術莫不以拳術為基礎。諺云：「精拳術者未必皆通劍法，善劍法者未有不精拳術。」誠知言也。

此劍之性能，純以扶養正氣為宗，一切引證均與道理相合，而諸法巧妙亦寓於是。

八綱者，乾、坤、坎、離、震、艮、巽、兌八卦也，亦即八正劍也。至於變劍無窮，要不出乎八綱之外，而八綱又係乾坤二卦所生。書中節目實即衍此乾坤二卦也。

劍術步法，不外數學圓內求八邊之理，勾、股、弦之式；其手法亦不外八線中弧、弦、切、矢之道。立法如是，學者亦毋毋拘拘語其究竟，求我全體無處不成一圓而已。

劍之練法雖係走轉圓圈，而方、圓、銳、鈍、曲、直各式即含於其中，練至純熟而後，則縱橫、斜纏、上下、內外聯絡一氣，從心所欲，無入而不自得，無往而非其道矣。

此劍名為走劍，又名轉劍，或一劍一步，或一劍三四步，動作步法即是行走旋轉。

學者實力作去，久之，精妙自見，奇效必彰。世有同志者，願將此道極力擴充，傳流後世，不令淹沒，庶不負古人發明此道之苦心，著者有厚望焉！

二、納卦訣六爻理

右手執劍，手虎口朝上或向前，謂之中陰中陽；自中陰中陽往裡裹，裹至手心側著，謂之少陽；自少陽往裡裹，裹至手心向上，謂之太陽；自太陽再往裡裹，裹至極處，謂之老陽。

又自中陰中陽往外扭，扭之手背斜側著，謂之少陰；自少陰扭至手背向上，謂之太陰；自太陰再往外扭，扭至極處，謂之老陰。

再手中陰中陽，胳膊往下垂著，劍尖向前指著，或劍尖朝上，皆謂之中陰中陽；劍從下邊中陰中陽著，往身後邊去，劍尖向外著，謂之老陰。

右手在下邊，中陰中陽著，劍尖向前，手不改勢，拉至後邊劍尖仍向前，此式仍謂之中陰中陽。

左手之訣竅，中、二指與大指伸著，無名指與小指屈著，但非舞劍一定不易之訣，亦有五指俱伸之時。然亦因式而為，蓋左手五指之伸屈，藉以助右手運劍之用，不必格外用力。至其陰陽老少扭轉之勢，與右手相同。此左手之訣竅也。

此六部劍，實乃《易經》六爻時段變化之理也！

三、無極太極之理

無極之理，天地之始也。丹書云：「道生虛無，返還練虛合道。」是此意也。

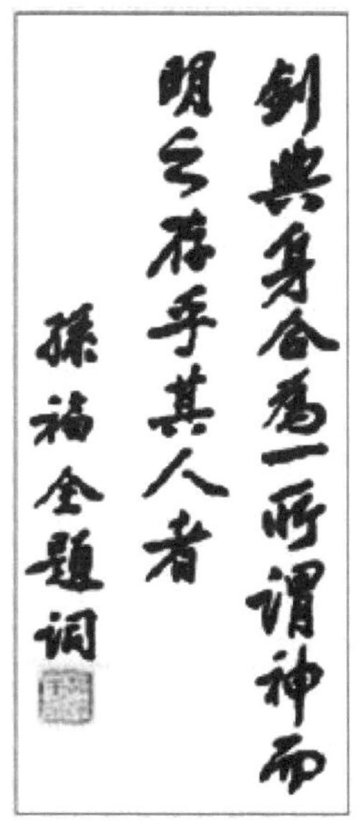

起點面正，身子直立，兩手下垂，兩足為 90° 形式。右手執劍，手為中陰中陽之訣勢，劍尖與劍把橫平直。左手五指伸直，手心靠著腿，兩手兩足不可有一毫之動作。

心中空空洞洞，意念思想一無所有，兩目往平直線看去。神氣定住，此勢自動而靜，即為無極形式。

此道執械則為劍，無械即是拳，所以八卦拳學於各種器械莫不包含，學者可並參之。

太極者，劍之形式也，左旋之而為乾象（順時針），右轉之而為坤形（逆時針）。是內中一氣之流行也。

一氣為慧劍，在形意拳中謂之先天無形之橫拳，在八卦劍中，謂之太極。

劍之動作規矩法規，「劍與身合而為一，所謂神而明之存乎其人」。

起點先將腰塌住勁，頭往上頂住勁，兩肩往下垂著勁，舌頂上齶，口似張非張，鼻孔出氣，呼吸要自然，不可著意。兩足亦往上蹬勁，諸處之勁，皆是自然用意，不要用拙力，再將左手大、中、二指伸直，無名指與小指用力屈回。有時也可五指俱伸，因劍之形式而定。

將右足往裡扭直，與左足成 45° 之勢，兩手自中陰中陽皆與右足往裡扭時，亦同時往外扭，扭至兩手皆至太陰式停住。再將兩腿徐徐曲下，不可有死彎子。

右手劍太陰著，劍尖往著左足前平著伸去，與左足尖前邊成一交會線。劍把、劍尖與心口平。左手太陰著往右胳膊肘後下邊穿去，手背挨著右胳膊，左胳膊靠著心口，兩眼望著劍尖看去。將神氣定住，頭頂、兩肩下垂，有往回縮之意。皆是自然不可用拙力，方可得著中和之氣而注於丹田也。

四、走轉變劍之義

走劍者：「走轉裹翻，穿撩提按」為練劍要法八字。

走，行走步法也；轉者，左右旋轉也；裹者，手腕往裡裹勁也；翻者，手腕向外翻扭也；穿者，左右、上下、前後穿去也；撩者，或陰手或陽手，望著前後撩去，或半弧、或圜形因式而出之也；提者，劍把往上提也；按者，手心裡邊向下按也。

自北往東走，旋之不已，謂之左旋（順時針）；自北往西走，轉之不已，謂之右轉（逆時針）。凡往左胳膊或左足處穿劍或邁足者，謂之左穿左邁；往右胳膊或右足處，穿手或邁足者，謂之右穿右邁。

用劍者：「挑托抹掛片，搜閉掃順截」為用劍要法十字。

挑者，手老陰著如青龍返首勢，多在敵劍裡，往前挑住敵人之手腕或胳膊謂之挑。

托者，手老陽著，如白猿托桃勢，多在敵劍外，往前托住敵人之手腕或胳膊謂之托。

抹者，將敵之手腕或胳膊挑住或托住，身形與劍或左或右，走去謂之抹。

掛者，用劍迎在敵劍上邊，曲回胳膊，縮回身體，與劍一氣往回帶敵之劍，隨帶隨出。

片者，敵劍或手將及吾左臂時，吾用劍往自己左肩前邊迎著砍去，謂之片。

搜者，望著敵手腕或左或右似削物然，速去速回，倏忽若電，謂之搜。

閉者，用劍堵住敵手，不令出劍，謂之閉。

掃者，望著敵之手腕或腿，上下如掃地一般砍去，謂之掃。

順者，隨敵來去之勢，或引而化之，或送而擊之，謂之順。

截者，用劍擋住敵之上中下三路，令彼不能得勢，謂之截。

變劍者：自八綱劍聯合錯綜變化，而生無窮之形式也。

譬之易卦，伏羲八卦為先天卦，是體卦也；文王六十四卦為後天卦，是變卦也。至於周公三百八十四爻，則又變中之變也。

劍變身不變者有之，身變劍不變者有之。手與劍不變而足變者故謂之變，身、劍、手、足者不變，惟眼神所注，上下左右有所移換則亦變也。

一身之變化與天地生物不測之意正同，內而神意，外而手足與劍合為一體，方可應用咸宜，變化無窮。

然學者即身體驗，時習力行，求其正即以達其變，見仁見智，識大識小亦各存乎其人，久久純屬，道理自得充於中，形於外，從心所欲，罔或踰矩。靜則存動，變則變而至於化，化而通於神，正劍云乎哉，變劍云乎哉。

仙人換影　白猿托桃　流星趕月　天邊掃月　黃龍翻身

第五篇｜精句淺解

孫祿堂武學著作傳統文化精句很多，有的是原句引用，有的是活學活用。

本人略解片語，以為「拋磚引玉！」

一、儒家詞語淺解

1.「心意誠於中，而萬物形於外，內外總是一氣之流行也」。

淺解 內有誠，則外有見、有知也；內外知，則能見內外一氣流行之太極規律也。內外一氣流行，天地人之大規律也。

2.「中也者，大本也；和也者，達道也；五行合一，致其中和，則天地位，萬物育矣」。

淺解 中者，人心、性命也；和者，內外和諧運作也。所以說，中是大本，和是達道；達者，上下左右通達之意。五行者，萬物屬性的概括。五行合一，即萬物殊途同歸，歸於太極（無極），則天地各行其職，循環無窮，萬物得以休養生息也。

3.「內五行要動，外五行要隨」。

淺解 「內五行」心肝脾肺腎，或者說精神意氣血；「外五行」手足肩胯頭，或者說耳目口鼻身。傳統文化都是多元解，各行業、眾門戶各取所需。內外五行者，萬物內外環境概括之代名詞也。

「內五行要動，外五行要隨」意即肢體五官要服從內規律！反之，「外五行要動，內五行要供」，所以有強健和創業的行動。

4.「當深研究三體相連，二五合一之機也」。

淺解 三體者，即根中梢三節，意即動靜的意向；二五者，一個陰五行，一個陽五行，或者說八卦六二九五真陰真陽之時段。二解，根據上下文決定取捨；武學是二五合一之「機」的學問，應該取後者，以五陰五陽解釋則不妥。

5.「五行單習，是為格物修身；五行連環演習，是謂齊家，又謂明德之至善也」。

淺解 五行單習，指五行拳單練；格物即是實踐，其目的是為修身；五行連環演習指連環拳；齊家者，健身之比喻，不得在「家」字上固守；明德即拳中內外合一性也，古之「德」字有規律、屬性之意；至善即最好。

6.「太極即一氣，一氣即太極」。

淺解 《宇宙全息論》認為：「宇宙萬物都有相似的結構、屬性和程序」，所以說孫祿堂「太極即一氣，一氣即太極」的觀點，是全息論的本質認識。

「太極」是古人對宇宙和萬物的最原始、周基本物質和狀態的科學表述，現代來說，也不落後。宇宙最基本的元素就是「氫」元素；最基本的狀態就是氣體；最基本的結構就是有「內中外」三層；最基本的屬性就是運動和擴散（包括訊息）；最基本的程序就是「生長存亡而無限循環」等等。

7.「根心生色現於面、盎於背、施於四體，亦此氣之謂也」。

淺解 根心即元心、元氣，也即太極一氣；生色是太極一氣生氣盎然之意；盎於背、施於四體，指體內太極一氣先盎於背，然後施於四體，此句為元心、元氣之程序。

8.「意誠而後心正，心正則理直，理直則拳勁無妄矣」。

淺解 意誠而後心正指態度，有誠則心正；心正，「尊師重道」之心也；心正則理直，有尊師重道之心，則知理如光明大道也；理直也即道理通達，自然無妄之意。

9.「復其真元」。

淺解 即恢復人之初的至善無妄的元性、元氣之意。

10.「腹內氣以體言也，其大無外，其小無內。在外之用言之，可以不見而彰，不動而變，無為而成」。

淺解 生命氣為首，即是本也；「大無外，小無內」指生命之氣，與外界通透，大無極，小無微，無所不充。

「不見而彰，不動而變，無為而成」指氣之用的最高境界。不用看見，可以彰顯；不動而可以產生變化；有不思而得，不求而成的效果。

11.「人誠有是氣，至聖之德，至誠之道，亦可以知，亦可以為矣」。

淺解 「誠有者」，實實在在之意也；「至聖之德」者，至善之性也；「至誠之道」者，至善的道理或方向路線也；「可以知，可以為矣」，即可以行動也。

12.「大德者，內外合一之勁，其出無窮；小德者，如拳中之變化，生生不已也」。

淺解 德者，生理拳理也；大德小德以「一」分界，大德為「一」之生，為本；小德為「拳中之變化，生生不已也」。

13.「與天地合其德，與日月合其明，與四時合其序，與鬼神合其吉凶」。

淺解 「德」者，天地之大道理也；「日月，四時，鬼神」都是天地的變化也；「合其明」，即合其理、合其序；「合其吉凶」即同甘苦的意思，實際是「天人合一」的表述。

14.「樹德務滋，除惡務本」。

淺解 「德」者，拳理生理，即先天元性之見端也；「滋」者，澆水養護也；「惡」者，有悖生理拳理，不道德的低俗之行為也；「除惡務本」，即除根也。

15.「形意拳與方圖皆屬地，八卦拳與圓圖皆象天」。

淺解 八卦有方圖、圓圖之畫，古有天圓地方之說；形意拳性直，所以與方圖性同，當屬地，但是方圖之內，皆是先天八卦之程序也；八卦拳性圓，古人認為與天圓性同，應屬天，但是，後天八卦圖也是圓圖啊。這應該理解為「方圓互有」之理，也即方圖有內切圓，方圖也有外接圓，不可拘泥。

16.「靜為無極體，動為無極用」。

淺解 無極本無動 所以靜為無極體；無極而太極，太極動而生萬物，所以「動為無極用」。

17.「所謂聖而不可知之之謂神，進於形神俱妙，與道合真之境矣」。

淺解 古人多以「不可知」為神；「形神俱妙」指外形和神氣都非常奇妙；「與道合真」之道，應該理解成天地的大道理。道家之理，有時代的侷限。「與道合真」是一句原則話，是各行各業、各個門派的共性，不是可識別的特徵。真理的表述，語言難盡，古人以共性述之，可以理解。

18.「乾坤肇造，元氣流行，動靜分合，遂生萬物」。

淺解 乾坤肇造就是開天闢地；元氣流行就是萬物出現以前，只有氣的流行；氣之聚散離合，生出了星球，星球經過多年的旋轉，才有了萬物，所以說「動靜分合，遂生萬物」。

19.「先天元氣，賦於後天形質，後天形質，包含先天元氣，故人為先後天合一之形體也」。

淺解 先天元氣生化了後天形質（生命之體），賦予就是生化、給予的意思；後天形質（生命之體），包含先天元氣，是指細胞、元素和遺傳訊息；所以說人為先後天合一之形體也。

20.「順逆陰陽之理、彌綸先天之元氣」。

淺解 「順逆陰陽」是循環之理，晝夜充滿著先天元氣，順逆著運行；「彌綸（guān）」者，充滿包絡之意。

21.「周子太極圖」。

淺解 北宋周敦頤為闡明《易經》太極之理而作，即陰陽魚圖。見右圖。

陰陽魚圖

22.「河洛之理」。

淺解 相傳，上古伏羲氏時，黃河出龍馬，背負「河圖」，獻給伏羲，伏羲依此而畫八卦；又相傳，大禹治水時，洛河出神龜，背馱「洛書」，獻給大禹。大禹依此治水成功，遂劃天下為九州。又依此定九章大法，治理社會，流傳下來收入《尚書》中，名曰《洪範》。

河圖為先天之理，洛書為後天之理。皆繞中五，有相剋消耗之理。其九宮有橫豎對角之和皆為相等之數（15），寓陰陽平衡之理。龍馬、神龜皆是古人假托，分析是黃河、洛河的「奇石」，引發先哲的靈感而擬之。

23.「此拳在假後天之形，不用後天之力，一動一靜，純任自然，不尚血氣，意在練氣化神耳」。

淺解 「假」者借用之意；「尚」者，尊崇、注重之意；意即動靜不要專注血氣，而要自然地導引肢體的動靜。「意歸虛靜至不空而空」的境界，即是「煉氣化神的功夫」。

24.「河圖、洛書為之經，以八卦、九宮為之緯」。

淺解 即以河圖、洛書順逆之理為其經，以八卦九宮旋轉之理為之緯。「經緯」皆是假藉以抒發互相作用之義。

25.「人自賦性含生以後，本藏有養生之元氣」。

淺解 賦性含生即先天遺傳訊息和「與生而來」的功

能；先天訊息主生長，所以說本藏有養生之元氣。

26.「心在內而理周乎物；物在外，而理具於心；內外一理而已矣。」

淺解 意即人之心和大腦能夠認識萬物的道理；萬物的道理都可以被人認識；內外有全息的道理。

在武學，仿生萬物的道理，是修練的不可或缺的學問。練體，借地力；技擊，借彼力是「懂勁」的重要內容。

27.「物物一太極，物物一陰陽」。

淺解 這是古人《宇宙全息論》的表述形式。這等於說「太極就是陰陽」，從表象說是成立的；從包含的內涵和本質說，「太極」比「陰陽」廣大的多。

陰陽只是「太極」變化的一個時象，不是「太極」生出了陰陽。如晝夜，不是地球生出來的，而是地球圍著太陽公轉的「時象」。

「太極」可以代表「陰陽」，「陰陽」不能代表「太極」。認識都有時代的侷限，道理的本真需要推敲。

28.「有心御氣，氣反奔騰；氣不可御，御氣則滯」。

淺解 氣是體內的氣血物質、訊息和自律程序，所以說氣不可御，御氣則是干擾、則生滯；氣本有「感應和不應期」的靈性。

它抵制妄加的意念，所以氣反奔騰。

29.「劍與身合而為一，所謂神而明之存乎其人者」。

淺解 前者就是「內外如一」；後者「神而明之」也即明白了神妙的道理；「存乎其人」，也就是產生了永久記憶。

30.「內勁，拳之真道」。

淺解 「內勁」指天地能量在體內的轉換和傳遞機制，譬如電動機、內燃機。這是從能源的角度研究拳道力量的所在。

「內勁從虛無中來」，實際指肌肉細胞呼吸，分解有機物質而釋放的能量，細胞和生化反應，人眼都看不見，所以如是說。

31.「夫武術以和為用，和之中智勇備焉」。

淺解 「以和為用就是拳道中和」，「和」中有剛有柔，強度適中，所以說「智勇」也就在裡邊了，這是武學的高級學問。

32.「放之彌六合，卷之藏於密」。

淺解 「彌六合」即伸得無限遠；「藏於密」即縮得無限小，或藏於丹田的空虛之地。

拳術的起鑽和落翻時，都應該有這兩個意念。即動得無限遠，又靜得無限小，這符合自然的生命節律，能夠延緩疲勞和衰老，也符合物極必反的原理。

二、道家詞語淺解

1.「先天真一之氣」。

淺解 即遺傳物質、訊息和程序，也即「太極一氣」，主生長。

2.「攬陰陽，奪造化；轉乾坤、扭氣機，逆運先天真陽，不為後天假陽所傷也」。

淺解 陰陽、造化皆是天地的自律程序，臟腑氣血任憑自律運行，令智能回饋功能沒有任何干擾，就是攬陰陽，奪造化；「乾坤」更是不以人的意志而轉移的，「氣機」是乾坤的固有頻率和轉折點。所謂「轉、扭、逆」，實際是抓住「動靜之機」，「動靜中和」地開合伸縮，以適應天地而求強健和生存的道理。

「逆運先天真陽」，實際做到「匿藏」就夠了，「逆運」是做不到的。時間不可逆轉，江河不可倒流。古人期盼長生的心願可以理解。

附：孫祿堂形意拳照

燕形　雞形　劈拳

金雞上架　太極　崩拳

「不為後天假陽所傷」，就是不要拚搏兩極，否則一定會傷害生命，這是道家「生命在我不在天」的「乾健」修練之理。

3.「虛無一氣者，乃天地之根，陰陽之宗，萬物之祖，即金丹是也，亦即拳之內勁也」。

淺解 開天闢地以前，只有混沌一氣；一氣的碰撞，生化了萬物；未練拳術以前，身體上下也是混元的一氣狀態。開始練拳，體內的「一氣」，在肌肉細胞裡發生化學反應而釋放能量，所以虛無一氣是天地之根，也是拳之內勁。

4.「腹內空空洞洞，如天之圓，身外如地之方，此為內圓外方之意」。

淺解 腹內之氣升降旋轉生化能量，所以說如「天之圓」；體外筋骨以圓撐、伸縮而攻防，所以如「地之方」。

5.「拳與道合」。

淺解 應該是拳與萬物的自然規律和合，也即拳與天理、生理的道理相合。

孫祿堂《太極拳學》曰：「道者，陰陽之根，萬物之體也。」陰陽之根、萬物之體，都是「太極一氣」。推理而知：「道」即「太極一氣」。拳與道合，要與「太極一氣」也即「天理、生理」合而為一者也，或者說「拳與性合」更為合理。

6.「腎中之陽，坎中之一」。

淺解 腎中之陽，以生理說，就

是腎上腺素，能提高臟腑和筋骨的供血量，從而增大能量的釋放；《黃帝內經》也指出，腎經是上升的，上升的動力就是腎中之陽；坎中之一，《易經》的坎卦上爻、初爻都是兩畫的陰爻，唯獨中爻是一畫的陽爻，這才是真陽；所以把腎中之陽又說成坎中之一。

7.「如《易經》方圖之中，震巽相接，十字當中求生活」。

淺解 《易經》方圖右下左上對角線是先天八卦的順序，即乾一、兌二、離三、震四、巽五、坎六、艮七、坤八。其中震卦和巽卦互為顛倒卦。此兩卦在方圖中不僅相連，而且有顛倒互生的機制；震巽兩卦居方圖正中，東南西北走向。

巽下震上則為恆卦，震下巽上則為益卦。橫益兩卦為東北西南走向，也顛倒互生，且與震巽十字相交；生生為大德，震卦陽爻在下，寓勁起於足掌之理；巽卦陰爻在下，寓陰氣潛進上升之意；震巽兩卦各生三代，可以生出六十四卦（2^6），也即震巽兩卦可以代表《易經》，震巽兩卦意義可謂大矣！

如果把六十四卦方圖推翻從新開始排列，恐怕要恢復原狀，不比破解哥德巴赫猜想容易。

8.「起腎中之陽氣升於腦，即丹書穿夾脊，透三關，而升於泥丸之謂也」。

淺解 腎中之陽是腎經上升的動力，開竅於耳，眼睛的瞳仁屬腎，稱為「水輪」；視神經在和髎（liáo 骨節空隙之意）穴裡的大腦區，聽神經在玉枕穴裡的大腦區；所以說腎中之陽氣升於腦；夾脊穴在胸腰椎之間從中旁開半寸，為經外穴，能調節植物神經的功能，玉枕穴在頸椎上，旁開 1.3 寸，與耳輪、眼眉齊平，為足太陽膀胱經，有升清降濁之功；泥丸為大腦之中央，道家又名曰黃庭、崑崙，為一身之宗，百神之會，形之上神也；透三關（尾閭、夾脊、玉枕）也即陽氣升於腦的主要關隘。

9.「鬼神之謂德，其盛矣乎」。

淺解 孔子語，說的是，鬼神的德威非常大。孔子緊接著又說：「視之而弗見，聽之而弗聞，體物而不遺。」意思是看它也看不見，聽它也聽不到，但它生養萬物，沒有一事一物遭到遺棄。在武學則寓「太極一氣流行」神化不測的境界。

10.「天行健，君子以自強不息」。

淺解 乾卦的卦辭，意即天道剛勁雄健，君子應自覺奮發向上，永不鬆懈而有創新和發展的貢獻。

11.「以通神明之德，以類萬物之情」。

淺解 「古者包犧氏之王天下也，仰觀於天，俯觀於地，觀鳥獸之文，與地之宜，近取諸身，遠取諸物，於是始作八卦。」

可見「神明之德」，即是天地大生大德之共性；「類萬物之情」，即是包括萬物之共性。

12.「人身皆具先後天之本，腎為先天本，脾為後天本」。

淺解 這是《黃帝內經》語，「人身皆具先後天之本」，是正確的。科學地說，基因是先天本，氣血是後天本。古代科技落後，腎和脾與氣血與生命又非常密切，認為「腎為先天本，脾為後天本」是可以理解的。

13.「蓋先生脾官，而後五臟、六腑、四肢百骸隨之以生而成全體」。

淺解 這是傳統中醫的說法，缺乏胚胎生化程序的解剖實據，與實際生理有悖。但可看出孫祿堂大師探求生命本真之衷心。

實際是先生胎盤和血脈，而後肌肉、脊椎、頭頸、臟腑、四肢才陸續生出。沒有胎盤和血脈的生出，什麼也生不出來。

14.「《易經》雖有方圓二形，其理無非逆中行順，順中用逆，以復先天之陽也」。

淺解 圓圖為天，內圓先天八卦，左半圈從上到下為乾兌離震，陽氣漸退，為逆時針方向，其序號依次為一、二、三、四；右半圈從上到下為巽坎艮坤，陰氣為入，為順時針方向，其序號依次為五、六、七、八；形似倒置的S，其流行方向先逆後順。

外圓後天八卦，從下到上，右半圓為逆時針方向，坎乾兌坤，其後天序號依次為一、二、三、四；左半圓為順時針方向，從下到上，艮震巽離，其序號依次為五、六、七、八；其形也似倒置的S，其流行方向先逆後順；內外八卦，兩兩重合，而有六十四卦，見右圖。

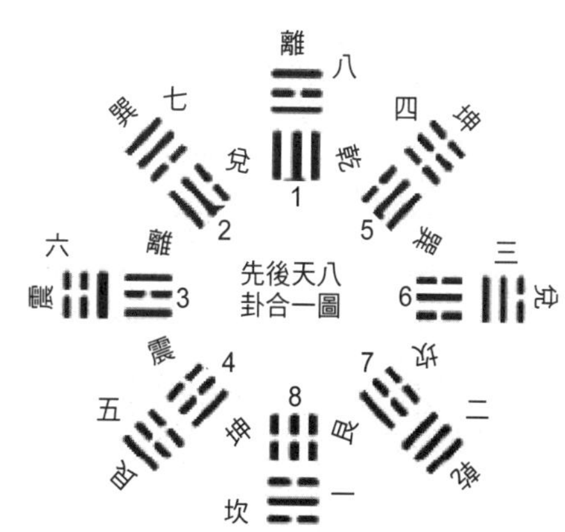

方圖象地，每

一橫行的下卦，從下往上和每一橫行的上卦，從右往左依次都為乾兌離震巽坎艮坤。每一豎列的下卦，從下往上，和每一豎列的上卦，從下往左依次也都為乾兌離震巽坎艮坤。這體會了太極之氣上下升降，左右流行而相同的規律。見下圖。

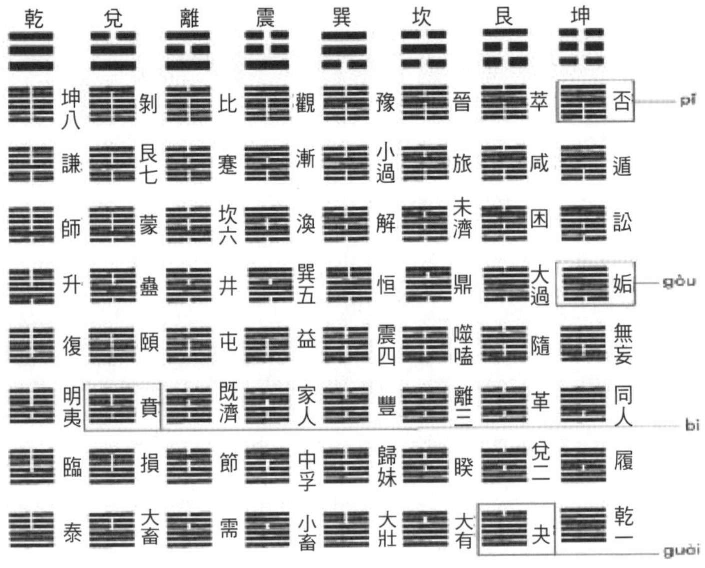

15.「伏羲之卦先天也，文王之卦後天也；先天八卦，一氣循環；後天八卦，分陰分陽」。

淺解 先後天八卦合一之圖，內卦為伏羲先天卦，外卦為文王後天卦；先天卦左半圈從下往上為進陽者（逆時針），即震離兌乾；右半圈從上往下進陰者（順時針），即巽坎艮坤，這是一氣循環之理；後天卦以坎離（水火）為南北之正，震兌（金木）為東西之正；以乾坤（天地）為西北、西南之隅；以艮巽（山風）為東北、東南之隅；

此陰陽互用之理；陽卦多陰，如坎掛二陰一陽；陰卦多陽，如離卦（陰）＝陽一陰，所以才有陰陽循環之理。

16.「人自虛無而生神，積神而生氣，積氣而生精，此自無而之有也。練精而化氣，練氣而化神，練神而化虛，此自有而之無也」。

淺解 虛者，空而不空而有一點靈光藏焉，靈光即元神也；神者，氣之流行，昂於五官頭頸之象；氣也、神也，都是虛無之程序；運動和生化都以氣血為基礎，所以說「積氣而生精」，「自無而生有也」。

道家以「生殖精」而言「練精化氣」。但是太監和騾子，依然很強健，說明「精」以精微物質而言，比較符合實際。

「氣」是「精」的能量和訊息，但是需要肢體的運動，才能生化出來；「能量和訊息」生化出氣以後，陞遷為更高層次的「精神」，也即「練氣而化神」。

萬物都遵循「生長壯老死」的循環規律，所以「練氣而化神」之後，必然要「歸無而化虛」，文中的「煉、練」，都是「有為」法，但從本質說，「一氣流行」的「無為」法，才是道家本意。

17.「內外上下一氣，有乾三連之象」。

淺解 乾卦上中下三爻都是陽爻（一橫畫而無缺），意即上中下剛健一氣之象。

18.「拳中氣力上下內外如一也，此即『易筋』之事也」。

淺解 《易筋經》是氣之升降、筋骨脫換、由弱變強之功，可以說和「拳中氣力上下內外如一」是一個道理，此乃達摩佛祖留給少林寺筋骨脫換的拳經。

19.「無為之妙，在乎逆中行順；有為之竅，在乎順中用逆」。

淺解 《周易闡真》解釋曰：「無為之妙，在乎逆中行順，逆藏先天之陽，順化後天之陰，歸於父母未生以前面目，不使陰氣有傷真體也；有為之竅，在乎順中用逆，順退後天之陰，逆返先天之陽，歸於娘生本來之面目，務使陽氣還成真體也；無為者在於藏陽化陰，有為者在於退陰返陽也。」

20.「無形之勁，謂之性，性即身中無形之八卦也，謂之先天；各有陰陽謂之情，情者，手足、身體、旋轉、動作，即成有形之八卦也，謂之後天」。

淺解 性者，人體的「自律本能功能」也，所以為無形之八卦；情者，「隨意程序」也，所以是有形之八卦也。

21.「得天氣之清者，為之精（精者虛也）；得地之寧者，為之靈（靈者實也）。二者皆得，方為神化之功」。

淺解 古人認為，氣為天之清，精為氣之凝；地之寧靜為實，地實則有靈氣。

現在應該認為，天之清當包括太陽光線和碳氮氫氧等主要元素及其離子，而沒有霧霾的污染；地之寧者當包括地磁場及其鉀鈉鈣鎂氯鋅鐵等稀有元素，而沒有地震、滑坡、雪崩、水患等自然災害。所以說得天地之精者，方為神化之功。

22.「有無不立，開合自然，皆在當中一點子運用，即太極是也」。

淺解 此句省略了「意念」這個主語。「有無不立」是孫祿堂引用清人劉一明《周易闡真》解釋「太極一氣」的詞句。

人體內所有系統，都有「興奮和抑制」兩個相拮抗的功能，練太極勢時，這兩個功能應該休眠，而不能啟動，否則就是干擾。這就是「有無不立」的生理解釋，也是「太極之體」的形象描述。這和孫祿堂說的「起鑽未發謂之中」是一個道理。

老子《道德經》認為，「有無」是「相生」的關係。「有無不立」則是還沒有生化的「太極胎兒」之意。

「有無」的關係不只相生，譬如還有「相剋、並立、循環」的關係等等。但是劉一明、孫祿堂說此話的原意，是解釋「太極」，則「有無不立」最好，再說別的關係，就是干擾。

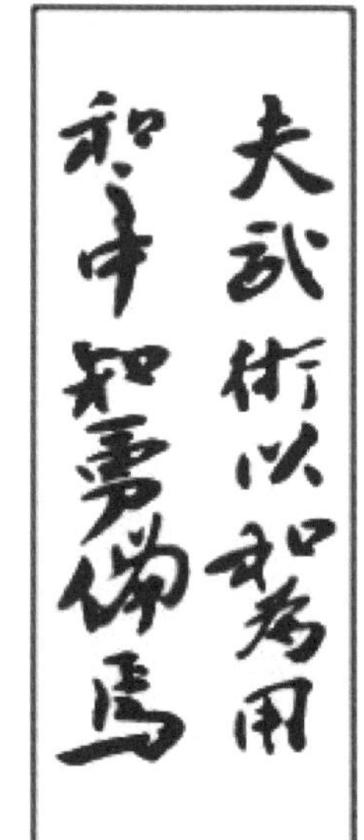

中文語言的用詞非常豐富，「一詞多義，多詞互用」的情況常見，選用的恰當，就是藝術。

23.「拳術不尚血氣，純任自然，不能傷其後天之力，專以善養人之浩然之氣為主」。

淺解 不尚血氣，就是不要意氣行事；浩然之氣是孟子說的，含義就是「廣大自然、正直清純，天地無私、有義有道的氣」。

義者，仁也，此儒家倫理道德（仁義禮智）之首；「道」者，以方向路徑比喻萬物的規律。所以有富貴不淫、貧賤不移、威武不屈的高尚情操。

24.「轉乾坤、扭氣機、能以後天返先天，化其拙氣拙力，引火歸原，氣貫丹田」。

淺解 「乾坤」就是天地；「氣機」就是「動靜、生化之機；「轉乾坤，扭氣機」就是順應「物競天擇」的積極養生之道；「以後天返先天」，就是「動靜中和」的程序；「引火歸原，氣貫丹田」是血脈從心到腹腔臟器循環順暢，綿綿若存、生化旺盛之意。

25.「五行謂之經，八卦謂之緯」。

淺解 五行是屬性，性者直，直為「經」；八卦為方位，方位為方、為圓，相對五行來說謂之「緯」。

26.「氣之隱於內也則為德，其氣之現於外也則為道」。

淺解 相對來說，德為內，道為外。「氣者隱於內」，則有養生、包容之德；「氣之現於外」，則有作用、貢獻之道。

27.「內外一氣流行，可以位天地，孕陰陽」。

淺解 內外一氣流行即是天地人之程序自然順暢有序地流行，則天地當其位，陰陽當時生也。前者行動，後者成果矣。

28.「在天曰命，在人曰性，在物曰理，在技曰內家拳術。名稱雖殊，其理則一，故名之曰太極。內家拳術，實與道家相表裡」。

淺解 「在天曰命」，命裡注定；「在人曰性」，先後天合成；「在物曰理」，自然規律；「在技曰內家拳」，即文化拳；「其理則一，名曰太極」，因為太極是「天地人物」的總道理。

「內家拳術，實與道家相表裡」，二者有內外表裡相通的訊息。這裡的內家拳，指以養氣為宗旨的所有拳術。後來孫祿堂反對「內家拳」的提法，是大武學思想的昇華，應該允許武學有昇華的認識。

29.「聖賢之所謂執中、佛家之所謂圓覺、道家之所謂谷神」。

淺解 執中，中和無偏之意；圓覺，圓通覺悟之境；谷神，生化之泉的比喻。

30.「無極而太極」。

淺解 出於宋代周敦頤《太極圖說》：「無極而太極……太極本無極也。」這說明，孫祿堂對周敦頤《太極圖說》是肯定和尊崇的，這也是孫祿堂武學思想的發源地，孫氏所有拳路都有《無極勢、太極勢》，其原由就在於此。

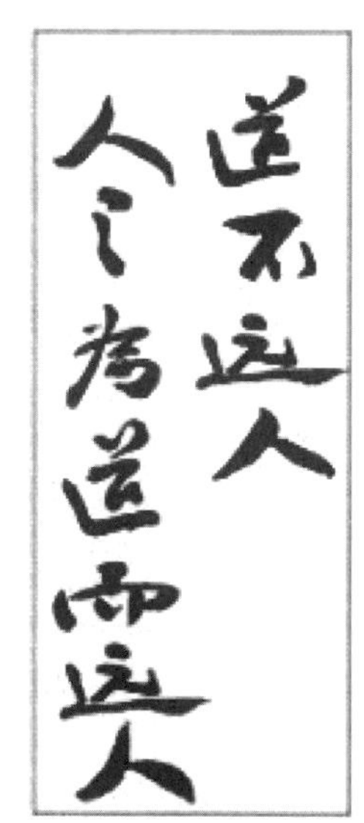

「無極而太極」，如晝夜循環之理，非是「晝夜相生」的關係，二者是「一體兩態」的循環之象，或者說是「隱與顯」的循環狀態。「循環」與「生」有別，所以說「無極而太極」比較準確、嚴謹。

31.「道不遠人，人之為道而遠人」。

淺解 「道」在生活中，所以說「道不遠人」，譬如「刷牙」用不著什麼意念，完全是自律而動；再譬如走路，也不用什麼意念，全智能自律調整平衡。

「人之為道」是指的「有為」法，譬如「水火既濟」，多數人不知如何下手，所以「遠人」。再譬如，「五陰五陽就是拳經」，多數人不知用什麼「天平」解決準確稱量「陰陽」的分量，所以「遠人」。

32.「神氣以意逆運至丹田」。

淺解 神氣向上為順，向下為逆；氣之源在丹田，氣由精化，神氣收斂，即是藏於丹田，而回家存養，此「節能降耗」，而有「修養和神」之大功用也。

33.「人心即天理，天理即人心」。

淺解 南宋理學家陸九淵以「宇宙即是吾心，吾心便是宇宙」的認識，把「格物致知」的命題變為易簡功夫，主張弘揚人之本心。

明朝大儒王陽明在一個山洞裡研究《周易》，得出「窮天人之際，通古今之變」的認識，創立了「陽明心學」。其主旨是「心無所不包，物、事、理、義、善、學等，都不在吾心之外，天理之在人心也」。

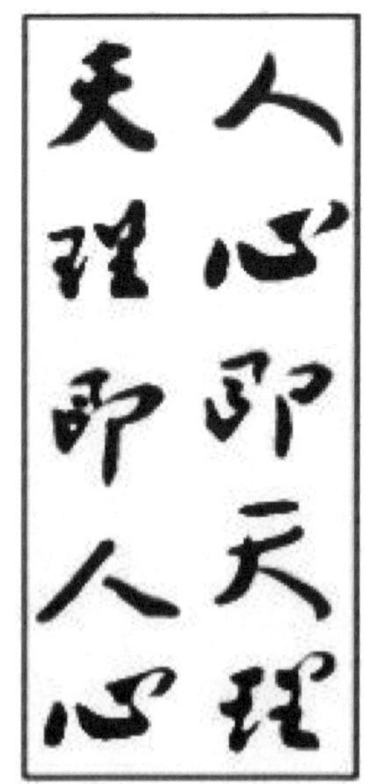

孫祿堂以此揭示「天理即拳理、拳理即天理」的主張。

34.「兩儀、四象、五行、八卦」。

淺解 兩儀是動靜，是陰

陽。儀者，外現之禮儀也；四象，東西南北四個方向（太陽太陰、少陽少陰）之象也；五行，中國先民認為「金木水火土」五物可以代表萬物之性；八卦，中國先民認為天地、水火、山澤、雷風八種物象，是代表萬物之性的又一說法，比五行之說詳細、準確。以上皆是古人宏觀的認識層次。

後人當立志自強，學趕先進，趕超世界先進水準，實現中華民族「富民強國」之夢。

35.「心中虛空，用意往上頂勁」。

淺解 吸氣時，胸虛而背實使氣走督脈，過夾脊，上玉枕，直達巔頂，隨呼而下，成其周天循環；前虛為無，後頂為有，有無相生，前後循環。

36.「頭要虛靈頂住勁，舌頂上齶，穀道上提，意注丹田，將元陽收斂於氣海矣」。

淺解 吸氣時，頭、舌、穀道上提；呼氣時，意注丹田，藏神合氣，就有生化之理；意往上提，氣下降又向上反，猶如生命氣缸，上下鼓蕩矣。

37.「後天之精自化，先天之氣自然生矣」。

淺解 此以自律程序說，即是不用意念，不加任何干擾。

38.「固靈根而靜心，謂之修道；養靈根而動心，謂之武藝」。

淺解 靈根者，靈性的根本也，當推細胞核和遺傳訊息莫屬；細胞是強健之本，關愛細胞，需要靜心體察，這是修道的根本；在養靈根的基礎上，讓四肢和身體為元神、元氣所使，就是武藝。

39.「兩個陰陽魚合一之太極圖」。

太極圖

淺解 太極圖為宋初道士陳摶所傳，二代弟子周敦頤寫了《太極圖說》加以解釋。現在流傳的太極圖，即周敦頤所傳，見右圖。

40.「氣斂入脊骨」。

淺解 神意存於腰腹，藏於脊中之意。

41.「八卦劍；自其體言之，實即太極劍也」。

淺解 八卦劍是用，以變化言之；太極劍是體，以一氣言之，而非太極劍之套路也。

42.「道生虛無，返還練虛合道」。

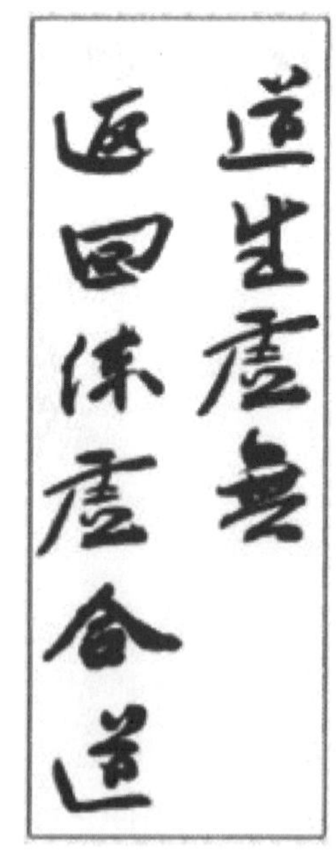

淺解 道者，萬物生滅的道理也；虛無者，無形無相，鬆空之氣也；道生虛無，即太極之氣也，以生之謂，乃程序之必然也；返還者，返於有生之初「空而不空」的身體也；練虛者，不求有也，任其天意主宰，自然而然也；合道者，合於「太極一氣」之道理也。

43.「劍術步法，不外數學圓內求八邊之理，勾、股、弦之式，其手法亦不外八線中弧、弦、切、矢之道」。

淺解 八卦劍的步法，是正八字、倒八字、側八字、平行四邊形，嚴格地說，沒有別的步形；循圓走轉，步與步的連線則是內接正多邊形，所以有勾股弧弦、切矢之道。

其要點：裡腳不出圈，外腳不進圈。步幅以不超小腿長度為宜，大了消耗大，變化慢；小了如小跑，頻率快，與呼吸不和諧。起落走轉，走蹚泥步，不走剷泥步，忌亮蹄，以自然最好。

44.「執械則為劍，無械即是拳」。

淺解 械是手臂的延長，拳械一理，所以說：執械則為劍（刀、槍），無械即是拳也。

45.「一氣為慧劍」。

淺解 一氣者，元氣也，其升降、出入、循環之動，即為一氣；人之意念，能順應天理而運行，即為一氣之流行也；慧劍者，智慧無形之劍即為慧劍。一氣即為慧劍，即是有除魔除邪之威力也。

46.「艮其背不獲其身，行其庭不見其人」。

淺解 此艮卦卦辭，艮者，山也，在武學，為「動中求靜」之理；背無慾而靜，則身也定，心也靜，如入無人之境。卦之初爻，艮其趾；二爻，艮其腓；三爻，艮其限（腰）；四爻，艮其身（背）；五爻，艮其輔（喉）；上爻，敦（大腦）艮，吉，以厚終。

此由腳到頭一氣之靜也。象辭曰：兼山（上下皆山），艮，君子以思，不出其位。在武學，有動態平衡不失其中之意。

47.「巽卦者，在天為風，在人為氣，在卦為巽」。

淺解 乾卦陽極必反，一陰潛入，則為巽卦，此進陰退陽之卦，在天則必生風，在人，則必生少陰之氣，少陰之氣乃腎經之氣，腎經之氣上升，則太陽之氣（小腸膀胱之氣）下降也，一升一降，以柔順剛，巽卦之象也。

48.「內藏十八羅漢拳、七十二截腿、七十二暗腳」。

淺解 十八羅漢拳為嵩山少林寺「鎮山護寺」之寶，以其獨特的「柔法」突出了原古少林拳以大道至簡為主旨的內容特點，大有太極拳的風格。

七十二截腿、七十二暗腳乃八卦拳之腿法，掌為乾坤，腿為坎離；七十二者，變化「無窮」之意。

後天卦有九宮，每宮有「乾坤坎離艮震巽兌」8 個變化，合計則有 72 個變化，孫祿堂等先輩沒留下這 72 個變化的具體練法，意由後學悟之，此武學大師們常用而高明的啟發教授方法。

49.「形意拳之誠一也，八卦拳之萬法歸一也，太極拳之抱元守一也」。

淺解 三派拳術，皆是太極一氣之變化，形意拳以直、整為善，即是誠一；八卦拳以變化為長，即是萬法歸一；太極拳以圓融養氣為宗，即是抱元守一。

50.「易骨、易筋、洗髓」。

淺解 形意拳有三種練法，明勁、暗勁、化勁也。明勁「冷蹦脆」，有易骨之作用；暗勁「長緩粘」，有易筋之功效；化勁「無形圓」，有洗髓之神妙。

其道理都源於達摩祖師流傳的《易筋》、《洗髓》兩經，《易筋經》之宗旨是「脫換」筋骨，以為強健；《洗髓經》之宗旨是「清虛」其內，以進入太虛，「和光同塵」

的高級境界。

51.「以槍為拳，以拳為搶」。

淺解 以槍為拳，即槍與身體合而為一的意思；以拳為槍，即拳要有器械穿透的剛度和鋒度。

52.「橫者，中也」。

淺解 在拳中，「橫者」是橫向的穩定；「中」者是神氣歸根，身形中正之意。總之有「動態平衡」之理。

53.「道本自然一氣游，空空靜靜最難求，得來萬法皆無用，身形應當似水流」。

淺解 「道」者，有無、生滅之道也；有無、生滅皆為自律程序，所謂「一氣流行」是也；後人皆在有形、內練上尋覓，所以難見其真；一旦得見真道來現，方知在有形、內練上尋覓皆是徒勞。

54.「河之圖，洛之書，皆出於天地自然之數。禹之範，大撓之歷，皆聖人得於天地之心法」。

淺解 河圖、洛書、龍馬、神龜，是古人附會衍生之說，河裡出現類似的奇石，並不奇怪。《尚書・顧命》篇也說：河圖是一種金石之類的國寶，沙石都有天地的基本元素和訊息，皆出於天地自然之數，非虛言也。伏羲王天下，仰觀天，俯察地，啟發靈感而作八卦，合乎情理。下圖黑點為陰爻，白點為陽爻。

「河圖」陽 1、陰 6 居北，寓水星；陰 2、陽 7 居南，寓火星；陽 3、陰 8 居東，寓木星；陰 4、陽 9 居西，寓金星；陽 5、陰 10 居中，寓土星。其中的數字，是該星出現的月份和時節。

「洛書」陽 1 居北為坎，陽 9 居南為離，陽 3 居東為震，陽 5 居中為土；陽 7 居西為兌；陰 2 居西南為坤，陰 4 居東南為巽，陰 6 居西北為乾，陰 8 居東北為艮。

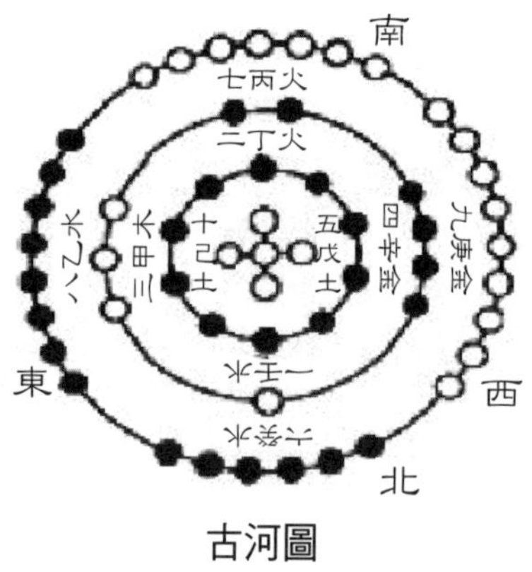

古河圖

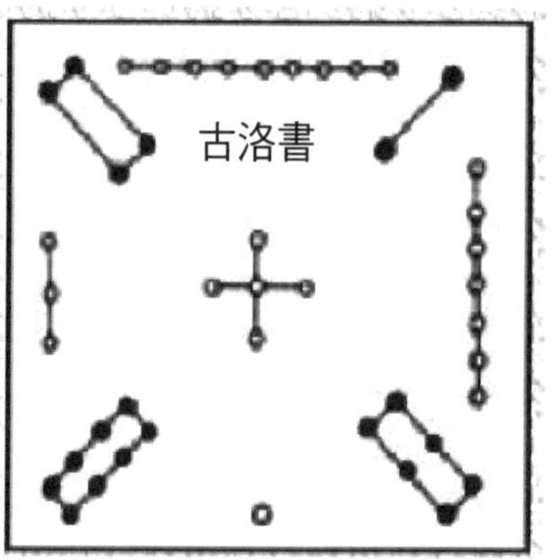

古洛書

河圖陰陽都居正，為「太極一氣」之體；洛書陰陽分之，陽數皆居四正，陰數皆居四隅，為「一氣流行」之用。

《尚書・洪範》是周武王治理國家的 9 條大法。順應了國家統一、平治天下的「天心人意」。

《呂氏春秋・尊師》曰：「黃帝師大撓，大撓探究五行（金木水火土）作十天干、十二地支，相互配合成六十甲子，用為紀曆。」符合了天地氣候等自然的規律。

55.「固靈根而動心者，敵將所用之法；養靈根而靜心者，道藝所用之法」。

淺解 靈根者，元精也，堅固元精而消耗於彼者，就是敵將所用之法；培補元精而靜心者，就是修道者「節能降耗」所用之法；武藝招法有生有剋，道藝隨心而用，無可無不可。

56.「理存之於內而為德，用之於外而為道」。

淺解 大德曰生，內存生化之理，就是德；用之於外，既能勝人，也能長生，就是道。

57.「中者，虛空之性體也；執中者，還虛之功用也」。

淺解 中者心胸也，心胸喜虛空，所以謂虛空之體也；執中者用中也，所以謂虛空之功用也。

58.「混元一氣吾道成，道成莫外五真形，真形內藏真精神，神藏氣內丹道成」。

淺解 道者，混元一氣也，也即修道的最高境界，可以謂道成；道成，則可忘形也；道成莫外五真形，即空虛通透之意；真形者，藏真精神也；真形內藏真精神，即「空而不空」之意；深藏氣內丹道成，即氣生華為神，而斂藏「結丹」之意。

59.「拳術即劍術、槍法；劍術、槍法即拳術」。

淺解 形不同、動靜不同，而理則同也。

60.「意者，即人之元性也。在天地則為土，在拳則為橫，橫者，即拳中先天、圓滿、中和之一氣」。

淺解 意者，先天自律之意，即為人之元性；在五行屬土，在拳為橫，橫者，平衡也，平衡即為土，起鑽落翻皆以平衡為先，不尚血氣，純任自然，所以為拳中先天之一氣。

61.「己者我之真性，靜則為性，動則為意，妙用則為神也」。

淺解 靜中之真性，動中之真意，是為真己也；神者，不測也，也即妙用也。精氣神之「神」，則是氣血充足之象也。

62.「勁者，即內中神氣貫通之氣也」。

淺解 勁者，力之本也，由肢體、神意導引貫通，將天地能量轉化而來；科學地說，「勁」是肌肉細胞感通內外而釋放的能量。

63.「以心中虛實為體，以神氣相交為用」。

淺解 心中虛實為體，指的是無思無意之體；「神氣相交」指的是神經系統和四肢的和諧配合，所以為用。

64.「虛極靜篤時還於本性」。

淺解 「虛極靜篤」，是人之初生之性，所以是人之本性。

65.「俟一陽動時，即速迴光返照，凝神入於氣穴，神氣相交，二氣合成一氣，心中空空洞洞，即是明心見性矣」。

淺解 「一陽動」乃丹田一點靈氣湧動也，「凝神於氣穴」，就是內視丹田；「神氣相交」，就是神意內照；「明心見性」，即是明白通透，復見自己初生的「善順」之性也。

66.「天命之謂性，率性之謂道」。

淺解 天命就是遺傳訊息，遺傳訊息就是元性；「自強不息」地遵循元性而行就是「道」；「率」字乃遵循順遂之意。

67.「數不離理，理不離數，數理兼賅，乃得萬全」。

淺解 數者，碼也；數無理，不成序；不成序，無生化之理；理為本，數為用，二者誰也離不開誰。

進入訊息多媒體社會，才知道「數位」是有靈性的訊息，數學能表示宇宙的基本道理。「數理兼賅」，數理兼備之意；「萬全」，「萬無一失」之意。

68.「心定神凝，神寧心安，心安清靜，清靜無物，無物氣行，氣行絕象，絕象覺明，覺明則神氣相通，萬氣歸根矣」。

淺解 心為君，神為象，二者如影隨形，所以說心定則神寧，神寧心則安！心安則清靜，清靜則為無物，無物，就沒有干擾；沒有干擾，則一氣流行；一氣流行則歸於虛靜，虛靜則不見象，不見象則能明心；明心則神氣相通，萬氣歸丹田矣。

69.「精養靈根氣養神，養功養道見天真，丹田養就長命寶，萬兩黃金不予人」。

淺解 精者，生命之源物質，為本者也；靈根者，生命的遺傳訊息，為本能的靈性也。二者合曰太極一氣。氣者，生命源物質按遺傳訊息之程序而運動流行；神者，氣之外象，有妙不可言的效果。所以，精可以養靈根之元氣，元氣有神之象。

丹田為精之舍，生命之源物質在丹田能得到不斷充養和生化，生命就可以長生；萬兩黃金不予人，比喻丹田強命之道而更珍貴也。

70.「轉法輪用意注於丹田，以神用息而轉之，從尾閭至夾脊至玉枕，至天頂而下至丹田」。

淺解 此道家小周天運行之路線，以神用息，有導引之意。以老子和孫祿堂的觀點，「有無不立」才是太極大道的真理。

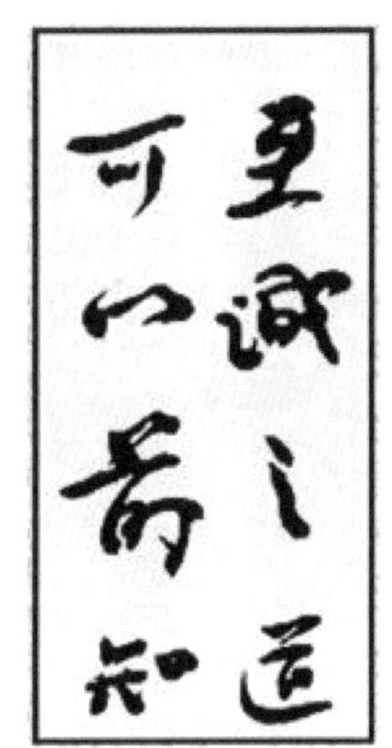

71.「至誠之道，可以前知」。

淺解 人類和社會有全息的規律。「至誠」者，和萬物的發展有相似的認識程序，所以「至誠之道」有預見之明。

72.「內天道而外王道」。

淺解 生命是天道進化來的，生理就是天理，所以說「內為天道」；手足肘膝需要拚搏，而求占有和統轄，所以外為王道。

73.「心腎相交，水火既濟」。

淺解 在五臟，心在胸腔，腎在腹腔，心腎相離最遠；心臟是血流的最上游，腎臟在五臟腑的最下位。所以說「心腎相交」，能代表氣血（或者說動脈靜脈）上下循環的路徑。

心腎和血液循環都是自律系統，能隨動靜快慢、劇烈程度自然地流動，而保障血液供應，單靠人的意念是不能改變的。

「水火既濟」是以「心」比火，以「腎」比水。「心腎相交」了，生命的「新陳代謝」就通暢了。

74.「史稱走及奔馬、手接飛鳥及托樑舉鼎，猿公教刺」。

淺解 皆是典故，《周書・達奚武傳》：「震宇猛略，少驍勇，便騎射，走及奔馬，膂力過人。」《太史公記》：「殷紂……力能索鐵舒鉤，撫樑易柱，步捉猛獸，手接飛鳥也。」

《吳越春秋》：處女見越王，道逢一翁，自稱曰「袁公」，問於處女曰：「吾聞子善劍，願一見之。」女曰：「妾不敢多所隱，惟公試之。」於是袁公即杖箖箊（lín yū）竹，竹枝上頡橋（jie jiāo），末墮地，女即捷末。袁公則飛上樹，變為白猿，遂別去」。

75.「有若無、實若虛」。

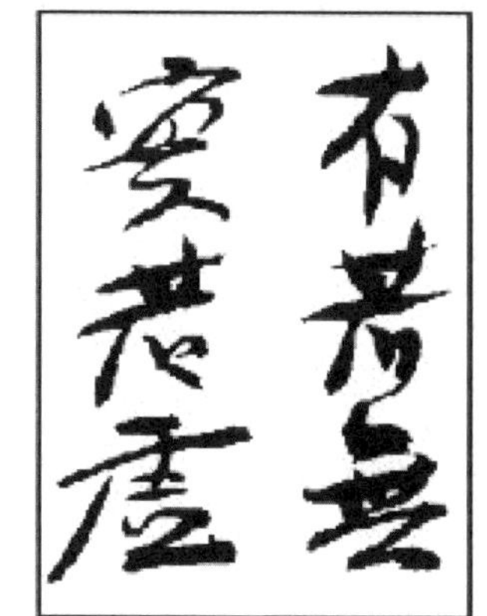

淺解 「有若無」與「實若虛」的「若」字近乎「即」，在此有循環、相生之意。譬如「支撐足和打擊手」當為「有」，為「實」，但是「支撐足」需要沒有意念才穩定；「打擊手」需要變化靈妙，近似虛空，才有效果。所以有如是說。

76.「禪寂枯坐，易茲流弊」。

淺解 生命功能，基本屬性就是「一氣流行」，而且「用則長，不用則退」，所以說：靜而不動易茲流弊，非道也。

77.「張松溪、單征南，阮、俞、孔諸家」。

淺解 張松溪，明代鄞縣（屬浙江寧波）人。師從孫十三老，以「內家拳」享名，自言法承宋代的張三豐，其徒有單征（思）南；阮者北宋末年阮小二、阮小五、阮小七及其後人；俞者當為俞蓮舟，張三豐的第二個徒弟，為武當派的第二任掌門；孔門拳，源於湖北，清初孔佐亮為原代表人物。

78.「動中靜，靜中動」。

淺解 動中靜是「心靜」，有隨意的屬性，宜「靜心、專一」而動；靜中動是「氣動」，有自律的屬性，意念不可越位而「導引」，否則有干擾作用。

79.「堯舜之道，孝弟而已矣」。

淺解 這是孟子說的，「堯舜、孝弟」在武學，皆是尊師重道，子孝臣忠之理。

80.「天地人三才，亦即太極一氣之流行也」。

淺解 天地人源於「太極一氣」之生化也；「天地人」有氣之升降，而互相交換物質能量和訊息屬性，所以說即是「太極一氣」之流行也。

81.「盡性立命」。

淺解 性者，一曰拳之性，即自然而然，「動靜中和」也；二曰人（自己）之性，「太極一氣、一氣流行」也；三曰道之性，養神練氣也。「盡性」者，盡量發揮人之元性（本能）也。

「立命」者，強健而長命也！與動靜養生有同義之詞義。

82.「脫胎神話」。

淺解 這是道家修練的誇張說法，實事求是地理解，應該是臟腑氣血內環境功能達到最佳功能狀態，並有了結構的優化更新；而四肢筋骨隨感而應的本能也形成了條件反射。

83.「調息、息調、停息」。

淺解 這是道家修練的呼吸變化，實事求是地理解，應該是初級功夫要求動靜自然，就是「調息」；中級功夫要求動作與呼吸協同共振，就是「息調」；再加向上到高級功夫，呼吸達到似有而無，似乎沒有了呼吸的感覺，內外通透、無內無外，融融和和，就是「停息」。但是「停息」不如「忘息」準確。

簡言之，「手足動作和順是謂「調息」；內外神形相合謂之「息調」；一氣流行，循環無端，無呼吸之感覺，謂之「停息」。

辯證地認識，我們在練拳中，每一趟拳下來，都應該有這三個呼吸階段：即起式，調息就開始了；練到內外動靜與呼吸共振的階段就進入了「息調」階段；繼續練去，不覺有呼吸了，全身融融和和，直至收勢，就是最高的「忘息」的階段。

84.「聖胎」。

淺解 道家修練的高級階段，有真氣凝聚之意境，比喻為「聖胎」，又稱「金丹」。

85.「明心見性」。

淺解 明心即明人之心性，也即生理之至善也；見性即感覺到「六合九要」和神氣自然本能地出現。

86.「丹書」。

淺解 泛指煉丹之書，道教經書。如《雲笈七籤》和《參同契》等。

87.「乾坤肇造」。

淺解 也即開天闢地。

88.「混元一氣吾道成，道成莫外五真形；真形內藏真精神，深藏氣內丹道成」。

淺解 「混元一氣」就是「太極一氣」。兩者都是以陰陽未分說；「吾道成」就是我的大道修練成功了；「道成莫外五真形」，就是不能脫離自己的「五行」之身；「真形內藏真精神」，指身體精氣神的「三元之氣」；「深藏氣內丹道成」指三元之氣在丹田凝聚而結丹的「聖果」。

89.「順天地自然之理，純以養正氣為宗旨」。

淺解 「天地自然之理」即自然環境之理，包括物理、化學、生理、天文、氣象等等；武學「養正氣」即養先天元氣，或者說順自律程序而動靜。這和人威武不屈，「忠節不阿」之正氣不同。

90.「無可無不可」。

淺解 武學最上乘功夫境界，與「拳無拳，意無意，無意之中是真意」同理！也即「不講招法，應手即仆」的功夫。

三、佛家詞語淺解

1.「空兒不空，不空而空，是為真空」。

淺解 空兒不空是有身體也；不空而空，是心空而無思慮也；心空而無思，則是真空也。

2.「心無其心，心空也；身無其身，身空也」。

淺解 心無其心，是無思也，無思即是心空也；身無其身，是忘身也，忘身即是身空也。

3.「頂而不頂，丟而不丟」。

淺解 先頂、先丟都為引也；不頂、不丟地管控，才是目的。

4.「寂然不動，感而遂通」。

淺解 寂然不動，是太極一氣之靜，也即太極之體也；感而遂通，是自律調控系統的即時反應，也即太極之用也。

5.「中者，虛空之性體也；執中者，還虛之功用也」。

淺解 身體通透虛空，即是「中」；守中用中即是「執中」。

6.「易筋、易骨、洗髓」。

這是達摩的論點。「筋」者，貫通關節上下高韌性的大筋，還包括肌肉、韌帶和血管；「易」者，更換之意。「易筋」就是由短變長、由細變粗而增加了彈性和韌性。

「易骨」就是由疏鬆變密實，從而提高了抗壓抗拉強度。

「洗髓」就是除去「骨髓」中的污垢之意。「骨髓」是人體的造血組織，藏於骨內，隨著年齡的增大而逐漸減少。達摩認為其原因是污穢之物侵入骨髓而造成的。

以上三者都是人之與生俱來的內環境硬件，古今還沒有更換洗滌的醫術。達摩用來比喻修練身體的三步功夫。

7.「靜為本體，動為作用，是體用一源也」。

淺解 靜時，筋骨臟器各安其位，所以謂之體；動為心發，所以謂之作用；動靜都是心為主宰，所以謂之體用一源也。

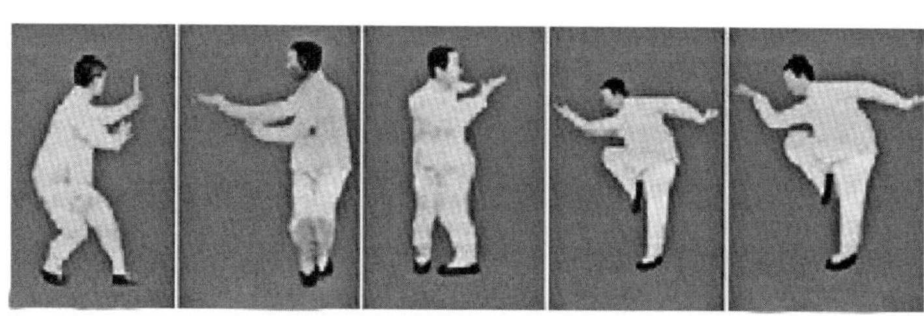

8.「靜則為性，動則為意，妙用則為神」。

淺解 靜時，筋骨臟器各安其位，生命任其自然運轉，所以謂之「性」；動為心發，所以心動謂之「意」；此時可不見而彰、不為而成，純以神行而有奇妙的效果，此以妙用定義「神」之意。與精氣神之「神」，有截然不同的兩個意思！

佛道兩家大同而小異，而且有共用詞語，難以界定和分開！

四、書法詞語淺解

孫祿堂終生酷愛書法，平常觀察古帖，在詳研中啟發靈感，且多用古人《書論》融於拳術。從中可以窺見他著作以外心裡藏著的祕密。

（一）借書法，啟發武學靈感

1.「翰不虛動，下必有由」。

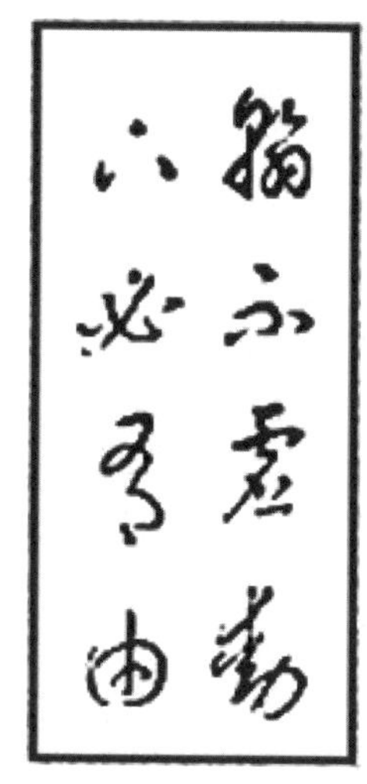

淺解 出自孫過庭《書譜》。「翰」字，原意為飛鶴張開的羽翼；道家喻「驅車決勝，駕鶴運籌」的大智慧；儒家喻能出「車載」筆墨、文章的學府，如「翰林院」；書家以「車」喻「筆桿」，以「羽」喻筆鋒，合起來喻「大書法家」；孫祿堂意喻「手不空出」的武學高人。

「由」字原意為「田出界」、為「開始」、為「原因」，為「從」等。孫祿堂意喻為「神妙」；「翰不虛動，下必有由」整句喻「武不虛動，行必神妙」。

2.「導之則泉注，頓之則安，纖纖乎似初月之出天崖」。

淺解 出自孫過庭《書譜》。意如「運筆如泉水流注，頓筆如山岳安穩，起筆如初月升空，落落乎如眾星之列河漢」。

孫祿堂揭示為「起鑽如泉水突注，落翻如山岳安穩，神氣如初月升空，式式如星列天空」（喻值守天意安排的位置，從不亂動）。

3.「積其點畫，乃成其字」。

淺解 出自孫過庭《書譜》。孫祿堂揭示為「合其手足，乃成其勢」，意即求精之途徑。

4.「書劍雖異，而理則一」。

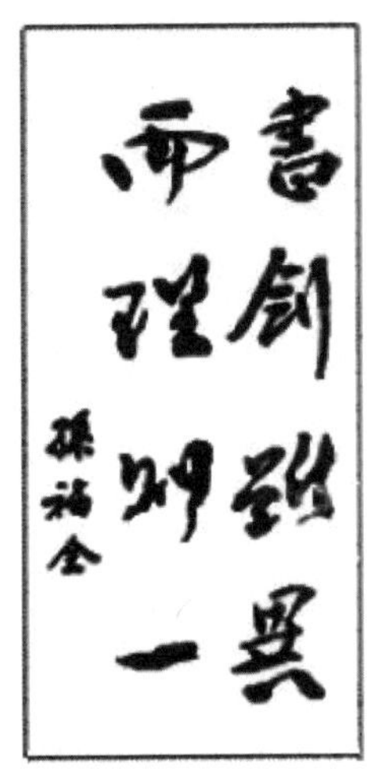

淺解 「理」同在「中正、神氣、間架結構」上，揭示一切藝術和武學都有道理通焉。

5.「書法則有五鋒，為中、逆、齊、側、搭，碑中張遷、鄭文公大小篆等，都不外乎五鋒」。

淺解 中鋒，使筆直立，鋒在正中，叫「中鋒」；

逆鋒：以反方向行筆稱「逆鋒」；

「齊鋒」指筆鋒攏在一起，呈單一筆鋒；

「側鋒」是在下筆時，筆鋒稍偏側，落墨處即顯出偏側的姿勢；

「搭鋒」順勢而下，不用逆勢的起筆。

張遷碑，亦稱《張遷表》，漢碑，隸書，用筆於方直中寓圓巧，筆畫粗細相間，生動自然；端正中見揖讓錯綜，靈活變化，殊多生趣，而又沉著方勁。

鄭文公碑，亦稱《鄭羲碑》。北魏體摩崖刻石，氣勢豪邁磅礴，歷來認為是圓筆的典型，相傳是鄭道昭所寫，不能確證；北派書法家大多從此碑出。

（二）借自然和生活現象，啟發武學認識

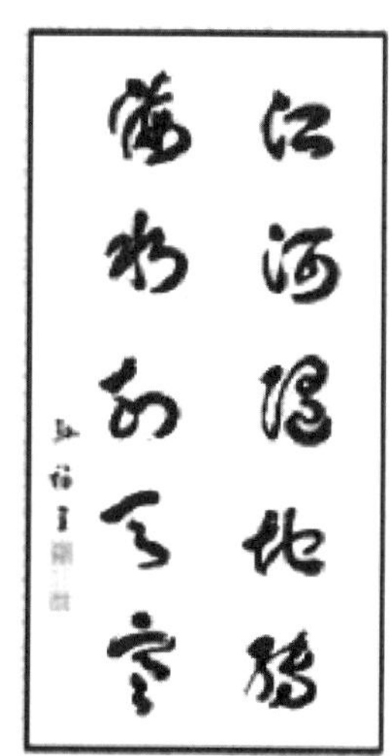

1.「江河隨地轉，海水知天寒」。

淺解 孫祿堂揭示「身形隨足動，手足知剛柔」的拳理。

2.「旁窺尺牘，俯習寸陰」。

淺解 「尺牘」，即長一尺的書版字帖；「寸陰」即短暫的時間。「旁窺尺牘，俯習寸陰」整句意為「俯身臨帖，珍惜時間」；武學應理解為「不忘師傅規範，認真下功夫，不可荒廢時光」。

3.「近取諸身，遠取諸物」。

淺解 啟發武學效仿萬物的自然現象，和自己身體的生理程序，以提高武學水準，意即「拳術之道」在內外環境中。

4.「捷如飛鳥」。

淺解 啟發武學「起落進退，極其輕靈」的仿生認識。

5.「失之毫釐，差以千里」。

淺解 說明精度重要性，不能忽略「小毛病」而不矯正。

（三）全息理論的本質認識

1.「太極即一氣，一氣即太極」。

淺解 《宇宙全息論》認為：「宇宙萬物都有相似的結構、屬性和程序」。所以說孫祿堂「太極即一氣，一氣即太極」的觀點，是全息論的本質認識。「太極」是古人對宇宙和萬物的最原始、最基本物質和狀態的科學表述，現代來說，也不落後。

宇宙最基本的元素就是「氫」元素；最基本的狀態就是氣體，最基本的結構就是有「內中外」三層；最基本的屬性就是運動和擴散（包括訊息）；最基本的程序就是「生長存亡而無限循環」等。

2.「物物一太極，物物一陰陽」。

淺解 這也是《宇宙全息論》的另一古人的表述。這等於說「太極就是陰陽」，從表象說是成立的；從包含的內涵和本質說，「太極」比「陰陽」廣大得多。「陰陽」只是「太極」變化的一個時象，不是「太極」生出了陰陽。如晝夜，不是地球生出來的，而是地球圍著太陽公轉的時象。「太極」可以代表「陰陽」，「陰陽」不能代表「太極」，認識都有時代的侷限，道理就怕推敲。

3.「人心即天理，天理即人心」。

淺解 南宋理學家陸九淵以「宇宙即是吾心，吾心便是宇宙」認識，把「格物致知」的命題變為易簡功夫，主張弘揚人之本心。

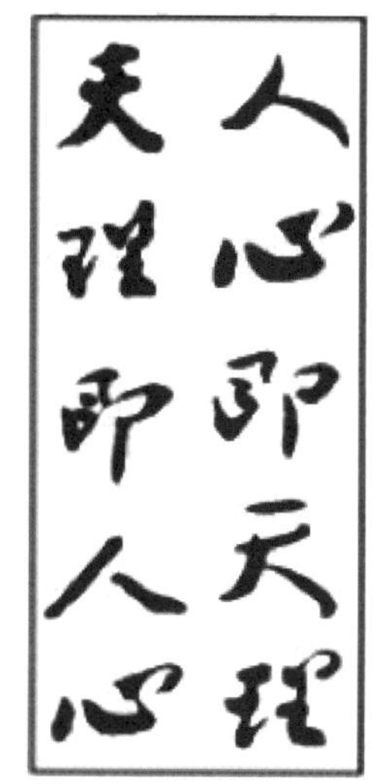

明朝大儒王陽明在一個山洞裡研究《周易》，得出「窮天人之際，通古今之變」的認識，創立了「陽明心學」。其主旨是「心無所不包，物、事、理、義、善、學等，都不在吾心之外，天理之在人心也」。

孫祿堂以此揭示「天理即拳理、拳理即天理」的主張。

4.「天道即人道」。

淺解 也即天人全息之理，與「人身小天地，天地大人身」同理。

5.「無極而太極」。

淺解 出於宋代周敦頤《太極圖說》:「無極而太極……太極本無極也。」這說明，孫祿堂對周敦頤《太極圖說》是肯定和尊崇的，這也是孫祿堂武學思想的發源地，孫氏所有拳路都有《無極勢、太極勢》，其原由就在於此。

「無極而太極」如晝夜循環之理，非是「晝夜相生」的關係，二者是「一體兩態」的循環之象，或者說是「隱與顯」的循環狀態。所以說「無極生太極」，有欠科學。其中的「而」字沒有「生」的意思，「無極而太極」說得比較準確、嚴謹。

6.「天人合一」。

淺解 伏羲先皇觀天地製八卦以類萬物之情，開「天人合一」的先河。《莊子》進一步發揮，提出「天地者，萬物之父母」的思想。孫祿堂常書寫之，說明他崇尚「天人合一」的思想。

7.「拳道即天道」。

淺解 拳道即是拳術修練程序，天道即是萬物的自然規律。它們有「全息」關係，但是拳術成功之道，必須服從天道，而不是逆運天道的「成仙術」。

（四）借道家理論，啟發武學靈感

1.「拳與道合」。

淺解 啟發武學求本，養正氣的宗旨，概言之，「拳與性合」而已。

2.「道不遠人，人之為道而遠人」。

淺解 「道」在生活中，也即「環境即是道」，所以說「道不遠人」；「人之為道」是有違生理、虛無縹緲的「有為法」，所以說「人之為道而遠人」，啟發武學師友「中和自然」地練功。

3.「動中靜，靜中動」。

淺解 啟發出武學要有「動靜循環」的節奏，也即「意念」要有「動和靜」的交接和時間差。

4.「有若無、實若虛」。

淺解 二者是同義詞，即「支撐足不要有意念留住，打擊手要有虛空靈妙的變化」。

（五）悟透「拳理順生理」的真諦

1.「呼吸自然，氣自和順」。

淺解 呼吸與天地交換氣體而通「外」，自然為本；氣是能量、訊息和程序，而行於「內」，以自律為本。揭示「內功外求、直養無害」的道理。

2.「起落進退，極其靈妙」。

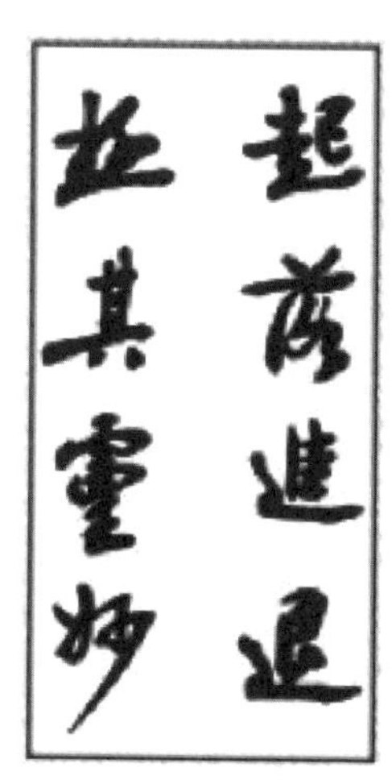

淺解 這是「暗勁、化勁」的功夫，這和「極其沉重」有檔次的區別。功夫應該「先求開展和沉重，後求緊湊合輕靈」。

3.「夫武術以和為用，和之中智勇備焉」。

淺解 「以和為用就是拳道中和」，「和」中有剛有柔，強度適中，所以說「智勇」也就在裡邊了。

4.「內外如一」。

淺解 即意念筋骨、精氣神和手足肘膝要整齊自然，合而為一。動則「一氣流行」，靜則「穩如泰山」。

5.「自然之妙」。

淺解 自然是萬物的基本屬性，也是武學最基本的拳經。

一氣流行任自然，條件反射出本能；
手足肘膝布球陣，時位精準現神行。

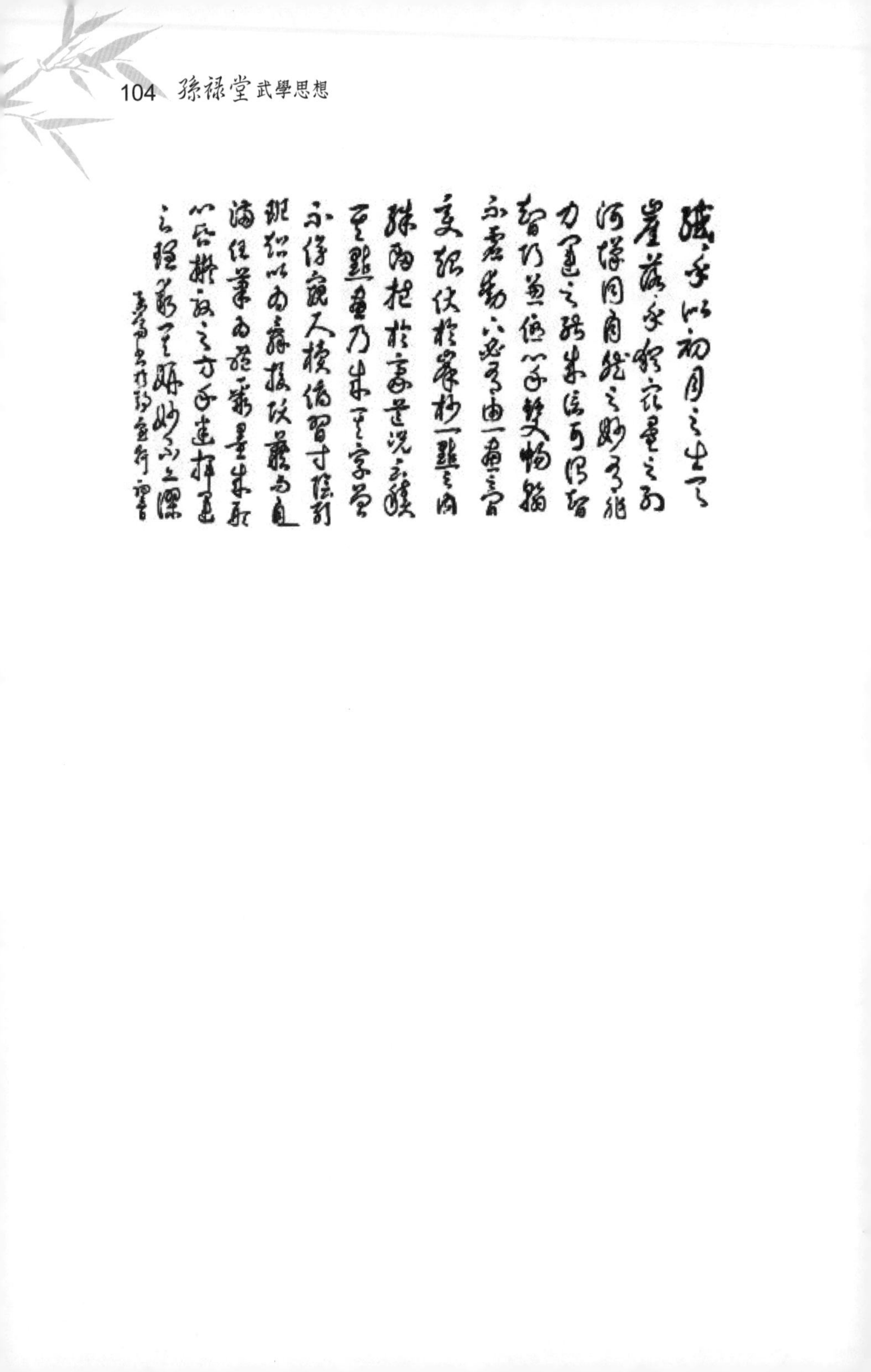

第二卷

愛讀經典篇

第一篇 《易經》有關

孫祿堂愛讀書，精於傳統文化，尤其精《易經》，所以才成就了孫祿堂武學思想。學習孫祿堂武學，跟著孫祿堂學習有關傳統文化，可獲得事半功倍的收穫。

附錄傳統文化精要，或述而聯想，以啟發自悟，從而加深理解和學出昇華。

一、《易經》概說

中國《易經》先天八卦，以乾一、兌二、離三、震四、巽五、坎六、艮七、坤八排序，依次代表「天澤火雷風水山地」的自然現象；後天八卦，以坎一、坤二、震三、巽四、五為中宮，乾六、兌七、艮八、離九排序，分表代表父母子女的社會現象。

文王、周公寫卦辭（彖傳、大象）、爻辭（小象），孔子作《易傳》（又名《十翼》），前後歷經五千餘年始成《易經》（也即《周易》）。可謂古今中外成書年限之最。其中孔子承前啟後，作用最大，被尊為傳承中華文化的聖人。

《易經》是中國文化的根，可謂無所不包。傳統文化都以《易經》為指導而發展，武術當然也不例外。《易經》以符號成卦，以 1 代表陽爻（▬▬），以 0 代表陰爻（▬ ▬），則「乾坤坎離震巽兌艮」八個三爻基本卦，被德國科學家萊布尼茲譯成二進制，分別是 111（乾）、000（坤）、010（坎）、101（離）、100（震）、011（巽）、110（兌）、001（艮），為數學和科技的發展，起了偉大的導引和啟發作用。文字有時代和表達的侷限，所以說研究符號比研究文字還重要。

八卦代表四正四隅 8 個方位。方位有攻防的戰略意義，當認真研究。

64 卦的 6 爻，代表萬物發展的 6 個時段，時段藏著「動靜之機」，其排列組合能啟發即興發揮的本能，更應當認真探討。

先天八卦代表「體」，以方位說，乾南坤北，一前一後；離東坎西，一左一右；「形意拳，在十字當中求生活」，即是四正卦之理；巽西南震東北，即右前左後；兌東南艮西北，即左前右後，兩對角線也十字相交，即是四隅卦之理。

上述四正四隅皆為反卦。

後天八卦代表「用」，以長序說，坎北為長子，震東為次子，艮東北為季子；巽東南居長女，離南為次女，兌西為小女；乾西北居父親，坤西南居母親；中宮代表家庭。對武學來說，後天八卦有「父子兵上陣」的意義，先後天八卦「動態的組合」，有 64 組變化，含著變化無窮的道理。

八卦拳（劍刀）走中練，先天運動最簡易，這是《八卦拳學》僅有的屬性，對提高強健和技擊水準，對開發智慧和益壽延年，有獨到而速效的優越性。

二、八卦圖說

先天八卦方圖橫豎及對角線，都有下卦「乾兌離震，巽坎艮坤」的次序排列，首創此方圖的賢哲思維，真是令人驚嘆！

其序號方位設定為：1 北、2 南、3 東、4 西、5 西南、6 西北、7 東北、8 東南。走轉練習時，序號和方位代表地理環境不變，將方圖翻譯成 64 變卦拳劍（刀），且沒有重卦的順序為：

乾兌離震，巽坎艮坤；坤乾震兌，坎巽離艮；
艮離巽兌，震乾坤坎；坎離坤震，艮兌乾巽；
巽乾坎坤，離兌艮震；震坎兌巽，坤艮乾離；
離坎乾艮，巽震坤兌；兌坤巽艮，坎震離乾。

八輪卦的末卦，其下卦從下到上的順序，與首輪卦的順序相同；每相鄰兩行（輪）的首尾卦接龍；每相鄰兩卦，沒有重複地組合，即是八卦方圖的卦序。

八卦拳劍（刀）64 變化皆可依此順序練出來，時間 8 分鐘左右，與練一趟太極拳差不多。其步法和招法，感覺和神氣，能充分把八卦拳的高級境界體現出來。純熟以後，任何一個卦，都能自然地變化出八個卦，用於技擊足矣！符合孫祿堂《八卦拳學》64 變化之說。

方圖左上右下對角線，從中心說，即「震巽、離坎、兌艮、乾坤」四對卦互為反卦；方圖右上左下對角線，從中心說，即「益恆、既濟未濟、損咸、泰否」四對卦也互

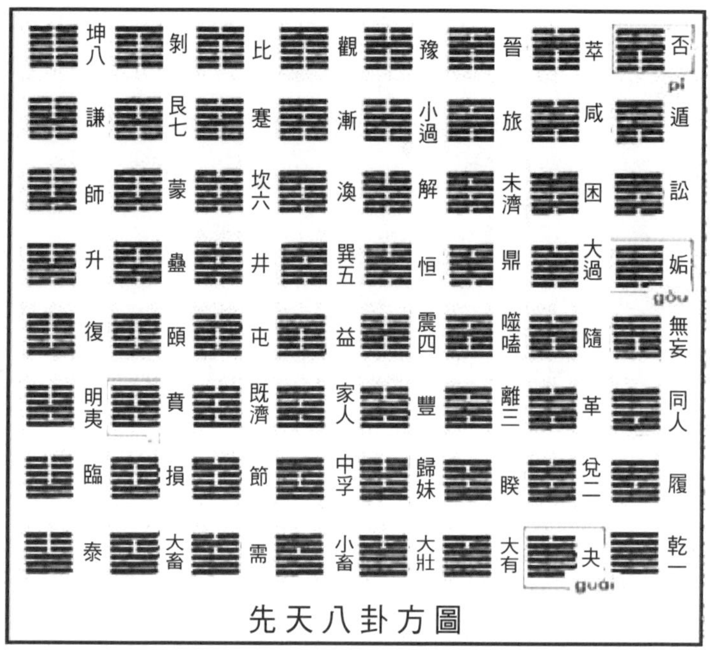

先天八卦方圖

為反卦；也含著形意拳「十字」當中求生活的道理。

先後天合一八卦圓圖，是後人將先天八卦圓圖，縮小置於後天八卦圓圖之內，則成為先後天合一八卦圖。先天八卦代表臟腑、氣血等遺傳自律系統；後天八卦代表肢體身形的後天隨意系統。

內先天八卦圓圖不動（如太陽在圓心），外後天八卦圓圖逆時針旋轉一週（如地球自轉），則

內圓先天八卦分別和外圓後天八卦都相遇組合一次，意即有 64 個合卦。

如果把內圓的每個基本卦的合卦排為八行，然後按下卦「乾兌離震，巽坎艮坤」的次序，從底往上排列，則成 64 卦方圖。印證了「方圓一理」的道理。

註：1.先天圓圖「乾兌離震」逆時針運行，「巽坎艮坤」順時針轉動，這代表萬物相互順逆的作用。如太陽和地球、生命的動脈和靜脈等。北宋哲學家周敦頤據此創太極陰陽魚圖。

2.先天方圖將 8 個本卦，重疊 64 次，橫豎、對角線都與先天卦序相同，且沒有重複。這沒有高深的數學推理邏輯，不可能做到。就是今天的數學系大學生，也不見得能在 1～2 天的時間裡做出來。可見在諸多傳統經典著作中，知識和文化含量最多，非《易經》莫屬。

三、六爻簡説

《易經》6 爻，代表人生和萬物分別有「進陽進陰」的 6 個時段。「進陽」的時段為：一陽，15 歲志於學慎慌度；二陽，30 歲創業慎籌劃；三陽，45 歲知進退存亡，慎冒進；四陽，60 歲反思萬物之理，慎疑心重；五陽，75 歲再學習，補前虧；六陽，90 歲，頤養順自然。

人生和萬物「進陰」的時段為：一陰，40 歲更年期，慎過度；二陰，52 歲傷損增，慎勞累；三陰，64 歲精力退，慎久坐久視；四陰，76 歲總結人生，啟示後人；五陰，88 歲身無序，慎思慮；六陰，100 歲得天壽。

進陽間隔 15 歲，進陰間隔 12 歲，這是「長得慢、老得快」的生命節奏！

武學每一趟拳有 6 個學練時段：「一學招、二練熟；三懂勁、四中和；五昇華、六神明」。其中每段進修不少於 3 年，有明白老師指引，自己再「矢志不渝」地下工夫（每天不少於 2 小時），有 20 年能比較徹底明白拳理生理，較技贏人，身體受益延年，而進武技大成。拳路的每個式子，有 6 個意念流行：

一爻足掌借地力、二爻踝膝築樁基；
三爻臀胯掌樞舵、四爻肩頸如張弓；
五爻肘臂如射箭、六爻熊掌拍砸劈；
腰椎柔弱無支撐，只可順養勿濫用。

四、十二程序卦簡說

《易經》8 個基本卦組合成 64 卦。其中「12 程序卦」，或者說「十二消息卦」，是眾卦的基礎（復、臨、泰、大壯、夬、乾；姤、遯、否、觀、剝、坤），最能代表人之一生和歲月「流行」的程序，其他 52 個卦，是 12 程序卦的變化。學習 12 程序卦，有學習《易經》提綱挈領的途徑。

十二程序卦與十二個月份、十二時辰，有傳統的關聯，即：「復」為十一月（子時），「臨」為十二月（丑時），「泰」為正月（寅時），「大壯」為二月（卯時），「夬（guài）」為三月（辰時），「乾」為四月（巳時），「姤

（gòu）」為五月（午時），「遁（dùn）」為六月（未時），「否」為七月（申時），「觀」為八月（酉時），「剝」為九月（戌時），「坤」為十月（亥時）。

1.復卦（如右圖）：時在 11 月，雷在地下，為一陽潛生、下動上順之卦。有孫祿堂武學的「太極勢」起而未起之象。在身體有空空洞洞，綿綿下沉之感。64 卦中、12 程序卦以外，還有 4 個一陽卦（比、豫、謙、師）。

人之兩足的腳掌和腳跟有足弓相連，其支撐和平衡輪換著用，如四蹄動物，前後左右，沒有兩足同時落地的時刻，總有時間差，蹬地的力量總與身體前進的方向相反，以提高「借地」反作用力的效率和「隨機平衡」的水平，這就是「復卦」的訊息。足更是道家修練的區域。

蹻脈左右起腳跟，維脈表裡源足底；
膀胱陽蹻申脈注（外踝下），腎通陰蹻照海聚（內踝下）。

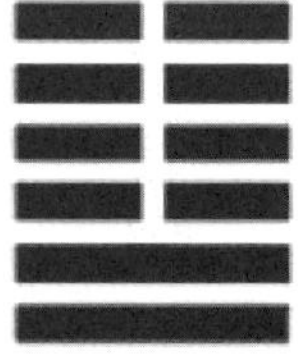

2.臨卦（如右圖）：時在 12 月，澤在地下，如「井和暗河」，為「二陽」光臨之卦。有「水土滋養、萬物茂盛」之象。64 卦中、12 程序卦以外，還有 13 個二陽卦（晉、萃、艮、蹇、蒙、坎、解、頤、屯、震、升、明夷、小過）。

脛骨、腓骨構成小腿，為支撐體重之樁基；膝關節（足三里、委中），腳脖子（三陰交、絕骨），為養生要穴，是武技所有步法和轉體的總機關。拳經云：「兩股前節要有力。」即是「臨卦」的訊息。

3.泰卦（如右圖）：時在 1 月，雲氣在天上，「天地通泰」，有「陽升陰降、雲行雨施」之象。64 卦中，12 程序卦以外，還有 18 個「3 陽卦」（漸、旅、咸、渙、困、蠱、井、恆、益、隨、賁、豐、損、節、歸妹、噬嗑、既濟、未既）。

在武學，「養腰而用胯」是泰卦的訊息。胯是軀幹的根節，有最大的骨骼結構和肌肉群；胯是重心的宅舍，胯坐穩了，身形的穩定就有了，胯統帥上下力量的傳遞和釋放。而五節腰椎沒有肋骨和骨盆的骨性結構支撐，負荷又最重，所以椎間盤結構最易傷損，武技應以保護為要。

足膝胯三節構成下肢的彈性結構，借重量的反作用力而向上傳遞，胯是力量傳遞的樞紐。

4.大壯卦（如右圖）：時在 2 月，雷在天上，為四陽隆盛之卦。64 卦中、12 程序卦以外，還有 13 個「四陽卦」（需、兑、睽、離、革、鼎、巽、訟、大過、無妄、中孚、家人、大畜）。

在武學，借地之力量已傳遞到肩，猶如「張弓搭箭」，或如「導彈豎起」，一觸即發，即是大壯卦的訊息。

「進陽退陰」是「一氣流行」的程序，其過程都不可缺少，這和季節一樣，「春秋」雖好，但不可以沒有「冬夏」十二程序卦如鐘錶的齒輪、如機器傳動的鏈條，缺少哪一節和哪一個齒輪都不行。

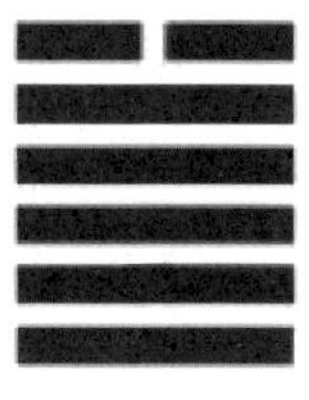

5.夬卦（如右圖）：時在3月，澤氣升於天上，有大雨將至，生機盎然之象。為五陽退陰之卦。陽氣已到了九五之尊的位置。64卦中、12程序卦以外，還有4個「5陽卦」（履、小畜、大有、同人）。

在武學，力量已傳遞到肘，沉肘導引了塌腰，拔背、豎項、昂神，催生了重磅打擊的力量。該卦上爻還是陰爻，有頭腦清醒，適於裁決之意，這就是夬卦的訊息。

6.乾卦（如右圖）時在4月，為6陽剛健之卦。64卦中，「6陽卦」只有1個；卦辭曰：「元亨利貞。天行健，君子以自強不息。」

在武學，「元」代表「太極」，「亨」代表「一氣流行」，「利」代表「動靜中和」，「貞」代表「中正和順」。「天行健，君子以自強不息」代表「功夫勤奮、精純」。

【淺解爻辭】「初九，潛龍勿用」，喻學而深鑽，勿輕舉妄動；「九二，龍在田」，喻有了知識和功夫，還需要和高人交流；「九三，君子終日乾乾」，喻需要繼續努力，不可造次；「九四，或躍在淵」，喻在規矩內施展才能，「打若練」不失「中和」；「九五，飛龍在天」，喻創新要做出超水準的貢獻，「起鑽落翻」要「行之於神」；「上九，亢龍有悔，盈不可久也」，喻凡事留有餘地，極端有危險。「用九，不可為首也！」喻成功了，不可脫離群眾，與人為善奮鬥一生。

7.姤卦（如下圖）：時在5月，天下有風，柔可勝剛。「姤」卦有「午時」1陰生「陽退陰入」之象。64卦中、12程序卦以外，還有4個「5陰卦」（履、同人、小畜、大有夬）。

在武學，初六就是「手心、足弓」，屬性為陰柔，但是有生長機制，能引起五陽之剛的顛覆。「五陽」雖「力大氣粗」，但是已進入「退陽」階段。

千斤頂、盪鞦韆、鐘錶的鉛垂擺和油絲擺、雪崩、龍捲風等都是微小的力量而引起的巨大能量釋放；還有細菌、病毒，小的人眼看不見，但是它能病倒巨大的動物。這些有一個共同的原理，這就是「共振效應」。這也是武學「以柔勝剛」的道理所在。

人的手指、手腕和肘膝、肩胯比起來，力量小多了，但是它們的微小動作能啟動大關節與之共振，產生巨大的打擊力量；它們也能和對手產生共振，借對方的力量，把對手打倒。所以說「手上鬆耷拉，虛腳亮蹄成頑空」絕對是武學的大忌，這是武學的「通鑑」，「不知有形，焉知無形」？不研究手足肘膝的有形規矩而創新無數功法，甚至妄想「顛倒」億萬年進化來的自律程序，與自掘墳墓無異。

8.遁卦（如右圖）為2陰卦。時在6月，天下有山，有隱形伏藏之意，即為「遁卦」。64卦中、12程序卦以外，還有13個「2陰卦」（需、離、革、訟、鼎、巽、睽、兑、無妄、大過、大畜、中孚、家人），這是陰氣漸長、陽氣漸消的卦。

在人身上，「天下之山」，就是肘膝的屈蓄狀態。直胳膊直腿如「強弓之末」，既沒有打擊力，也沒有撐固之力，非常容易受到傷害而發生脫臼或骨折。

武學的肘膝關節是戰略部位，屈縮夾角不能小於 90 度，也不能大於 150 度，否則「挨打無疑」。肘膝的定位以攻防需要為原則。支撐膝垂直於後腳掌，虛腳膝不出虛腳跟；支撐膝關節的夾角最好鎖定為 135 度，基本上決定了式子的高低，和身形的穩定。肘與季肋距離不小於一拳，後不出胸肋的立面範圍，則肘膝皆有攻防和勝人有餘的勢位。

9.否卦（如右圖）：時在 7 月，為「天上地下」之合卦，有地球兩極和身體「吐納」代謝之象。《卦辭》曰：「天地不交，否！」但是「苗木根向下，枝幹向上長」，能說「否卦」陰陽不交嗎？武學「對拉拔長」能說陰陽不濟嗎？自然界不能缺少「否卦」。

64 卦中、12 程序卦以外，還有 18 個「3 陰卦」（漸、履、咸、渙、困、蠱、井、恆、益、隨、賁、豐、損、節、歸妹、噬嗑、既濟、未既）。

練拳，手指足趾張頂，身形則中正；掌根足跟鬆沉，身形則穩定；兩眼起看豎線，落看水平線，身形也就有中正和穩定，腰尾、肩頸、頭顱豎起，這就是「否卦」的訊息。

10.觀卦（如右圖），時在 8 月，為「風行地上」的 4 陰之卦。「觀天之道」，就是氣象預報，以利萬物的生存和繁衍。

64卦中、12程序卦以外，還有13個「4陰卦」（晉、萃、艮、蹇、蒙、坎、解、升、益、屯、震、小過、明夷）。

在武學，四陰可謂「腹腔和丹田」。「腹腔和丹田」是生命和力量的生化之源，它怎麼觀「天之道」呢？「耳目」是腹腔和丹田的「潛望鏡」。「耳目」有感，「腹腔和丹田」自有生化和力量的產生，「腹腔和丹田」是造物主天賜的全智能自律系統，我們應該任其「純任自然」，而不可意念干擾。否則，必「事與願違」，造成臟腑氣血的傷損。

11.剝卦（右圖），時在9月，為山下有地之合卦。山上有一縷陽光，有「日降月臨」之象，為5陰之「剝卦」。64卦中、12程序卦以外，還有4個「5陰卦」（比、師、豫、謙）。

在人體，為空空洞洞的呼吸系統，為生命吐納和補充精氣。如孫氏太極拳的「開合手」，「外撐肘窩、內虛兩腋」，而開合胸胛，就有「剝卦」的訊息。

12.坤卦（如右圖），時在10月，為6爻純陰之卦。卦辭「厚德載物乃順承天」是坤卦的屬性，6爻有山川河流之象。64卦中、12程序卦以外，「6陰卦」只有1個。

【淺解爻辭】初六，「履霜堅冰至」，足下要輕靈；六二，「直方大，地道光」，踝膝形曲如張弓，築基和傳遞力量在踝膝；六三，「含章可貞，以時發也」，臀胯為樞，執掌時機，動靜則「中正貞固」；六四，「括囊無咎」，扣肩含胸，有利無凶；六五，「黃裳元吉，文在中」，喻肘臂用「坤德」（尊重自律，順其自然），「文控」（無傷），友誼重；上六，「龍戰於野，其道窮也」，喻越位必有災禍，警示手足不可出體而牽動重心。「用六，利永貞」，喻身形如水流，蟻穴可潰堤。

五、《繫辭》精要簡錄

孫祿堂熟讀《易經》，將其精要融於武學。《繫辭》是《易經》的點睛之筆，也是孔子最偉大的文化貢獻。研究孫祿堂武學思想需順著孫祿堂學習的過程，從而能較深地理解孫祿堂。

《繫辭》上篇第一章曰：「天尊地卑，乾坤定矣。動靜有常，剛柔斷矣。在天成象，在地成形，變化見矣。鼓之以雷霆，潤之以風雨，日月運行，一寒一暑。乾知大始，坤作成物。

乾以易知，坤以簡能。易簡，而天下之理矣；天下之理得，而成位乎其中矣。」

聯想：孫祿堂以簡約思想昇華武學套路，有「易理」的道理。

《繫辭》上篇第二章曰：「聖人設卦觀象而明吉凶，剛柔相推而生變化。變化者，進退之象也。剛柔者，晝夜之象也。六爻之動，三極之道也。」

聯想：孫祿堂變化思維，源於「易理」。

《繫辭》上篇第三章曰：「彖者，言乎象也。爻者，言乎變者也。吉凶者，言乎其失得也。悔吝者，言乎其小疵也。無咎者，善補過也。」

聯想：彖者，是解釋現象的語言；爻者，是說明變化的預言；吉凶者，是說得失的語言；悔吝者，是說小毛病的評點；無咎者，是說能修正錯誤的善言。

《繫辭》上篇第四章曰：「易與天地準，故能彌綸天地之道。仰以觀於天文，俯以察於地理，是故知幽明之故。原始反終，故知死生之說。精氣為物，遊魂為變，是故知鬼神之情狀。

範圍天地之化而不過，曲成萬物而不遺，通乎晝夜之道而知，故神無方而易無體。」

聯想：這是孫祿堂武學思想的標準。

《繫辭》上篇第五章曰：「一陰一陽之謂道，繼之者善也，成之者性也。仁者見之謂之仁，知（同智）者見之謂之知，百姓日用不知；故君子之道鮮（少）矣！

生生之謂易，成象之謂乾，傚法之謂坤，極數知來之謂占，通變之謂事，陰陽不測之謂神」。

聯想：「一陰一陽之謂道」與「陰陽以象告」都是傳統經典之句，但是從含義上說，有較大區別，後學應該辯證認識。

《繫辭》上篇第六章曰：「夫易，廣矣大矣！以言乎遠，則不禦；以言乎邇，則靜而正；以言乎天地之間，則備矣！

夫乾，其靜也專，其動也直，是以大生焉。夫坤，其靜也翕，其動也辟，是以廣生焉。」

聯想：《易經》之理，既是身邊的事，也是天下的事。說乾，則靜能專，動則能直，就有大舉動啊；說坤，靜則能合，動則開，才能應多變哪。

《繫辭》上篇第七章曰：「天地設位，而易行乎其中矣。成性存存，道義之門。」

聯想：天地設位，實際是自然存在的；成性存存，實際是生命固有的屬性；道義之門，實際是順應自律程序。都是大實話。

《繫辭》上篇第九章曰：「天一地二，天三地四，天五地六，天七地八，天九地十。天數五，地數五，五位相得而各有合。天數二十有五，地數三十，凡天地之數，五十有五，此所以成變化而行鬼神也。大衍之數五十，其用四十有九。

乾之策，二百一十有六。坤之策，百四十有四。凡三百有六十，當期之日。二篇之策，萬有一千五百二十，當萬物之數也。」

聯想：大衍之數五十，天命之數也；《周易集解》注為：「參天兩地者，陽數從 3 始，即 3、5、7、9；陰數從 2 始逆序，即 2、10、8、6」。陽數不取 1，陰數不取 4，天地數之和 55 減去 5，正好 50 也；其用 49，即有動必有一靜，即太極有不動之理；古人認為，「天動地靜」，近代認為「地動天靜」，都是相對而言的。

乾之數為 9，乾之策 216，即 6×4×9 之積（每卦有 6 爻，每爻有 4 策，每策有 9 數），坤之數為 6，坤之策 144，即 6×4×6 之積（每卦有 6 爻，每爻用 4 策，每策有 6 數）。

《易經》的數數之理包括了 0 和 1 的數碼，包括了排列、組合，包括了二維、三維等訊息，沒有「推理」能行嗎？其中：單執一札謂之為「簡」，連編諸簡乃為「策」。上述即為「乾坤各有五策，而用四。既陽爻用 3、5、7、9；陰爻用 2、10、8、6。」

《繫辭》上篇第十章曰：「易無思也，無為也，寂然不動，感而遂通天下之故。非天下之致神，其孰能與於此。

夫易，聖人之所以極深而研幾也。惟深也，故能通天下之志；惟幾也，故能成天下之務；惟神也，故不疾而速，不行而至。」

聯想：「寂然不動，感而遂通」是天地人的有生以來的「元性」，「不疾而速，不行而至」是出其不意的結果。

《繫辭》上篇第十一章曰：「闔戶謂之坤；闢戶謂之乾；一闔一闢謂之變；往來不窮謂之通；見乃謂之象；形乃謂之器；制而用之，謂之法；利用出入，民咸用之，謂之神。

是故，易有太極，是生兩儀，兩儀生四象，四象生八卦，八卦定吉凶，吉凶生大業。」

聯想：孫祿堂開合太極的思想源於此，太極一詞最早出現的文獻源於此。

《繫辭》上篇第十二章曰：「子曰：『書不盡言，言不盡意；聖人立象以盡意，設卦以盡情偽，繫辭焉以盡其言，變而通之以盡利，鼓之舞之以盡神。』

繫辭焉，以斷其吉凶，是故謂之爻。極天下之賾（zé）者，存乎卦；鼓天下之動者，存乎辭；化而裁之，存乎變；推而行之，存乎通；神而明之，存乎其人；默而成之，不言而信，存乎德行。」

聯想：聽話要聽音，研究孫祿堂武學思想，需探究書外之言和文外之意，多問個為什麼，再從他所好、所讀中尋覓答案。譬如孫祿堂常題寫「神而明之，存乎其人」，您也加深理解，就有和孫祿堂共同研究的體會和收穫。

《繫辭說卦傳》曰：「神也者，妙萬物而為言者也。動萬物者，莫疾乎雷；橈萬物者，莫疾乎風；燥萬物者，莫熯乎火；說萬物者，莫說乎澤；潤萬物者，莫潤乎水；終萬物始萬物者，莫盛乎艮。故水火相逮，雷風不相悖，山澤通氣，然後能變化，既成萬物也。

乾，健也；坤，順也；震，動也；巽，入也；坎，陷也；離，麗也；艮，止也；兌，說 也。」

聯想：這是《易經》的基本知識。

《繫辭乾文言》曰：「元者，善之長也；亨者，嘉之會也；利者，義之和也；貞者，事之幹也。君子體仁，足以長人；嘉會，足以合禮；利物，足以和義；貞固，足以幹事。君子行此四德者，故曰：『乾：元亨利貞。』

君子學以聚之，問以辯之，寬以居之，仁以行之。《易》曰『見龍在田，利見大人』，君德也。

夫大人者，與天地合其德，與日月合其明，與四時合其序，與鬼神合其吉凶，先天而天弗違，後天而奉天時。天且弗違，而況於人乎？況於鬼神乎？」

聯想：這是孫祿堂人品乾健之源。

《繫辭坤文言》曰：「坤至柔而動也剛，至靜而德方，後得主而有常，含萬物而化光。坤道其順乎，承天而時行。

積善之家，必有餘慶；積不善之家，必有餘殃。《易》曰『履霜，堅冰至』，蓋言順也。

『直』，其正也；『方』，其義也。君子敬以直內，義以方外，敬義立而德不孤。『直方大，不習無不利』，則不疑其所行也。君子黃中通理，正位居體，美在其中，而暢於四支，發於事業，美之至也。」

聯想：這是孫祿堂人品坤德之源。

六、《周易闡真》簡錄

孫祿堂精讀《周易闡真》，對孫祿堂武學思想有很大影響和助推作用。我們也跟著學習學習吧！

《周易闡真》曰：「闡真者，即闡其窮理之真，盡性之真、至命之真。先窮性命之理，後了性命之功，性命俱了，渾然天理，復見本來面目。在儒，則謂之明善復初；在道，則謂之還原返本。再加向上功夫，陰陽混化，無聲無臭。在儒，則謂義精仁熟，至誠如神；在道，則為九還七返，形神俱妙，金丹之道盡，性命之功畢。

河圖者，五行順行，自然無為之道也。伏羲時，有龍馬出孟河，其背有點，二七在前，一六在後，三八在左，四九在右，五十在中。其位五象五行，一六在後，象北方壬癸水；二七在前，象南

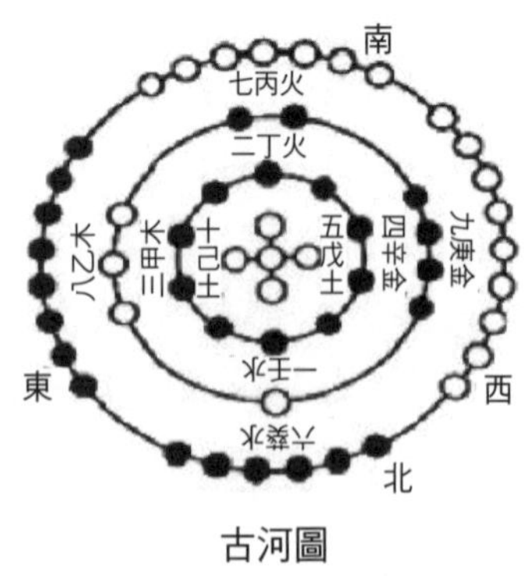

古河圖

方丙丁火；三八在左，象東方甲乙木；四九在右，象西方庚辛金；五十在中，象中央戊己土。中五點，又象太極含四象；中一點，又象太極含一氣。雖五十五點，其實二五，二五其實一五，一五總是中一。因其有五行，故分五點，因其五行有陰陽，故又積為十點，因其五行各有陰陽，故又積為五十五點（途中白點代表陽五行，黑點代表陰五行，一五代表金木水火土）。

中也者，天下之大本也。即土宮中和合四象也。和也者，天下之達道也，即四象在外一氣流行也。中者，和也、一氣也，總是太極也。惟人也，秉天地陰陽五行之氣而生身，身中即具此陰陽五行之氣。但此五行有先天有後天，先天五行屬陽，後天五行屬陰，一三五七九，陽五行，先天也；二四六八十，陰五行，後天也。

靜之則為五元，動之則為五德，動靜皆是先天用事，間有喜、怒、哀、樂之跡，俱出無心，喜而不留，怒而不遷，哀而不傷，樂而不淫。喜、怒、哀、樂之未發，謂之中，發而皆中節，謂之和。中也、和也，是謂無慾。無慾則精、神、魂、魄、意，各安其位，聽其先天主宰。

先天、後天，陰陽相交，二五之精，妙合而凝，或先天動而後天成，或後天動而先天成。真不離假，假不離真，真賴假以全，假賴真而存，渾然一氣，無傷無損，圓成具足，如圖之五行。陰陽同居，一氣流行之象。古人教人窮取娘生面者，即在此也。

是心也，其大無外，其小無內！以言其無，則又活活潑潑；以言其有，則又杳杳冥冥。有無不立，動靜不拘。有此心，則出死入生；失此心，則出生入死。生死只在此心得失之間耳。

仁義禮智歸於一心，亦即仁義禮智而歸於一中也。信也，心也，中也，總一氣也。一氣流行，五元五德，凝結不散，渾然太極，不滲不漏，後天五物五賊，亦皆化而為陽。先天氣，後天氣，兩而合一，了性即可了命，上德無為之道，河圖之理畢露矣。

洛書者，陰陽錯綜，五行逆運，有為變化之道也。

大禹治水時，有神龜出洛河，其背有文，九文近頭，一文近尾，三文近左肋，七文近右肋，四文近左肩，二文近右肩，六文近右足，八文近左足，五文在背中，其位九，象九宮，中五又象太極，中一文又象一氣；其形方，方象地。

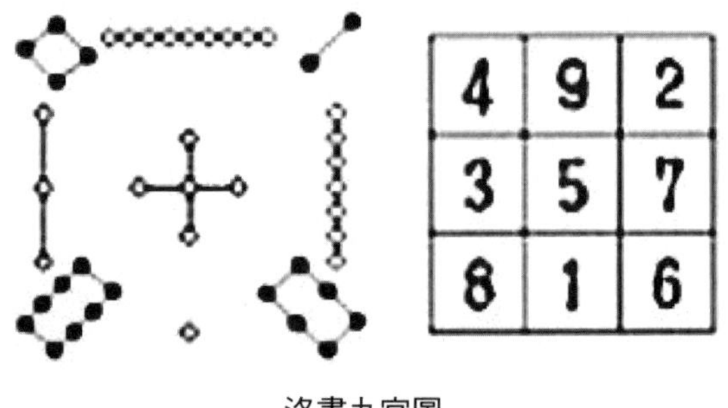

洛書九宮圖

變化之道，即後天中返先天之道，即書錯中有綜，三五合一之象。五行有陰有陽，只有二五，並無三五。所謂三五者，就中五三家之數論之也。中五共五文，北第一文為水。西第二文為火，東第三文為木，南第四文為金，中第五文為土。木生火為一家，積數二三為一五；金生水為一家，積數一四為一五；土居中央為一家，積數自為一五。三家相見，是謂三五合一。三五合一，總是一陰一陽，二五之精，妙合而一之，二五合一，總是陰中返陽，一五攢簇而一之。一五攢簇，渾渾淪淪，循環無端，無聲無臭，何有一五，何有二五，更何有三五乎？

河圖形圓，陰陽合一，五行一氣，無為順生自然之道。洛書形方，陰陽錯綜，五行克制，有為逆運變化之道。

圓以象天，一氣流行，渾然天理，無修無證，從太極中安身，所以了性。

方以象地，兩儀變化，天人合發，有增有減，在陰陽中造作，所以了命。

無為以修內，有為以修外，修內者性也，修外者命也。上德者，修性而命即立，自誠而明也；下德者，須先修命而後修性，自明而誠也。自誠明謂之性，為上德者而說；自明誠謂之教，為下德者而言。

太極者，萬化之根本，生物之祖氣，有此太極，方有陰陽，方有四象，方有八卦，方有六十四卦。

人之本來真心，空空洞洞，不掛一絲毫，至虛至無，即太極〇也。

所謂無名天地之始，但此虛無太極，不是死的，乃是活的，其中有一點生機藏焉。此機名曰先天真一之氣，為人性命之根、造化之源、生死之本，虛無中含此一氣，不有不無，非色非空，活活潑潑的，又曰真空。

真空者，不空而空，空而不空，所謂有名萬物之母。虛無中既有一點生機在內，是太極含一氣，一自虛無兆質矣。一氣既兆質，不能無動靜。動為陽，靜為陰，是動靜生於一氣，兩儀因此一氣開根也。既有動靜，動極而靜，靜極而動，性情精神，即於此而寓之！是兩儀生四象，四象不離二體也。既有性情精神之四象，四象各有動靜，是四象生八卦矣。八卦互相生剋，遞為子孫，六十四卦於此而生，萬象變動於此而出矣。

羲皇生卦列卦，妙矣哉。妙者，妙其八卦成列，乾陽健於始，坤陰順於終。陰陽初生，皆在中央。乾始者，乾易知，坤終者，坤簡能。在天地為易知、簡能者，在人道為良知、良能。渾然天理，一動一靜，皆在當中一點子虛白處立根基。

人能於無卦生卦處究其本源，忽然見其本來面目，則知這個虛無一氣的物事，至無而含至有，至虛而含至

伏羲先天八卦圖

實，無形而能變化，是變化無窮，吾心自有一羲皇，吾身自具生生不息之道也。

圖圓者，圓以象天，天之為運，一氣上下，週而復始，循環無端，太極之象，未生出者也。未生之道不可見，可見者，生出之卦。

一氣順上，則為震、兌、離、乾之陽；一氣逆下，則為巽、坎、艮、坤之陰（此先天八卦之次序也）。陽退即陰生，陽進即陰退，陰陽總是一氣變化。非一氣之外，別有陰陽。

六十四卦，無非八卦運用，八卦總是一陰一陽運用，一陰一陽運用，總是一氣逆順運用耳。

圓圖方圖，仍是八卦之氣，惟方圖乾西北，坤東南，以乾一、兌二、離三、震四、巽五、坎六、艮七、坤八斜行。二圖似不相同，但圓以象天，方以象地，上者為陽，下者為陰。地，西北高而東南低，高即陽，低即陰也。方亦以乾一、兌二序之者，易道之逆道也。千變萬化，總是一逆，無有二理，妙哉！

圓以外運之，方以內生之，天氣動而地氣靜，一氣往來，以乾坤為包羅，以六爻為變化。陽逆則陰生，陽順則陰退，四時成而百物生，先天造化之道，於此了了。

圖象天之一氣上下，上而陽，下而陰，象一氣運陰陽。其中陰陽相交處，即太極一氣也。太極即一氣，一氣即太極。以體言，則為太極，以用言，則為一氣。時陽則陽，時陰則陰，時上則上，時下則下，陽而陰，陰而陽，一氣活活潑潑，有無不立，開闔自然，皆在當中一點子運用。

文王後天八卦，仍是羲皇所畫之卦！

是道也，天地自然順行之道，陽極必陰，陰極必死，亦人之無可如何者。但聖人又有逆運之道，善能竊陰陽、奪造化、轉乾坤、扭氣機於後天中返先天，死裡逃生，其道何在？仍不外乎後天八卦之理。

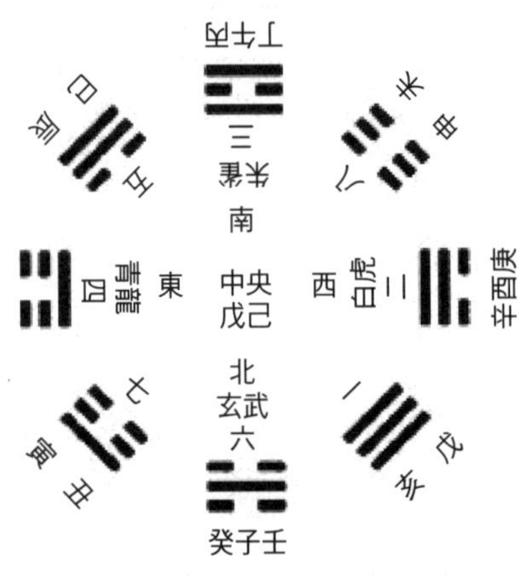

文王後天八卦圖

圖之坎、離、震、兌居於四正，乾、坤、艮、巽居於四隅，此中天機，非師難知。離中一陰，人心是也；坎中一陽，道心是也。

乾逆退而坤順生，從虛無中透出，入於無聲無臭之境，還我未生身以前面目，方是大解大脫，逍遙自在，無拘無束之先天矣。

真體未破者，行無為自然之道，以道全形，逆中行順，以化後天之陰；真體已虧者，行有為生化之道，以術退命，順中用逆，以復先天之陽，先後合一，有無兼用，九還七返，歸於大覺，金丹之事了了。

儒曰，執中；道曰，守中，釋曰，虛中。中之一字，乃三教聖人之心法，所以修性命而成大道。

悟真曰：「道自虛無生一氣，便從一氣產陰陽，陰陽再合成三體，三體重生萬物張。」

所謂虛無一氣者，乃天地之根，陰陽之宗，萬物之祖，即金丹是也。

金丹大道，始終兩段功夫，一進陽火，一運陰符。進陽火者，陰中返陽，進其剛健之德，所以復先天也。運陰符者，陽中用陰，運其順柔之德，所以養先天也。

進陽火，必進至於六陽純全、剛健之至，方是陽火之功盡；運陰符，必運至於六陰純全，柔順之至，方是陰符之功畢。

陽火陰符，功力俱到，剛柔相當，健順兼全，陽中有陰，陰中有陽，陰陽一氣，渾然天理，圓陀陀、光灼灼、淨倮倮、赤灑灑，聖胎完成，一粒黍米寶珠，懸於太極空中，寂然不動，感而遂通；寂然不動，常應常靜，常靜常應，本來良知良能，面目全現，所謂「一粒金丹吞入腹，始知我命不由天也」。

再加上向上工夫，練神還虛，打破虛空，脫出真身，永久不壞，所謂「聖而不可知之之謂神」，進於形神俱妙，與道合真之境矣。

聯想：以上皆是《周易闡真》卦辭之前所言。再對照孫祿堂武學著作，可謂「活學活用」之經典之作。以上傳統文化，可謂孫祿堂武學思想之基礎也。

第二篇｜與《黃帝內經》有關

孫祿堂在武學生涯中，多次精讀和引用《黃帝內經》和傳統醫學精要，使其武學融入了醫理、生理，為後世學習的典範。

《黃帝內經》分《素問》9 卷 81 篇、《靈樞》9 卷 81 篇兩部分。託名黃帝所作，乃傳統醫學經典。本人摘其有關精要述後，以利普及和啟迪學習孫祿堂武學的靈感。

一、法於陰陽

（一）《上古天真論》曰：「上古之人，其知道者，法於陰陽，合於術數，食慾有節，起居有常，不妄作勞，故能形與神俱，而盡終其天年，度百歲乃去。」

「恬淡虛無，真氣從之，精神內守，病安從來」。

（二）《四氣調神大論》曰：「聖人不治已病，治未病；不治已亂，治未亂，此之謂也。」

（三）《生氣通天論》曰：「凡陰陽之要，陽秘乃固。兩者不和，若春無秋，若冬無夏。因而和之，是為聖度。故陽強不能密，陰氣乃絕；陰平陽秘，精神乃治，陰陽離絕，精氣乃絕」。

（四）《陰陽應象大論》曰：「天地者，萬物之上下也；陰陽者，血氣之男女也；左右者，陰陽之道路也；水火者，陰陽之徵兆也；陰陽者，萬物之能始也！故曰：陰在內，陽之守也，陽在外，陰之使也。

智者察同，愚者察異；愚者不足，智者有餘；有餘則耳目聰明，身體輕強，老而復壯；壯者益智，是以聖人為無為之事，樂恬淡之能，從欲快志於虛無之守，故壽命無窮，與天地終，此聖人之治身也。

惟聖人上配天以養頭，下象地以養足，中傍人事以養五臟。審其陽氣，以別柔剛；陽病治陰，陰病治陽；定其血氣，各守其鄉。」

《保命全形論》曰：「人以天地之氣生，四時之法成。夫人生於地，懸命於天；天地合氣，名之曰人。人能應四時者，天地為之父母；知萬物者，謂之天子。

天有陰陽，人有十二節；天有寒暑，人有虛實。能經天地陰陽之化者，不失四時；知十二節之理者，聖智不能欺也；能存八動之變，五勝更立；能達虛實之數者，獨出獨入，卻吟至微，秋毫在目。」

《天元紀大論篇》曰：「天有五行，御五位，以生『寒暑燥濕風』。人有五臟，化五氣，以生『喜怒思憂恐』。夫五運陰陽者，天地之道也，萬物之綱紀，變化之父母，生殺之本始，神明之府也，可不通乎！故物生謂之化，物極謂之變，陰陽不測謂之神；神用無方謂之聖。

夫變化之為用也，在天為玄，在人為道，在地為化；化生五味，道生智，玄生神。神在天為風，在地為木；在天為熱，在地為火；在天為濕，在地為土；在天為燥，在地為金；在天為寒，在地為水。故在天為氣，在地成形；形氣相感而化生萬物矣。

『寒暑燥濕風火』，天之陰陽也，三陰三陽上奉之；木火土金水火，地之陰陽也，生長化收藏下應之。天以陽生陰長，地以陽殺陰藏。

應天之氣，動而不息，故五歲而右遷；應地之氣，靜而守位，故六期而環會。動靜相召，上下相臨，陰陽相錯，而變由生也。」

《五運行大論篇》曰：「天地之動靜，神明為之紀；陰陽之升降，寒暑彰其兆。

天地者，萬物之上下；左右者，陰陽之道路；上者右行，下者左行，左右周天，余而復會也；天垂象，地成形，七曜緯虛，五行麗地；地者，所以載生成之形類也；虛者，所以列應天之精氣也；地為人之下，太虛之中者也。從其氣則和，違其氣則病！」

《氣交變大論篇》曰：「善言天者，必應於人；善言古者，必驗於今；善言氣者，必彰於物；善言應者，同天地之化；善言化者，通神明之理。」

《陰陽類論篇》曰：「三陽為父，二陽為衛，一陽為紀；三陰為母，二陰為雌，一陰為獨使。」

（註：三陽，足太陽也，膀胱脈也；二陽，足陽明脈也；一陽，足少陽膽脈也；三陰，太陰脈也；二陰，少陰脈也；一陰，厥陰脈也）

啟迪：

法於陰陽，人應天律；順逆和化，拳理生理。

氣以應天，形以應地；動靜中和，陰平陽秘。

二、陰陽離合

《陰陽離合論》曰：「少陰之上，名曰太陽，太陽根起於至陰，結於命門，名曰陰中之陽；太陰之前，名曰陽明，陽明根起於厲兌，名曰陰中之陽；厥陰之表，名曰少陽，少陽根起於竅陰，名曰陰中之少陽；是故三陽之離合也，太陽為開，陽明為合，少陽為樞。三經者，不得相失也，摶而勿浮，名曰一陽。

太陰根起於隱白，名曰陰中之陰；太陰之後，名曰少陰，少陰根起於湧泉，名曰陰中之少陰；少陰之前，名曰厥陰，厥陰根起於大敦，名曰陰中之絕陰。是故三陰之離合也，太陰為開，厥陰為合，少陰為樞。三經者，不得相失也，摶而勿沉，名曰一陰。」

《太陰陽明論》曰：「太陰、陽明為表裡，脾胃脈也。陽者，天氣也，主外；陰者，地氣也，主內。故陽道實，陰道虛。陽受之則入六腑，陰受之則入五臟。」

陰氣從足上行至頭，而下行循臂至指端；陽氣從手上行至頭，而下行至足。(註：此大周天也)

足太陰者，三陰也，其脈貫胃，屬脾，絡嗌，故太陰為行氣於三陰。陽明者，表也，五臟六腑之海也，亦為之行氣於三陽。

《陽明脈解篇》曰：「陽明者，胃脈也，胃者，土也。陽明主肉。四肢者，諸陽之本也。陽盛則四肢實，實則能登高也。」

《靈樞生會篇》曰：「人受氣於谷，谷入於胃；以傳於肺，五臟六腑，皆以受氣。其清者為營，濁者為衛。營在脈中，衛在脈外。營周不休，五十度而復大會，陰陽相貫，循環無端。

衛氣行於陰二十五度，行於陽二十五度，分為晝夜，故氣至陽而起，至陰而止。」

《六微旨大論篇》曰：「言天者求之本，言地者求之位。故曰，天樞之上，天氣主之，天樞之下，地氣主之，氣交之分，人氣從之，萬物由之。

氣之升降，天地之更用也。升已而降，降者謂天；降已而升，升者謂地；天氣下降，氣流於地；地氣上升，氣騰於天。故高下相召，升降相因，而變作矣！

夫物之生從於化，物之極由乎變；變化之相薄（作用），成敗之所由也。故氣有往復，用有遲速；四者之有，風之來也；遲速往復，風所由生，而化而變，故因盛衰之變耳。

出入廢，則神機化滅；升降息，則氣立孤危，故非出入，則無以生長壯老已；非升降，則無以生長化收藏。是以升降出入，無器不有。故器者生化之宇，氣散則分之，生化息矣。故無不出入，無不升降。化有小大，期有近遠，四者之有，而貴常守，與道合同，惟真人也。」

啟迪：

陰陽離合，生化無窮；升降出入，神以拳行。

四肢虛實，諸陽之本；手足占位，神現拳成。

三、安於臟腑

《金匱真言論》曰：「夫言人之陰陽，則外為陽，內為陰；背為陽，腹為陰；腑為陽，臟為陰；陽中之陽心也，陽中之陰肺也，陰中之陽肝也，陰中之陰腎也，陰中之至陰脾也，此皆應天之陰陽也。」

《痿論篇》曰：「肺主身之皮毛，心主身之血脈，肝主身之筋膜，脾主身之肌肉，腎主身之骨髓。

肺者，臟之長也，為心之蓋也。陽明者，五臟六腑之海，主潤宗筋，宗筋主束骨而利機關也。

衝脈者，筋脈之海也，主滲灌溪谷，與陽明合於宗筋；陽明攫宗筋之會，會於氣街，而陽明為之長，皆屬於帶脈，而絡於督脈。故陽明虛，則宗筋縱；帶脈不引，故足痿（wěi）不用也（走不動之意）。」

《水熱穴論篇》曰：「腎者，牝（pìn）臟也（雌性之臟）。地氣上者屬於腎，而生水液也，故曰至陰。

腎俞 57 穴，積陰之所聚也，水所從出入也。伏菟上各二行行五者，此腎之街也（通道之意），三陰之所交結於腳也。踝上各一行行六者，此腎脈之下行也，名曰太衝。凡 57 穴者，腎臟之陰絡，水之所客（聚）也。

《調經論篇》曰：「人有精氣津液，皆生於五臟也。夫心藏神，肺藏氣，肝藏血，脾藏肉，腎藏志，而此成形。志意通，內連骨髓，而成身形五臟。五臟之道，皆出於經隧，以行血氣！血氣不和，百病乃變化而生，是故守經隧焉！

血氣者，喜溫而惡寒，寒則氣不能流，溫則消而去之，是故氣之所病，為血虛，血之所病為氣虛。人之所有者，血與氣耳。有者為實，無者為虛。經言陽虛則外寒，陰虛則內熱；陽盛則外熱，陰盛則內寒。

啟迪：

安於臟腑，意勿干擾；三陰在腳，張頂手足。

五臟應時，自動運行；胃氣潤筋，四肢鬆沉。

四、五臟別論

《五臟別論》曰：「腦、髓、骨、脈、膽、女子胞，此六者，地氣之所生也，皆藏於陰而象於地。故藏而不瀉，名曰奇恆之府。

夫胃、大腸、小腸、三焦、膀胱，此五者，天氣之所生也，其象天，故瀉而不藏。此受五臟濁氣，名曰傳化之府。胃者，水穀之海，六腑之大源也」。

《脈要精微論》曰：「頭者，精明之府；背者，胸中之府；腰者，腎之府；膝者，筋之府；骨者，髓之府。」

《平人氣象論》曰：「平人之常，氣稟於胃，胃者，平人之常氣也；臟真散於肝，肝藏筋膜之氣也；臟真通於心，心藏血脈之氣也；臟真濡於脾，脾藏肌肉之氣也；臟真高於肺，以行營衛陰陽也；臟真下於腎，腎藏骨髓之氣也；胃之大絡，名曰虛裡，貫膈絡肺，出於左乳下，其動應衣，脈宗氣也。」

《玉機真臟論》曰：「五臟者，皆稟氣於胃，胃者五臟之本也。」

《三部九侯論》曰：「天地之至數，始於一，終於九焉。一者天，二者地，三者人。故人有三部，部有三侯，以處百病，以調虛實。上部天，兩額之動脈，上部地，兩頰之動脈，上部人，耳前之動脈。

中部天，手太陰也；中部地，手陽明也；中部人，手少陰也；下部天，足厥陰也；下部地，足少陰也；下部人，足太陰也。

故下部之天以侯肝，地以侯腎，人以侯脾胃之氣；中部天以侯肺，中部地以候胸中之氣，中部人以侯心；上部天以侯頭角之氣；上部地以侯口齒之氣，上部人以侯耳目之氣。三而三之，合則為九。九分為九野，九野為九臟。故神臟五，形臟四，合為九臟。」（神臟五即心肝脾肺腎；形臟四，即心肝肺腎）

《宣明五氣篇》曰：「心為汗，肺為涕，肝為淚，脾為涎（xian），腎為唾。

心藏神，肺藏魄，肝藏魂，脾藏意，腎藏志；心主脈，肺主皮，肝主筋，脾主肉，腎主骨。

久視傷血，久臥傷氣，久坐傷肉，久立傷骨，久行傷筋；肝脈弦，心脈鉤，脾脈代，肺脈毛。」

《血氣形志篇》曰：「足太陽與少陰為表裡，少陽與厥陰為表裡，陽明與太陰為表裡，是為足陰陽也；手太陽與少陰為表裡，手少陽與心主為表裡，手陽明與太陰為表裡，是為手陰陽也。」

《刺法論篇》曰：「心者，君主之官，神明出焉；肺者，相傅之官，治節出焉；肝者，將軍之官，謀慮出焉；膽者，中正之官，決斷出焉；膻中者，臣使之官，喜樂出焉；大腸者，傳道之官，變化出焉；小腸者，受盛之官，化物出焉；三焦者，決瀆之官，水道出焉；腎者，作強之官，技巧出焉；膀胱者，州都之官，精液藏焉。

道貴長存，補腎固根，精氣不散，神守不分。至真之要，在乎天玄；神守天息，復入本元，命曰歸宗。」

《解精微論篇》曰：「心者，五臟之專精也，目者其竅也；至陰者腎之精也。

夫水之精為志，火之精為神，水火相感，神志俱悲，是以目之水生也；泣涕者腦也，腦者陰也，髓者骨之充也，故腦滲為涕；志者骨之主也，是以水流而涕從之者其行類也。」

啟迪：

五臟別論，基因流行；陽明太陰，手足陰陽。

動靜勿久，久必有傷；神守天息，復入本元。

五、虛實之要

《刺志論篇》曰：「氣實形實，氣虛形虛，此其常也，反此者病。脈實血實，脈虛血虛，此其常也，反此者病。夫實者，氣入也，虛者，氣出也；氣實者熱也，氣虛者寒也。」

《針解篇》曰：「夫一天，二地，三人，四時，五音，六律，七星，八風，九野。人形亦應之，針各有所宜，故曰九針。

人皮應天，人肉應地，人脈應人，人筋應時，人聲應音，人陰陽合氣應律，人齒面目應星，人出入氣應風，人九竅三百六十五絡應野；人心意應八風，人氣應天，人發齒耳目五聲，應五音六律，人陰陽脈血氣應地，人肝目應之九。」

《氣血論篇》曰：「肉之大會為谷，肉之小會為溪，肉分之間，溪谷之會，以行榮衛，以會大氣。溪谷三百六十五穴會，亦應一歲。」

《骨空論》曰：「任脈者，起於中級之下，上關元，至咽喉，循面入目。

衝脈者，起於氣街，並少陰之經，夾臍上行，至胸中而散。

督脈者，起於少腹以下骨中央，循陰器，別繞臀至少陰，貫脊屬腎，與太陽從目內眥，上額，交顛上，入絡腦別出下項，夾脊抵腰中，入循膂，絡腎。」

《調經論篇論》曰：「夫心藏神，肺藏氣，肝藏血，脾藏肉，腎藏志，而此成形。志意通，內連骨髓，而成身形五臟。五臟之道，皆出於經隧，以行血氣。氣血不和，百病乃變化而生，是故守經隧焉。

血氣者，喜溫而惡寒，寒則泣不能流，溫則消而去之，是故氣之所病為血虛，血之所病為氣虛。人之所有者，血與氣耳。有者為實，無者為虛。是故氣病則無血，血病則無氣。今血與氣相失，故為虛焉。」

《標本病傳論篇》曰：「陰陽逆從，標本之為道也。心病先心痛，肺病喘咳，肝病頭目眩，脾病身痛體重，膀胱病小便閉。」

啟迪：

五臟之氣，以行血氣；陰陽逆從，標本互依。

實者氣入，虛者氣出；虛實之要，變換無形。

六、經絡靈樞

《刺法論篇》曰：「五臟有六腑，六腑有十二原；十二原出於四關（即左右合谷，左右太衝），四關主治五臟。陽中之少陰，肺也，其原出於太淵；陽中之太陽，心也，其原出於大陵；陰中之少陽，肝也，其原出於太衝；陰中之至陰，脾也，其原出於太白；陽中之太陰，腎也，其原出於太谿；膏之原，出於鳩尾，鳩尾一；肓之原，出於脖胦，脖胦一。凡此十二原者，主治五臟六腑之有疾者也。」

《本輸》曰：「肺出於少商，為井木，注於太淵，為腧，入於尺澤，為合；心出於中衝，為井木，注於大陵，為腧，入於曲澤，為合；肝出於大敦，為井木，注於太衝，為腧，入於曲泉，為合；脾出於隱白，為井木，注於太白，為腧，入於陰靈泉，為合；腎出於湧泉，為井木，注於太谿，為腧，入於陰谷，為合；膀胱出於至陰，為井金，注於京骨，為原，入於委中，為合；膽出於竅陰，為井金，注於臨泣，為腧，過於丘虛，為原，入於陽陵泉，為合；胃出於厲兌，為井金，入於陷谷，為腧，過於衝陽，為原，入於足三里，為合；三焦出於關衝，為井金，注於中渚，為輸，過於陽池，為原，入於天井，為合；小腸出於少澤，為井金，注於後谿，為腧，過於腕骨，為原，入於小海，為合；大腸出於商陽，為井金，注於三間，為腧，過於合谷，為原，入於曲尺，為合。六腑皆出足之三陽，上合於手者也。

缺盆之中，任脈也，名曰天突；頸中央之脈，督脈也，名曰風府；腋內動脈，手太陰也，名曰天府；腋下三寸，手心主也，名曰天池。」

孫祿堂武學承認經絡的存在，《形意拳學》曰：「塌腰者，尾閭上提，陽氣上升，督脈之理也；縮肩者，兩肩向回抽勁也；扣胸者，開胸順氣，陰氣下降，任脈之理也。」

又曰：「鷹形者，在腹內能起腎中之陽氣升於腦，即丹書穿夾脊，透三關，而升於泥丸之謂也。」

經絡乃生命靈妙的隱形調控系統，也即「真氣」的載體。靈樞者，即「經氣」也。

按《黃帝內經》所說，十二正經系統出入手足，按時序周流全身，是大周天循環。古人總結經絡的巡行時程為：「肺寅大卯胃辰宮，脾巳心午小未中，膀申腎酉心包戌，亥三子膽丑肝通。」

即每個正經都興奮地運行 2 個小時，與十二時辰相匹配。譬如寅時（3～5 點鐘）肺經興奮，午時（11～13 點鐘）心經興奮，丑時（夜 1～3 點鐘）肝經興奮，以此類推，不再贅述。

人體十二正經 365 個穴位中，肘膝以下有 120 個（雙側 240），約占 33%。其中 12 正經的四總穴（足三里、委中、列缺、合谷）和；「井、滎、俞、原、經、絡、郄、合」8 組「輸穴」和「八脈交會穴」（公孫、內關、外關、足臨泣、後谿、申脈、列缺、照海），全在肘膝以下。

《黃帝內經》曰：「所出為井，所溜為滎，所注為輸，所行為經，所入（臟）為合，經氣所行，皆在五腧也。」少陰太陽四經（心、腎、小腸、膀胱）皆居手足小指也，手足小指一張，神氣皆現也。此外，50 多組經外奇穴中，有 30 組皆在肘膝以下。

《黃帝內經》對十二經筋的論述，概要為：足三陽三陰之筋，起於足趾，上結於踝和膝；手三陰三陽之筋，皆起於手指之上，上結於腕和肘。肘和膝，乃筋之府也。以上皆說明：手足能導引頭頸和神氣，腕踝能導引氣血和胸腹；肘膝能導引肩胯和腰背。

附手足肘膝上的重要穴位圖表於後，見表一

經脈	井穴	滎穴	俞穴	原穴	經穴	絡穴	郄穴	合穴	其他	左右合計
肺經	少商	魚際	太淵	同左	經渠	列缺	孔最	尺澤	0	14
心經	少衝	少府	神門	同左	靈道	通里	陰郄	少海	0	14
心包	中衝	勞宮	大陵	同左	間使	內關	郄門	曲澤	0	14
脾經	隱白	大都	太白	同左	商丘	公孫	地機	陰陵	2	18
肝經	大敦	行間	太衝	同左	中封	蠡溝	中都	曲泉	1	16
腎經	湧泉	然谷	太谿	同左	復溜	大鐘	水泉	陰谷	3	20
大腸	商陽	二間	三間	合谷	陽谿	偏厲	溫溜	曲池	3	22
小腸	少澤	前谷	後谿	腕骨	陽谷	支正	養老	小海	0	16
三焦	關衝	液門	中渚	陽池	支溝	外關	會宗	天井	2	20
胃經	厲兑	內庭	陷谷	衝陽	解谿	豐隆	梁丘	三里	5	26
膽經	竅陰	俠谿	臨泣	丘墟	陽輔	光明	外丘	陽陵	3	22
膀胱	至陰	通谷	束骨	京骨	崑崙	飛揚	金門	委中	6	28
合計	24	24	24	12	24	24	24	24	50	230

傳統中醫「四總穴」歌曰：「肚腹三里流，腰背委中求；頭項尋列缺，面口合谷收。意即灸膝足三里能治肚腹的病，針膕窩的委中穴能治腰背痛；針脈口後的列缺穴，

能治頭項疼；針手背的合谷穴，能治面口歪斜。同時也證明，手足四關，是神氣之源。

奇經八脈的「任督衝」三脈往返於頭面和會陰；帶脈環腰；陰陽蹻脈、陰陽維脈往返於足跟和頭頸。

李時珍《奇經八脈考》曰：「蓋正經猶夫溝渠，奇經猶夫湖澤。督主身後之陽，任、衝主身前之陰，以南北言也；帶脈橫束諸脈，以六合言也。是故醫而知乎八脈，則十二經、十五絡之大旨得矣；仙而知乎八脈，則虎龍升降，玄牝幽微之竅妙得矣！」二者相互調劑，維持生命的活動。

奇經八脈和正經的交會穴都在手腕和足踝附近，見表二。

奇經	任脈	督脈	陰維	陽維	陰蹻	陽蹻	衝脈	帶脈
正經	肺經	小腸經	心包經	三焦經	腎經	膀胱經	脾經	膽經
交會穴	列缺	後谿	內關	外關	照海	申脈	公孫	足臨泣
位置	內腕上	小指根	內腕上	外腕上	內踝下	外踝下	內踝下	外踝下

全息：生物體的全息是進化來的機制，是物種繁衍的需要。譬如一個皮膚細胞，可以複製（clone 克隆）出一個生命整體。這說明每段肢體都有全身的生命訊息。武學應該利用這個機制。

四肢的習慣動作和身體的生理時鐘規律可以證明，四肢關節都有記憶功能。武學功夫的終極目標，就是要求四肢關節有了練打的記憶和「條件反射」的本能，才有

「動靜無形、感而遂通」的神明。

人體生物電和血脈的流動，使生物體的結構有序的排列，使生命程序有序的運行，是全息與經絡產生的生理基礎。二者皆由「共振」產生生化作用和內外交換訊息。

「共振」能產生宇宙大爆炸，也能產生微粒子合成和精卵細胞的結合，從而產生萬物和生命。

「共振」也是「內外一理」的生理基礎。「共振」是所有物質基本粒子以振動波「共振」與否，產生的聚散和離合的物理現象。「共振」在聲學上，叫「共鳴」；在電學上叫「諧振」；在社會叫「志同道合」，從而產生宗教、黨派、團體。

共振能產生有益於生命，有益於社會的正作用。譬如共振治療、樂隊的共振效果、共振制導（導彈、導航）等等。

共振也可以產生事故和災難，譬如地震、海嘯、雪崩、塌橋、直升機墜毀、粉塵爆炸等等。

武學研究共振，就是研求與重力和彼力產生強健及攻防的共振效果，共振少不了「順逆」和「沾黏連隨」。

人體內外器官和肢體各有頻率。其固有頻率都隨「動靜頻率」變化而變化。大腦的固有頻率α（阿爾法）波為8～12Hz／每秒鐘，能和地球共振，是「動靜中和」的頻率；高強度運動時，變為β（貝塔）波（14～30Hz／每秒鐘），是耗能最多、疲勞最快的頻率；靜心鬆體時，變為 θ（西塔）波（4～8Hz / 每秒鐘），是「心靜意專，產生靈感和永久記憶」的頻率，這個頻率能和宇宙共振；熟睡時變為 δ（得爾塔）波（4Hz 以下 / 每秒鐘）是耗能最低、細胞排毒和整理的頻率。心率的靜態頻率是 70 次左右 / 分鐘，運動的極限心率是（220 - 年齡）次/分鐘，「動靜中和」的心率是極限心率的 0.618（黃金優選律）倍。

動靜中和的頻率在 8～12Hz / 每秒鐘，就能得到地球的共振能量；虛極靜督的頻率在 4～8Hz / 每秒鐘，就能得到宇宙的共振能量；看起來，「內外一理」、「天人合一」的「玄關」在心意和動靜的頻率上。

節奏是共振的閥門，就像唱戲有板眼、音樂有輕重，才能引起聽眾的共鳴。一般地說：拳術的起鑽要快捷輕靈，落翻要沉重穩定；曲縮要短快，伸頂要長而重；有節奏，能增加練和打的興趣和耐力，從而提高強健效果。

精度決定共振：物質共振由結構決定。武學共振，由手足肘膝的位置決定。譬如兩足進退，要保持 45 度的夾角，前腳尖可略內勾兩公分（要求有扣無敞）；後胯要往後抽 45 度（肩胯立面與後腳成 90 度），誤差可小不可大。

八卦拳正八字、倒八字、側八字步，兩腳必須成 90 度，倒八字步的兩足跟與兩肩齊寬；平肘的定位，與兩乳線平；高舉臂時，肘不低於耳輪；臂弓與頭同心；肩胯定位，以上下不失一垂直立面為準，後肩胯與後腳跟三點成一鉛垂線；平臂手的虎口不低於口，如太極拳單鞭勢；摟膝拗步、倒攆猴等勢的後腕在後胯根以上兩公分；形意拳三體式後腕與丹田平，或大指首節與臍平，大指根與同側嘴角鉛垂；方向定位不失 1 公分為準，腋下要有一拳的空隙，肘不後露；重複步距以均匀為準。

八卦拳械的扣步多面向圓心，推掌或出掌（械）或轉身多面向切線，而兩胯則順向圓心；穿掌（械）多脊背向圓心，總之以同心走轉和利於打擊為原則。任何時候，手和器械都不能耷拉；任何套路終點，都應該回歸到起點位置，誤差不能大於 10 公分，否則，都為武學大忌。

膝關節也是負荷最大、最易傷損的部位。毛病出在「受力不正和顫悠」上。實踐證明，支撐膝關節正對腳掌（趾），後胯臀尖，上下正對後腳跟，且保持靜固；最大步距以前膝和前足跟垂直為準，則膝關節是最佳受力狀態；這也是身式高低的最佳定位，且與年齡無關。弓蹬

步、仆步、跌叉步、大歇步、大於 180 度的轉體步，耗能大，最容易傷膝關節，請師友慎用。

孫祿堂《拳意述真》曰：「拳術之理皆是規矩中之用力耳；外面形式之順，是內中神氣之和；外面形式之正，是內中意氣之中，即內外合而為一者也。」一個「順」字，一個「中」字蓋矣！

啟迪：

經絡靈樞，真氣網道；手足四關，神氣之源。

外形自然，內氣和順；形正軸中，穩如泰山。

第三篇｜與《道德經》有關

孫祿堂武學崇尚老子「無為自然」之理，並融於武學。如《拳意述真》曰：「拳術調呼吸，總要純任自然，用真意之元神，引之於丹田，腹雖實而若虛，有而若無。《老子》云：『綿綿若存』，亦此意也。此理即拳中內勁之意義也！」茲選 9 章，「以窺全豹」。

（一）《道德經》2100 年前的帛書版

《德經》在前，而且比《道經》多七篇，可見老子認為「德」比「道」還重要；經中反覆言「天之道、聖人之道；萬物莫不尊道而貴德；物壯則老，謂之不道，不道早已。」可見「道」不是主體而是程序，主體是「太極一氣」；「道」是方向，是軌跡；「德」是「道」的規則，對「道」有主宰和制約作用。

《德經》第一章曰：「失道而後德」，意即「德」能補「道」之失。譬如病毒侵入電腦，即為「道」失；而「德」恰似殺毒程序，所以能恢復程序。

（二）《道德經》今本第四十二章曰：

「道生一，一生二，二生三，三生萬物」，「道生一、二、三，乃至萬物」是德、是規律、是程序。省略了「太極一氣」。古文省略主語多矣！

《德經》第三章曰：「天下萬物生於『有』，『有』生於『無』。隨著時間延長和技術的進步，古人說得『無』，現在成了『有』。」可見「無」和「無極」是古人的誤判，實際都是「有」。「無」是「有」的隱；「無極」也就是「太極」之隱，「無」和「無極」，始終都是不存在的，或者說是虛擬的「鬆靜」而已。

分裂是萬物進化的第一步，所以說，「一生二」，應該是一分二；「陰陽」是背陰朝陽產生的「象」，可以拓展為一個物事的兩個對立面。因為還沒有分裂，所以把「陰陽」說成「二氣」不妥。

依傳統說：「一」是混沌、「二」是天地，「三」是天地人（或說「海陸空」）三界，天地人三界產生了萬物。「道」是天地人三界演化的程序，詩曰:「相傳在昔有盤古，劈開混沌造區宇。」

依粒子學說：「一」是基本粒子，「二」是氫和氦兩個基本元素，這是宇宙大爆炸以後，瞬間完成的；「三」是金屬元素、非金屬元素和稀有氣體元素，這是宇宙大爆炸以後，數萬年以後完成的，這三種元素產生了宇宙萬物，這又是數千萬年以後完成的。「道」是粒子和元素分化、結合的程序。

天文學家說：宇宙之初，是一鍋中子湯。所以，還可以說：一是中子；中子被其他中子碰撞，分裂為質子和電子，是「一生二」；質子和電子結合一個中子，形成原子核，是「二生三」。原子核繼續分裂和組合，產生了萬物。分裂和結合，是所有粒子的本能屬性。

宇宙和恆星中含量最多的元素是「氫」，占 99％以上。地殼中含量最多的元素是「氧和碳」；其中碳，能吸收太陽能，並成為形成大分子的結構平台，而成為萬物進化的載體；考古文物的年代，就是靠碳元素的衰變來計算的。所以說，「碳、氫、氧」三元素產生了宇宙中的動植物。「道」是萬物和生命產生和存在的程序。

「道生一、二、三，乃至萬物」，不是科學，而是一句哲學的概括，以上也是勉強述之。帛書版把它列在《德經》，這和《易經》「生生之謂德」同理。說明「道是生變之道，不是不變的恆道」。

（三）有感陰陽的再認識：

《易經》說：「一陰一陽之謂道」。但是《易經》又說：「陰陽以象告」。「象」是外表可見的形象，「程序」是不可見的基因編碼和其流程，象和程序有本質的區別。

老子說：「萬物負陰而抱陽，沖氣以為和。」負陰是背向著陰，抱陽是面衝著陽，俗話說「背陰而朝陽」或者說「坐北而朝南」，向日葵等植物都有向著太陽生長，這些都是「萬物負陰而抱陽」的屬性；其本質是「萬物生長靠太陽的意思」。

「沖氣以為和」是太陽的光線作用於萬物而生長的意思；也可以說是陰陽相互作用而達到的平衡狀態，沖氣是相互作用，不是衝脈之氣，也非是另有一個中和之氣，中和之氣再「為和」，是語病，不是老子的意思。

「一陰一陽之謂道」是萬物流動的表徵，即「象」，和「萬物負陰而抱陽」不是一個道理；通覽《道德經》八十一章，再沒有「陰陽」二字的出現。所以說老子不認為「一陰一陽」是謂道。老子「道」的精髓是「無為自然，損益相生」。

「一陰一陽之謂道」太籠統，萬物都講「一陰一陽之謂道」，就缺乏了具體地、微觀地研究和操作。武學講「陰陽就是拳經，甚至以比例言之」，沒法操作；「陰陽就是拳經」屬於行話，打官腔；更不能講「陰陽就是國經」。國家光講「一陰一陽之謂道」，建不成現代化，做不出衛星、原子彈，打不了仗、更打了勝仗。所以說，打官腔的論文，顛倒體用或避重就輕、誤國誤人。

（四）老子今本第七十八章曰：

「天下莫柔弱於水。而攻堅強者，莫之能勝，以其無以易之。」這是老子無為思想的落腳點。萬物講「一氣流行」，武學講「身形應當似水流」。可見萬物之道的程序應當效法水的屬性和品德！效水，既柔弱，又無堅不摧；無形，既能充萬物之體，又能化萬物之體。

落實到武學，非是鬆軟的任人宰割，而不自衛。聯想到海嘯、泥石流、潰堤，可知老子所言「攻堅強者，莫之能勝」，非虛言也！

（五）《道德經》今本第四十八章曰：

「為學日益，為道日損。損之又損，以至於無為，無為而無不為。」「損益」是「道」維修、更新和升級的程序。譬如司機手裡的方向盤，需要不停地左右調整；又譬如生命的新陳代謝，需要不停地呼吸吐納、吸收和排泄；社會上的「誠信」和「損益」時有矛盾發生。，二者如何協調，這是處事的藝術。

「以至於無為」，就是到了完全順應自然和順應自律的階段，就可以「無為而無不為」了，「無不為」就是沒有障礙了，可以成功了。不能把「無為」理解成「什麼都不做」。

聯繫武學：「損益」就是要不斷修正錯誤，是「有為」；固步自封是「損益」的大敵。驕傲自滿是「損益」的大障礙。「以至於無為，無為而無不為」，就是「內任憑自律，外自然中和」之理。

「拳術之道首重中和」，也是「有為」，即意念調控肢體關節等「隨意系統」，從而導引「內自律系統」與之共振。「中和」不求兩級，不是行話，不是打官腔，有實實在在的內容。

所有「內功」更是「有為」法，意念想直接導引「自律系統」（即臟腑氣血），這是遺傳功能所不允許的。倘若強行導引，對臟腑氣血的傷害則是不可避免的。「內家拳、外家拳」的提法有自尊而貶低別人之嫌，影響團結。天下武術是一家，都是強體強國之道，應該互相學習。

《道德經》沒有「服氣煉丹」之說，後世道家稱老子為道祖，實際是託名，為傳道而已。「服氣煉丹」學說，歪曲了《周易》和《道德經》樸素的唯物思想，誤導兩千多年，遺害深矣！所謂《萬古丹經王》和《神仙傳》的作者，都六十多歲而亡，其內外服丹的弟子們壽命更短，足以證明，其道術偏離了生命的大方向。「道家是中國文化的根」，但也有邪術摻雜，學「道」者慎辨矣！

（六）《道德經》今本第六十五章曰：

「古之善為道者，非以明民，將以愚之。民之難治，以其智多。故以智治國，國之賊；不以智治國，國之福。」

「非以明民，將以愚之」，不能解釋成「不使民有智慧，而要使民變得愚蠢」，此解不合邏輯。

「善為道者」，完全是對統治者說的，說的是為官者不要「明民情，而愚之，民之難治是橫徵暴斂的法令（智）太多。

「以智（治人的法術）治國，國之賊；不以智治國，國之福」。不能理解成「不要法律」，「依法治國」正是為了避免當權者的「偽智慧」。

聯繫武學：手足、肘膝有導引氣血的功能，這是天地賦予人體的本能，這些學問深矣！屏蔽和淡化肢體結構和五官、肌肉的導引功能，而妄求內動和「內功」，焉能進武學上乘之門？孔子求學問的態度是：「不知生，焉知死？」肢體都不清楚，焉知其內？

（七）《道德經》今本第一章曰：

「道可道，非常道；名可名，非常名。無名，天地之始；有名，萬物之母。故常無慾，以觀其妙；常有欲，以觀其徼。此兩者同出而異名，同謂之玄，玄之又玄，眾妙之門。」

帛書版則是「道可道，非恆道」，一字之差，一「常」一「恆」。前者論的是「非凡之道」，後者論的是「變化之道」。不少專家認為，《道德經》是《易經》的心得版。所以說「非恆道」比較接近於老子本意。意即：道不是恆久不變的；常見宏觀的變化，而未見到微觀的奧妙；微觀、宏觀都有同源；時代和技術所限，語言難以表達，其隱顯變化，都是為道之門。

武學是「起鑽落翻」的變化之道。屬於「有」；動靜之機和程序屬於「無」；「無」，是未發之中；「有」，是已發之和；故常觀察身形中正和水準的變化，就是武學為道晉級之門。

（八）《道德經》今本第五十七章曰：

「以正治國，以奇用兵，以無事取天下。故聖人云：『我無為，而民自化；我好靜，而民自正；我無事，而民自富；我無慾，而民自樸』。」

說的是治國要公正廉明，用兵要出其不意。沒有徵兆，才能致勝。聖人說：「國家清明，而民自化；國家安靜，而民自正；國家不橫徵暴斂，而民自富；國君不妄為，而民風淳樸。」

聯繫武學：中正自然為本，變化不測為用，以無形無相而馳騁武林。功法越多，既真假難辨，又難以精通；故外動而內靜，外自然而內自律，則武學修練之道得矣！

（九）《道德經》今本第二十四章曰：

「企者不立；跨者不行；自見者不明；自是者不彰；自伐者無功；自矜者不長。其在道也，曰餘食贅（zhuì 無用的）形，物或惡之，故有道者不居。」

說的是「踮腳而立，難以久站；工作不踏實，就很難立業；邁大步，難以走遠，辦事不按程序，想一蹴而就，必然失敗；自以為是，很難服眾；誇耀難以成功，自命不凡難以長進；這都是修道者的剩飯贅肉，不會受到歡迎，故有道者不會如此」。

聯繫武學：練拳不循自然，難以啟發先天自然之勁，難於打出身體的動能；弓凳步和仆步都沒橫勁；亮相的姿勢，實打對練時，都用不上；一味作秀，只有表演的效果，明白人不會信服；誇誇其談，不會真正成功。

（十）《道德經》今本第十六章曰：

「致虛極，守靜篤。萬物並作，吾以觀復。夫物芸芸，各復歸其根。歸根曰靜，靜曰覆命。覆命曰常，知常曰明。不知常，妄作凶。知常容，容乃公，公乃王，王乃天，天乃道，道乃久，歿（mò 終）身不殆。」

說的是：「達到虛靜的最高境界，再看萬物的生長衰亡；著重觀察它們的循環往復，得出的結論，都是『歸根』；歸根就是『靜』，靜就是覆命；覆命就是萬物之常；知道常，就是明白人；不知常，不順常理幹，就有凶險和失敗之患；常理也是萬物之理，萬物之理也就是天理；天理就是道，道能久。明白了以上道理，終生不會有危險」。

聯繫武學：「致虛極，守靜篤」，對武學來說，是指胸腹和心腦，不是手足也不動；手足不動，焉是武學？「萬物並作，吾以觀復」，指觀其順逆變化的歸宿；歸宿就是「物理和生理」，這才是武學的常理。生理源於物理，物理是天地之理，生理是臟腑氣血之理。常理就是天理，天理就是「物理之道」，生理也可以說是「長生久視之道」。不知物理，不順生理，就有傷損。

第四篇｜與《孫子兵法》有關

孫祿堂《太極拳學》曰：「一氣流行，內外如一，謂之練體，為知己功夫；起落進退，變化無窮，謂之習用，為知人功夫。古人云，知己知彼，百戰百勝。」此乃《孫子兵法・謀攻篇第三》之理。

孫祿堂《拳意述真》曰：「經緯本體，動為作用。若言其靜，未露其機；若言其動，未見其跡。」這正是《孫子兵法・勢篇第五》「以正合，以奇勝，奇正相生，如環之無端」的道理。

《孫祿堂武學論語》曰：「避敵之鋒，攻其側後。」正是孫子兵法・虛實篇第五》「兵之形，避實而擊虛」的道理。

孫祿堂《八卦拳學》「順逆和化」之理，正是《孫子兵法・軍爭篇第七》「以迂為直，以患為利。後人發，先人至」的道理。

總之，孫祿堂武學「起落進退，極其靈妙；無處不有，無時不然；捲之放之，用廣體微」，皆與《孫子兵法》妙合而為一者也。在下將《孫子兵法》十三篇摘要錄之，以為武學研究。

計篇第一

孫子曰：兵者，詭道也。故能而示之不能，用而示之不用，近而示之遠，遠而示之近。利而誘之，亂而取之，實而備之，強而避之，怒而撓之，卑而驕之，佚（yì）而勞之，親而離之，攻其不備，出其不意。此兵家之勝，不可先傳也（「攻其不備，出其不意」乃詭道之謎）。

作戰篇第二

孫子曰：凡用兵之法，其用戰也貴勝，久則鈍兵挫銳，夫兵久而國利者，未之有也。故不盡知用兵之害者，則不能盡知用兵之利也。故兵貴勝，不貴久（所以，技擊不能打消耗戰）。

謀攻篇第三

孫子曰：凡用兵之法，不戰而屈人之兵，善之善者也。故曰：知己知彼，百戰不貽；不知彼而知己，一勝一負；不知彼不知己，每戰必貽（「不戰而屈人之兵」乃智慧贏人也）。

形篇第四

孫子曰：勝可知，而不可為。不可勝者，守也；可勝者，攻也。守則不足，攻則有餘。善用兵者，修道而保法，故能為勝敗之政。

兵法：一曰度，二曰量，三曰數，四曰稱，五曰勝。地生度，度生量，量生數，數生稱，稱生勝。故勝兵若以鎰稱銖，敗兵若以銖稱鎰。勝者之戰，民也，若決積水於千仞之溪者，形也（勝戰者，先占勢位）。

勢篇第五

孫子曰：凡戰者，以正合，以奇勝。故善出奇者，無窮如天地，不竭如江河。奇正相生，如環之無端，孰能窮之？

善戰者，其勢險，其節短。勢如弓弩，節如發機。木石之性，安則靜，危則動，方則止，圓則行。故善戰人之勢，如轉圓石於千仞之山者，勢也（「勢險」即易攻易守；「節短」即變化迅捷）。

虛實篇第六

孫子曰：故善攻者，敵不知其所守。善守者，敵不知其所攻。微乎微乎，至於無形，神乎神乎，至於無聲，故能為敵之司命。

夫兵形像水，水之形，避高而趨下，兵之形，避實而擊虛，水因地而制流。兵應敵而制勝，故兵無常勢，水無常形。能因敵變化而取勝者，謂之神。故五行無常勝，四時無常位，日有短長，月有死生（無形無相，則能常勝）。

軍爭篇第七

孫子曰：凡用兵之法，將受命於君。合軍聚眾，交和而捨，莫難於軍爭。軍爭之難者，以迂為直，以患為利。故迂其途，而誘之以利；後人發，先人至，此知迂直之計者也。

故其疾如風，其徐如林，侵掠如火，不動如山，難知如陰，動如雷震。掠鄉分眾，廓地分守，懸權而動。先知迂直之計者勝，此軍爭之法也。善用兵者，避其銳氣，擊其惰歸，此治氣者也。以治待亂，以靜待嘩，此治心者也。以近待遠，以逸待勞，以飽待飢，此治力者也。無邀

（攔）正正之旗，無擊堂堂之陣，此治變者也（此「運籌帷幄，決勝千里」之韜略）。

九變篇第八

將通於九變之利者，知用兵矣；將不通九變之利，雖知地形，不能得地之利矣；治兵不知九變之術，雖知五利，不能得人之用矣。

故用兵之法，無恃其不來，恃吾有以待之；無恃其不攻，恃（shì 依賴、仗著）吾有所不可攻也（教條用兵不可為也）。

行軍篇第九

孫子曰：辭卑而備者，進也；辭強而進驅者，退也；輕車先出其側者，陣也；無約而請和者，謀也；奔走而陳兵者，期也；半進半退者，誘也（進退都有謀略）。

地形篇第十

孫子曰：地形者，兵之助也。料敵制勝，計險厄遠近，上將之道也。知此而用戰者必勝；不知此而用戰者必敗。

故知兵者，動而不迷，舉而不窮。故曰：知己知彼，勝乃不殆；知天知地，勝乃可全（查看地形，攻守第一）。

太極勢　黑虎出洞　獅子張嘴

麒麟回首　麒麟吐書　坎卦白蛇吐信

坎卦白蛇伏草　震卦青龍飛升　大蟒翻身

地篇第十一

孫子曰：古之善用兵者，能使敵人前後不相及，眾寡不相恃，貴賤不相救，上下不相收，卒離而不集，兵合而不齊。合於利而動，不合於利而止。

故善用兵者，譬如率然。率然者，常山之蛇也。擊其首則尾至，擊其尾則首至，擊其中則首尾俱至。

投之亡地然後存，陷之死地然後生。夫眾陷於害，然後能為勝敗。是故始如處女，敵人開戶；後如脫兔，敵不及拒（洞察變化之機，我為敵之司令）。

火攻篇第十二

孫子曰：以火佐攻者明，以水佐攻者強。水可以絕，不可以奪。

主不可以怒而興師，將不可以慍（yùn 怒）而致戰。合於利而動，不合於利而止（曉水火之性，以利激怒撓兵）。

用間篇第十三

孫子曰：明君賢將，所以動而勝人，成功出於眾者，先知也。先知者，不可取於鬼神（邪祟、方術），不可象（表象）於事，不可驗於度（揣度）。必取於人，知敵之情者也。

惟明君賢將能以上智為間者，必成大功。此兵之要，三軍之所恃而動也（此亂敵之策也）。

聯繫武學：以上論點，都能用與武學技擊之術。

第五篇｜與《書論》有關

《孫祿堂武學論語》曰：「拳術五拳之中和，書法五鋒之中鋒，二者運用雖有不同，然其精奧、其原理固二而一者也。

觀乎舞劍之形式，形如游龍，屈曲婉轉，與草書用筆之法度、神氣、形式實相同。始信昔人觀公孫大娘舞劍，而曰得書法之道，為不虛也。是則，古人之善草書者，迨皆明拳術之理。蓋不如是！」

孫祿堂宗師終生好寫，與武學皆有呼應，「文武一理」見矣！選孫祿堂常閱常寫而受益之《書論》附後，與師友共同學習。

（一）衛夫人《筆陣圖》曰：

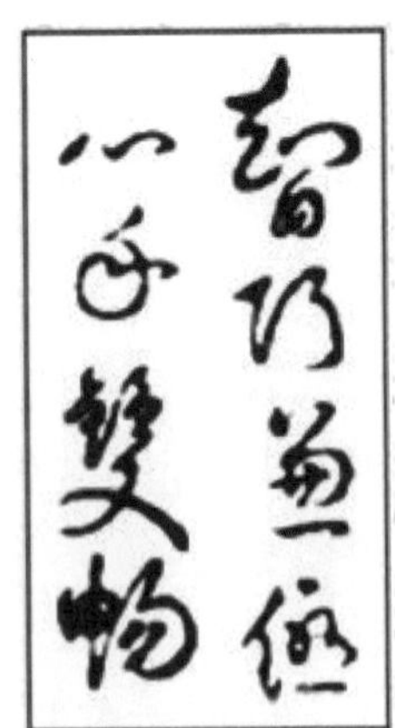

凡學書字，先學執筆，若真書去筆頭二寸一分，若行草書去筆頭三寸一分執之。下筆點畫波撇、屈曲，皆須盡一身之力而送之。初學先大書，不得從小。善鑑者不寫，善寫者不鑑。善筆力者多骨，不善筆力者多肉，多骨微肉者謂之筋書，多肉微骨者謂之墨豬；多力豐筋者聖，無力無筋者病。一一從其消息而用之。（在武學，善鑑者不練，善練者不鑑；善用力者多硬，不善用力者多軟，多硬微軟者謂之勁拳，多軟微硬者謂之綿拳；多力而活者聖，無力不活者病。）

一〔橫〕如千里陣雲，隱隱然其實有形。

丶〔點〕如高峰墜石，磕磕然實如崩也。

丿〔撇〕陸斷犀象。

乙〔折〕百鈞弩發。

丨〔豎〕萬歲枯藤。

㇏〔捺〕崩浪雷奔。

㇆〔橫折彎鉤，以「㇆」代替〕勁弩筋節。

右七條筆陣出入斬斫（zhuó）圖。

執筆有七種：有心急而執筆緩者，有心緩而執筆急者。若執筆近而不能緊者，心手不齊，意後筆前者敗。若執筆遠而急，意前筆後者勝。

又有六種用筆：結構圓奮如篆法，飄飄灑落如章草，凶險可畏如八分，窈窕出入如飛白，耿介特立如鶴頭，郁拔縱橫如古隸。然心存委曲，每為一字各象其形，斯造妙矣，書道畢矣。

聯想：書法有「點撇折豎橫彎鉤」7 筆之陣，皆有象形；武學有「起鑽落翻，開合伸縮」八法之勢，也應該仿效萬物。

（二）黃庭堅《書論》：

凡學書欲先學用筆。用筆之法欲雙鉤回腕，掌虛指實，以無名指倚筆，則有力。古人學書不盡臨摹，張古人書於壁間，觀之入神，則下筆時隨人意。學字既成，且養

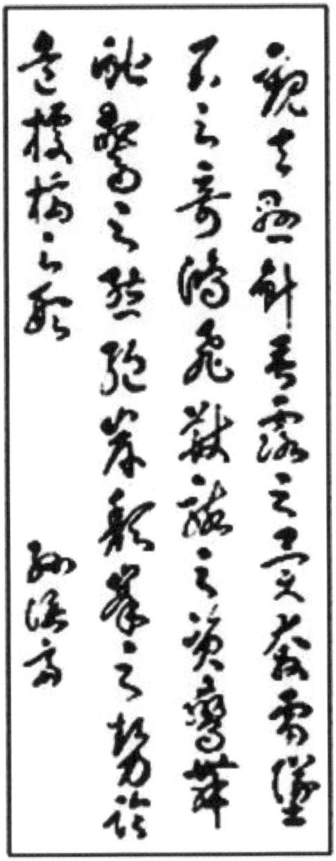

於心中，無俗氣然後可以作，示人為楷式。凡作字，須熟觀魏晉人書，會之於心，自得古人筆法也。欲學草書，須精真書，知下筆向背，則識草書法，草書不難工矣。

大字無過《瘞（yì）鶴銘》，小字莫學痴凍蠅，隨人學人成舊人，自成一家始逼真。

心能轉腕，手能轉筆，書寫便如人意。古人工書無他異，但能用筆耳。肥字需要有骨，瘦字需要有肉。

欲學草書，須精真書，知下筆向背，則識草書法，草書不難工矣！書必有神、氣、骨、血、肉，五者缺一，不為成書也。

聯想：孫祿堂以黃庭堅《書論》練筆最多，成就孫祿堂武學無俗氣，自成一家的啟發最大。

（三）蘇軾《書論》：

凡世之所貴，必貴其難。其書難於飄揚，草書難於嚴重，大字難於結密而無間，小字難於寬綽而有餘。

聯想：這對孫祿堂武學的昇華有很大啟發作用。

（四）李斯・用筆法：

夫用筆之法，先急回，回疾下；如鷹望鵬逝，信之自然，不得重改。送腳，若游魚得水；舞筆，如景山興雲，或捲或舒、乍輕乍重，善深思之。

聯想：這對孫祿堂武學伸縮進退，如行雲流水；起落開合，輕重咸宜有很大啟發作用。

（五）蔡邕（yōng）・用筆法：

凡落筆結字，上皆覆下，下以承上，使其形勢遞相映帶，無使勢背。

轉筆，宜左右回顧，無使節目孤露。

藏鋒，點畫出入之跡，欲左先右，至回左亦爾。

藏頭，圓筆屬紙，令筆心常在點畫中行。

護尾，畫點勢盡，力收之。

疾勢，出於啄磔（zhé）之中，又在豎筆緊趯（yuè）之內。

掠筆，在於趲（zǎn）鋒峻趯用之。

澀勢，在於緊駃（jué）戰行之法。

橫鱗，豎勒之規。

此名九勢，得之雖無師授，亦能妙合古人。須翰墨功多，即造妙境耳。

聯想：這對孫祿堂武學「中正穩定，神意自然」有很大啟發作用。

（六）王羲之・用筆法：

夫欲書者，先乾研墨，凝神靜思，預想字形大小、偃仰、平直、振動，令筋脈相連，意在筆前，然後作字。

聯想：這對孫祿堂武學「無極勢起，無極勢終；連綿不斷，意在形前」有很大啟發作用。

（七）曾文正書論：

「點如珠，畫如玉，體如鷹，勢如龍，內跌宕，外拙直；鵝轉頸，屋漏痕；側勢遠從天上落，橫波須向弩端涵。刷如丹漆輕輕抹，換（換筆鋒）似龍蛇節節銜。

用筆逆入平出，藏頭護尾，提按得當，起訖分明，輪廓完整無缺，轉折交代清楚，力求圓滿豐實，華滋挺拔，奭（shi：大的意思）利精到，下筆用力恰到好處；字要骨骼，皮須裹筋，筋須藏肉。

作書之道，寓沉雄於靜穆之中，乃有深味；亦須先有驚心動魄處，可漸入證果。

聯想：這對孫祿堂武學「仿生得當、變化無窮」有很大啟發作用。

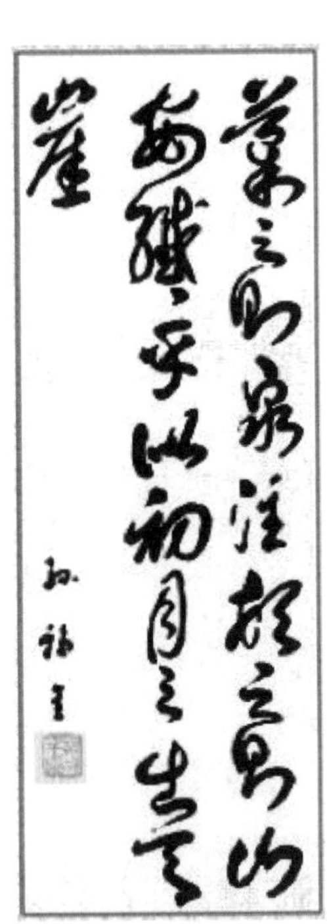

（八）孫過庭書論：

觀夫懸針垂露之異，奔雷墜石之奇，鴻飛獸駭之資，鸞舞蛇驚之態，絕岸頹峰之勢，臨危據槁之形；或重若崩雲，或輕如蟬翼。

導之則泉注，頓之則山安；纖

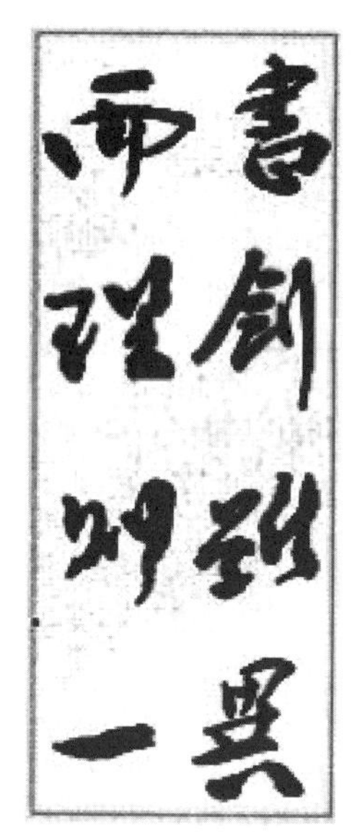

纖乎似初月之出天涯，落落乎猶眾星之列河漢。

翰不虛動，下必有由。一畫之間，變起伏於鋒杪；一點之內，殊衄（nǜ）挫於毫芒。

況云積其點畫，乃成其字；曾不傍窺尺犢，俯習寸陰；引班超以為辭，援項籍而自滿；任筆為體，聚墨成形；心昏擬效之方，手迷揮運之理，求其妍妙，不亦謬哉！

君子立身，務修其本。楊雄謂：「詩賦小道，壯夫不為。」況復溺思毫釐，淪精翰墨者也！夫潛神對奕，猶標坐隱之名。

心不厭精，手不忘熟。若運用盡於精熟，規矩諳於胸襟，自然容與徘徊，意先筆後，瀟灑流落，翰逸神飛，亦猶弘羊之心，預乎無際；庖丁之目，不見全牛。

《易》曰：「觀乎天文，以察時變；觀乎人文，以化成天下。」況書之為妙，近取諸身，體五材之並用，儀形不極；象八音之迭起，感會無方。至若數畫並施，其形各異；眾點齊列，為體互乖。一點成一字之規，一字乃終篇之準。違而不犯，和而不同；留不常遲，遣不恆疾；帶燥方潤，將濃遂枯；泯（mǐn）規矩於方圓，遁（dùn）鉤繩之曲直；乍顯乍晦，若行若藏；窮變態於毫端，合情調於紙上。

聯想：孫祿堂研究書法，精讀書論，尤其喜歡孫過庭書論，常以其精句練筆。並與武學參互研究，相得益彰。

雲手下勢　翻身二起　右起腳　三通背　開手

第三卷

武學思想篇

第一篇｜武學強國思想

孫祿堂幼承家訓，勤奮讀書，學識宏富，國術尤為嫻熟，清季曾選用知縣，授正七品文林郎（有孫祿堂之父孫為正墓碑為證）。立志以武術「除暴安良、強國強種」為己願。

1891～1896 年，在定興協助縣令平剿河匪，功績卓著，有「平定興」之稱。

當時即在定興授徒，後在家鄉完縣辦「蒲陽拳社」，以培「強國之基」。孫祿堂在清朝生活了五十餘年，大半生的事蹟，後因政治原因而被後人迴避，實為遺憾。

民國成立，充總統府「承宣官」。並先後在北京、天津設三家武館，收徒授技，並開始著書立說。從 1915～1927 年先後出版了《形意拳學》、《八卦拳學》、《太極拳學》、《拳意述真》、《八卦劍學》五部拳書，開武術文化之先河，兼明形意、八卦、太極三家，合冶一爐而參論之。

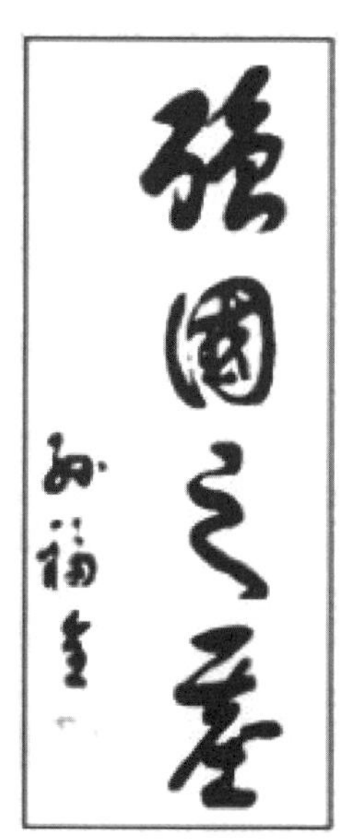

當時陳曾則、艾毓寬、趙衡等名人序曰：「武而兼道，文而不腐，為壽育世界之至寶！」1928 年中央國術館在南京成立，受聘為武當門長，後改就江蘇省國術館，受聘為教務長。

《形意拳學》曰：「富強之道，在乎黎庶之振作。振作之主義在精神，須使人民以體操為不可缺一之科，如此則精神振矣。今國家振興庶務，百度維新，文武兼進，可謂法良意美矣。形意拳（當然也包括八卦拳、太極拳）關係全身精神，久疾者能癒，不起者能痊，又不僅於習拳已也。」提倡武學是「強國之基」的思想。

1908 年，懷「強國強種」之心，在瀋陽蹬擂擊敗俄羅斯技擊名家彼得羅夫，為國爭了光；1921 年在北京，日本武士道高手坂垣一雄，奉天皇之命，來華與孫祿堂較技。祿堂公為使坂垣心服中國國術，甘願仰臥於地，令其坐於腹上，喊號三聲即起，坂垣三試皆負，索性拳腳齊發大打出手，孫祿堂只用半步崩拳而發，不料坂垣近 200 斤之軀飛出丈餘傾倒，此事弟子並京報記者見者甚眾。

1930 年祿堂公已 70 高齡，又有日本武士 6 人造訪，祿堂公為煞其狂，仍仰臥於地，讓 5 人同時按其四肢和頭，喊號，「1、2、3、」，孫祿堂一躍而起，日人當即被震倒！起身後欲求拜師，未允。

事後，祿堂公被日本奉為「文武兩道三大雄」，懸掛照片，頂禮膜拜。以上「愛國大義、為國揚威」之新聞載於京滬各大報。

仙人換影　白猿托桃　流星趕月　天邊掃月　青龍翻身

抗戰時期，祿堂公大孫子孫寶和畢業於「黃埔軍校」，投身抗日戰爭，1944 年寶和在瀋陽與日軍作戰中，為國捐軀。孫祿堂大師「武學強國」思想在後輩得到了延續。

第二篇｜一氣唯物思想

孫祿堂《形意拳學》自序曰：「聞之，有天地，然後有人民，有人民然後有庶事，有庶事而後萬民樂業，此自然之趨勢也！」此環境、人民第一的思想。

《八卦拳學》自序曰：「易之為用，廣大精微，上自內聖外王之學，下迨名物象數之繁，舉莫能外。」孫祿堂鼎力推薦學習《易經》文化思想。

《太極拳學》自序曰：「乾坤肇造，元氣流行，動靜分合，遂生萬物，是為後天有象。先天元氣，賦予後天形質，後天形質，包含先天元氣，故人為先後天合一之形體也。」闡述人為先後天合一之整體。

《拳意述真》自序曰：「大道者，陰陽之根，其道未發，懸於太虛之內；其道已發，流行於萬物之中。夫道一而已矣，在天曰命，在人曰性，在物曰理，在拳曰內勁。所以，形意、八卦、太極諸派，形式不同，其極還虛之道則一也。」闡述天人合一、自律運行之理。

《孫祿堂一份珍貴遺稿》首言曰：「天之所覆，地之所載，日月所照，霜露所墜，凡有血氣者，皆秉天地之全氣、全理而成，其形體百骸，推之全球無疑也。」闡述萬物和生命皆是天地之氣哺育而成的觀點。

孫祿堂三拳三劍（八卦劍、太極劍、純陽劍）皆從無極勢起，無極勢終。文中經常有探源論之的敘述。此順應萬物之源的程序而動的思想。

孫祿堂書法練筆，常寫「君子修身務修其本」、「道生虛無」、「無極而太極」等條幅。孫祿堂武學本源思想可見矣！

《形意拳學》曰：「虛無一氣者，乃天地之根，陰陽之宗，萬物之祖，即形意拳中之內勁也！」彰顯了「太極一氣」的思想。

《八卦拳學》曰：「近取諸身，遠取諸物，以通神明之德，以類萬物之情！」此外合天地，內合生理的觀點。

《太極拳學》曰：「將神氣收斂於內，混融而為一，是太極之體也；使神氣宣佈於外，是太極之用也。有體無用，弊在無變化；有用無體，弊在無根本。所以體用兼

日月爭鳴　仙人背劍　青龍翻身　太極勢　無極勢

該，乃得萬全！」「神氣」內守為體，意在「手足肘膝」為用，此武學之根本也。

孫祿堂認為：一氣即太極；以體言，則為太極；有無不立，開合自然，皆在當中一點子運用，即是太極。此太極最簡約、最根本之定義也。

二氣者，身體一動一靜之式，兩儀是也。

五行者，即進、退、顧、盼、定也。

八卦者，捧、捋、擠、按、採、挒、肘、靠，即八法也。

九宮者，以八手加中定，是九宮也。

上述列舉，皆以有形之身體、招數，而闡述傳統陰陽五行之道理，符合「太極一氣」，以基本粒子和「一氣流行」以運動而言的唯物認識。孫祿堂武學「唯物而不玄」的思想可見矣！

孫祿堂說：「無極而太極。」推理而知，「有無不立，不有不無」即是無極，又是太極；繼而行拳，就得「有而歸無，實而變虛，開而合，合而開」地練用，則是比較實際地練用之道。彰顯了「太極一氣，一氣流行」的基本程序，也比較易於操作。

太極一氣為體，一氣起落求靈妙為用，動靜中和為度，文武兼修地修練武術套路和實踐技擊，是太極拳最簡約地定義。

《八卦劍學》曰：「無極之理，天地之始也。此道，執械則為劍，無械即是拳，所以，《八卦劍學》於各種器械莫不包含。」

「萬物一理」、「內外一理」、「文武一理」、「書劍一理」。即孫祿堂《太極拳學》曰：「一理者，即太極拳術起點腹內中和之氣，太極是也。」也即「一理即太極」之意。

所有武學門派和套路，都是人腦和四肢聯合作用產生的。所以應該像孫祿堂說的：互相研究。如果甲邈乙，乙邈甲。這都是認理未明之故！

孫祿堂融形意、八卦、太極三拳於一爐，是孫祿堂踐行「一氣唯物」的實驗和創新，也是大武學思想的實踐和示範。對孫祿堂武學來說，三拳分開不得，分開了，就不是孫祿堂武學。

本源思想落實在武學，就是「拳與性合」。「性」乃人體之先天屬性，如訊息之「識別碼」，一人一性，沒有重例。

「順逆和化」是人之元性的動靜和作用。譬如氣血的升降出入；腸胃的蠕動和消化功能；肢體的伸縮、開合，無不是「順逆和化」的運動。

孫祿堂將「順逆和化」之理融於武學的「起鑽落翻」、「開合伸縮」之中，可謂是大智慧之舉。

孫祿堂稱「順逆和化」為拳中「四德」，「德」者，即人類至善之性，也即天地萬物的大德和程序要道。

探源論之，武學各大門戶的套路、拳法都不外「順逆和化」之理，可見孫祿堂武學「一氣唯物」思想，非一家之言。

本者，根也。宇宙和萬物都生於「太極一氣」。在武學，孫祿堂明確提出：「太極即一氣」的科學論斷。此氣有武學取之不盡用之不竭的物質和能源，「太極一氣」是孫祿堂武學的靈魂，蘊含著中華武學所有門派最本質、最高深的學問。

太極陰陽魚圖

「虛無」是太極一氣的「隱」，「起鑽落翻」是太極一氣的「顯」。總之，太極一氣充斥「有與無」的所有空間。

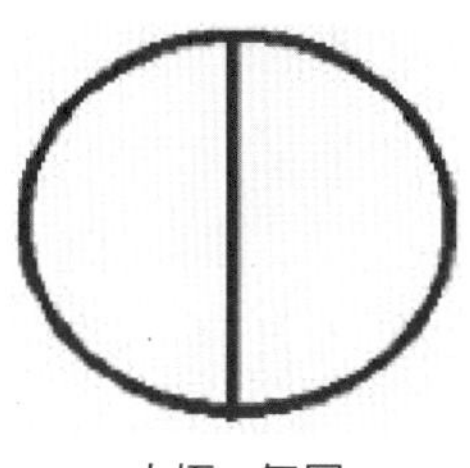

太極一氣圖

太極一氣「大無外」指的是宇宙的元氣，沒有邊界；「小無內」，指的是人身自己的元氣，其粒子不能再分。太極一氣的運動，就是「一氣流行」；「一氣流行」產生離合作用，生成了萬物。這是孫祿堂「一氣為本」思想的認識。

古人所謂「道」也、「理」也、「心」也、「氣」也、「體」也、「一」也、「始」也、「空」也，皆天心造化之主宰，也即太極之別名也孫氏形意拳起式，右手上，左手下，於胸前抱心，正是右上圖古「太極陰陽魚圖」，陰上陽下，乾坤交泰之象。

到近代，王宗岳《太極拳論》，開篇就說：「太極者，無極而生，陰陽之母也。」陰陽者，皆氣之「外象」也；上圖為孫祿堂武學的「太極一氣圖」，有太極「空而不空，真一在中」之意，真一者，氣之暱稱也。

《黃帝內經》曰：「天之在我者，德也；地之在我者，氣也。」又說：「人生於地，懸命於天；天地合氣，命之曰人。」總之，氣是性命的真諦，「有氣者生，有生才有壯；無氣者死，死而無為也！」這是實實在在的真理。

武學的「太極一氣」就是「拳理和生理」，說具體點，「臟腑、筋骨、氣血及其空間和通道，所有「精氣神意力」和作用，所有起鑽落翻和開合伸縮的過程，所有武學套路的姿勢和氣勢，所有武技的變化和效果，都是武學的「太極一氣」。《孫祿堂武學論語》曰：「起鑽落翻，總是一氣之流行也！」

「一氣流行」是孫祿堂武學思想的基本觀點，其本質是「內自律，外中和」的本能程序。大師把三派拳術總結為「一氣之起落，一氣之伸縮，一氣之開合，一氣之循

環」，可謂蓋矣！以上外形之起落，皆能導引內環境的鼓蕩和升降。老子所說「無為、自然」若落實在武學上，就是「拳與道合」；說明白點，就是「拳與性合」，也即「內自律，外中和」之旨。

「一氣流行」是宇宙萬物最根本的生化規律，有無窮循環之理，也是所有技藝門類最高的求藝學問。孫祿堂這一思想，後學在長期學練中，應該體會出如下心得：

起落伸縮意在用，由足到手歸虛靜；
正壓正載手秒殺，意念傳導如清風。

「一氣流行」，用孔子的話說就是「逝者如斯夫，不捨晝夜」，意即晝夜時光的流逝，不能復返。武學修練能與時俱進而不固步自封，也是「一氣流行」的道理。

第三篇｜文武俱進思想

孫祿堂出版的五部拳著和流世的武學論文，是他一生武術思想的昇華寫照。文化知識的豐富，是他高超武學水準的基礎，是其他空有絕技在身的武學大師難以比肩的。

孫祿堂之一生，其武學思想恩澤社會已百餘年，這足以證明，孫祿堂留世的文化遺產是無價之寶。

孫祿堂武學一生，伴隨著讀書、寫字，借鑑傳統文化，昇華自己的心性，可說是超凡入聖、脫俗不古的「武聖人」！這比一般人在生計上奔波，在財富上築「金字塔」要高明得多。這也說明，學習是每一個人的終身大事。

學習孫祿堂武學思想，光憑學套路是學不來的，必須反覆地學習原著，聯想天文地理和自己的身體，禪悟孫祿堂的精神世界。

「萬物一理」、「內外一理」、「文武一理」、「書劍一理」的「理」，說著容易，探求可不是簡單的事情。唯一的方法就是「文武俱進」，從而明白世上的道理，否則，都是「一隅之見」。

（一）「文武俱進」之第一，就是要讀書。

古今之書，多如「瀚海」，全覽是不可能的事，所以應該像「沙裡淘金」一樣地選讀。選什麼書讀，當然各有所好。但是作為「本源」一類的書，開發智慧的書，誰都應該讀。讀書還有真假難辨之煩，譬如購物看說明、看廣告辨別真假，確實也不是一件容易的事。

欲提高分辨能力，就得靠知識淵博，反應靈敏，靠「吃一塹長一智」的實踐功夫。正確地認識，只能從實踐中來。

孫祿堂「推陳出新」地學習傳統文化，是其武學絕技和昇華的基礎。譬如他在《太極拳學》裡說：「二氣是動靜，五行是進退顧盼定。」而不說「二是陰陽，五行是金木水火土」，但是他承認「物物一太極，物物一陰陽」的道理，他認識到，太極和陰陽，都是指一個物事而言，也即「太極和陰陽，都是一，不是二」。

他對佛道有既正確又實際的高深認識，並大膽地應用於武學。譬如「身無其身，心無其心」和「空而不空，不空而空」的「太虛」（天人合一）境界，這都是練武靜心的高級階段，也即內外任其自然，充分讓自律程序自動運行，從而啟發生命本能。

還譬如他把佛道兩家「周天輪迴」的道理融於武學，昇華地總結出「順逆和化」地道理，這樣認識就把武學的「開合伸縮」和傳統的的「三教文化」巧妙地結合起來了，對提高武學水準和延長壽命有劃時代的貢獻。

（二）「文武俱進」之第二，還要靠「多寫、多講、多聯想」來實現。

其中寫「日記、心得、文章」不可少。人的靈感出現的機率很少，要及時寫下來，否則很容易忘掉。忘掉靈感，等於丟失了寶貴的財富，而且很難恢復。尤其是寫文章，沒有靈感寫不出來，可以說寫出的文章，是「日記、心得」等知識的昇華。書不盡言，何況不書！

孫祿堂武學著作的深奧，和《拳意述真》的「述而不作」，證明他平常善寫善記，素材豐富。

（三）「文武俱進」之第三，就是要與時俱進地創新發展。

孫祿堂的武學套路和理論，都有大膽成功地創新和發展。形意八卦太極三拳及器械，都以「拳學」來研究，並增加了「無極勢、太極勢」，與傳統文化和萬物的起源拉近了距離，這是其他兄弟門戶所沒有的。形意拳所有套路，都以兩手護心的陰陽魚勢開始，也增加了文化的內涵，使形意拳由粗猛變得文明。

孫祿堂的《八卦拳學》和《八卦劍學》刪繁就簡，改腳尖鏟地的鏟泥步為腳跟先落地的自然蹚泥步，且均以正側八字步、平行步變化，增加了橫向的穩定，且與生理不悖，可說是所有武學套路的典範。

八卦拳十個基本式子，八卦劍八個基本式子。學者每次學會兩個式子不難，或拳或劍，一週之內，即可從容學會，非常便於普及。只要把基本式子練熟、練精，並能任意顛倒次序而嫻熟地玩耍之，則能達到「從容周旋，贏人無意」的上乘境界。

這幾個基本式子不少，這和漢字七個筆畫，音樂歌譜七個音階一樣，可以演繹出無窮無盡的玄妙效果！傳統「八卦拳、劍」各有三大趟，而且難度高，不易練，所以難出「招熟、懂勁、神明」的功夫，「拳得一以成」，理在於此。

孫祿堂《太極拳學》，融入了形意「進跟退撤」步，和八卦拳靜水漂物一般地走轉，並定格到 98 式，意即到老陰老陽收勢，並果斷地不用「爆發力」，與傳統中庸文化息息相通，使拳學「純以養正氣（元氣）」為宗，豐富了武學文化的內涵。

我從十來歲讀孫祿堂的書，學孫祿堂的拳，至今六十餘年，每次都覺得有新的收穫，這就是孫祿堂著作的魅力所在。聯想孫祿堂師兄弟百餘人，能有如此效果者，唯孫祿堂一人耳！其原因就在於孫祿堂「文武俱進、多讀、多寫、多講、多悟、多練」而實現的。

孫祿堂認為，「文武一理」源於「太極一氣」和「動靜中和」，所以常說常寫「物物一太極、物物一陰陽」，

「拳術可以變化人之氣質；識春秋大義，由仁義行，說禮樂而敦詩書」等銘言；

孫祿堂《八卦拳學》序言曰：「余自幼年即研究拳術，每欲闡《易》之意蘊，行之於拳術，如是者有年。然後知《易》之為用廣大精微也。」可見「文武俱進」豈只「一張一弛」之理。

（四）「文武俱進」之第四，就是「書法」。

孫祿堂終生練字與習武並行，並將書法理論融於拳術。他常說：「書劍雖易，而理則一。」

書法理論和民族文化同始，最成熟、語言也最精煉；相比之下，武學理論則年輕得多。所以說，武學「文武俱進」，學習「書論」，應該是必不可少的研習科目，這個方面，孫祿堂也是後學最佳的典範。

不同的武學門派，蘊含著不同的文化能量和訊息，各有千秋，應該互相學習，而不是互相兼併，或混而為一。

武學不外「手足肘膝肩胯頭」七拳的組合，書法也不外「橫豎撇捺點彎勾」七畫；音樂也就是「1234567」七音階。

書法的七畫能寫出四萬七千多個漢字（康熙字典），古今能成其書法家者不可勝數；七音階可以譜出無數支曲子，古今能成其音樂家者也不勝枚舉；「手足肘膝肩胯頭」七拳當然也能創編出「多」套武術套路，這不奇怪，也不是壞事，但是個人要下工夫，必須「少而精專」。否則「多而無精」，必白費功。

孫祿堂令其子女都學畫、學書法、學京劇，從而文武俱進，豐富武學知識。從而為後輩家教留下了的典範。

修身本於文武俱進，喚醒靈感及時保存；
孫氏武學尊重生理，自強不息厚德踐行。

第四篇｜「動靜中和」思想

一、普遍規律

「動靜中和」以剛柔程度言之。「動靜中和」是萬物的運動規律，宇宙星系都是勻速地運轉、膨脹和收縮；天地之間的晝夜循環和季節交替，基本上常年不變；地球上水氣的升降，也都自然而然地循環；電子圍繞原子核也是勻速旋轉；所謂「簡約如一」就是這個道理。

所有生命的生長規律都很緩慢，所有生命的氣血都是勻速地循環；所有野生動物，都追逐水草而按季節定時大遷徙；所有植物，沒有大腦，沒有意識，都能全自動地生長，而適應著環境而生存；所有物質都隨著溫度的變化，而緩慢地膨脹和收縮；所有的氣體，都順著氣壓的方

向，而流動著。所以才有「風行天下」。

觀天察地，隨時可見「動靜中和」的運動，「動靜中和」乃宇宙的本能狀態。「生命在於動靜中和」是非常準確的大道理。

二、武學靈魂

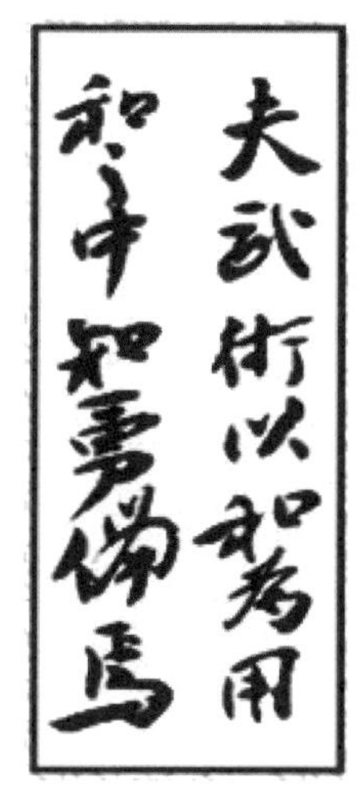

孫祿堂常說：「夫武術以和為用，和之中智勇備焉。」「動靜中和」是孫祿堂武學的本真和靈魂，是傳統文化《易經》、《中庸》、《黃帝內經》在武學上的昇華和結晶。其主要內容即「時中、位中」而已。時中者，動靜之機也；位中者，最優越的地勢，最合理的間架結構也。

風與水無孔不入，孔者虛也、機也；地勢者，我順人背也；間架結構者、開合伸縮之空間也。

「動靜中和」符合華羅庚的《優選法》的「黃金律（0.618）」，也即速度、力量都用六成強一點，也即動靜意念有 0.38 秒鐘的時差較為合理。

霍元甲、李小龍都死於三十多歲，非是偶然，而是違反「中和」原則太甚之必然。武學以性命為本，不走兩極。孔子曰：「攻乎異端，斯害也已。」意即「攻其兩極，必死無疑」。「動靜中和」是中國提高生命品質，和延長壽命的優選。

孫祿堂《拳意述真》說：「人自賦性含生以後，本藏有養生之元氣，和而不流，至善至極，是為真陽，所謂中和之氣是也！」大師本意是：尊重和相信生命的自律系統，而不要對臟腑和氣血有任何干擾。這句話對武學的發展太重要了。

《中庸》曰：「中也者，天下之大本也；和也者，天下之達道也。致中和，天地位焉，萬物育焉。」

現代的解釋，「動靜中和」就是在「節能、高效，內外無傷」，氣血供應滿足消耗的條件下，爭創「更高、更快、更強」也。從而堅信「動靜中和」能創造生命強健和長壽的奇蹟。

任何生命都是一個統一的整體，「手足肘膝」動得中和，臟腑氣血必然暢通而滿足供應；「手足肘膝」動得劇烈，臟腑氣血無力滿足供應，則必有內外傷損的遺患。

「動靜中和既不求極堅剛，也不求極柔軟」，呼吸不喘，也不「汗流浹背」，完全順其自然，任何招法都不是意念所為，而是本能地出現，也即「拳無拳意無意無意之中是真意」的意思，所以說「動靜中和」是練功養氣的不二法門。

人體是高級智能動物，不會「供大於求」地運動而造成能量的浪費；更不可能「供不應求」，而造成肢體和氣血地傷損。武學不能迷信，只有孫祿堂的「動靜中和」思想，才是武學放之四海而皆準的真理，才有內外強健和共振的效應。

三、六合真識

「動靜中和」思想首先要體現在「六合」上。要知「六合」是人體「自律和隨意」兩個系統的組合，「內三合」屬於自律系統，「外三合」屬於隨意系統。自律系統是智能自律地工作；而外三合呢，從宏觀上說，則需要意念的驅動。《生理學》告訴我們：內氣和肌肉的拮抗配合，也還是自律的。

孫祿堂大師一百年前，在《形意拳學》中說：「心中如同在平地立竿，心氣自然平穩沉靜，亦無偏移，謂之心與意合、意與氣合、氣與力合，此之謂內三合也。」大師認為：「內三合」屬於自律的「無為法」無疑。

孫祿堂大師接著說：「兩肩鬆開均齊抽勁，兩胯裡根亦均齊抽勁，是肩與胯合也；兩肘往下垂勁，兩膝往裡扣勁，不可顯露，是肘與膝合也；兩足後跟均向外扭勁，不可顯露，是手與足合也，此之謂外三合也。」這都是明顯地肢體「有為」功法。

大師接著又說：「肩要摧肘，肘要摧手；腰要摧胯，胯要摧膝，膝要摧足。身子仍直立，不可左右歪斜。心氣穩住，陰陽相合，上下相連，內外如一，此之謂六合也！」

人體「內外一理」決定：「外三合」有了，「內三合」自然也就有了，也即「六合」著重要在肢體「外三合」上下工夫。

自律內三合，不勞意驅動；
齊整外三合，自然是上乘！

四、中和無不為

「時中、位中、節能、高效而自然而然」是「動靜中和」的確切解釋，認為「動靜中和」只能養生，不能技擊是誤解。您要理解老子的「無為」是順其自然規律，別玩小聰明；「無不為」是矢志不渝地努力，沒有做不到的事情。

「時中、位中、節能、高效」其含義是：「時中」是得天時，抓住了最好的時機；「位中」是得地利，占到了最好的地勢；「節能」就是最小的消耗；「高效」是最有效提高了生命質量，既能勝人，又能避不見之危險。

大樹的神氣，全在「樹冠」上！枝葉是所有植物和天地交換能量的最前沿，能說枝葉的作用是「外家」嗎？果樹剪枝是為了碩果纍纍，能說「剪枝」是「外家」功夫嗎？推理可知，「手足肘膝」如樹冠，如枝葉，有「內勁和神氣」存焉，合乎「天理」。

孫祿堂大師說「拳術之道首重中和」，是千真萬確的真理。

第五篇 | 拳道即天道

孫婉容、孫寶亨先輩主編的《孫祿堂文武集》裡，收集了孫祿堂書法作品 73 幅，其中有四幅分別書寫的是「人心即天理，天理即人心」、「天道即人道」、「拳道即天道」和「天人合一」。其用筆如行雲流水，妙造自然，能與太虛同體矣！

民國大總統徐世昌曾贊曰：「羲之再世，懷素重生是也！」這又成為孫祿堂武學思想的一大亮點。

用現在的話解釋，「天理、天道」就是萬物之常理和規律，它包括數理科學、社會科學、文化藝術等共有的大道理，也包括社會秩序之倫理、道德、情理等。

用現在的話解釋，「人心、拳道」就是對天地和彼此的認知和感知能力，它包括意念、記憶、思維、人生觀和動靜中和、借地力、借彼力等訊息程序的集合。

傳統文化中，佛家的《心經》是開啟人生覺悟的大智慧，本質是「『有空』(無)不二乃是佛心」，即「色即是空，空即是色」(「空、色」分別是天理和人心)；佛家的《金剛經》曰：「一切有為法，如夢幻泡影。」與孫祿堂「空而不空，不空而空」的觀點一致。可見，佛家的「心經和佛經」就是「人心即天理」，也可以說是「拳道即天道」。

人心即天理
天理即人心

北宋哲學家程頤認為「人心惟危，人欲也；道心惟微，天理也」；南宋哲學家朱熹也認為「天理和人心不能並立」，從而提出「存天理，滅人欲」的主張。

宋代哲學家陸九淵認為：「人皆有是心，心皆具是理，心即理也！」明代心學家王陽明的觀點是：「君子之學，唯求其是！夫萬事萬物之理，不外於吾心！吾心之良知，即所謂天理也，心明便是天理！」並且明確地提出「心外無物，心外無理」的斷語，意即，「理」即是「心」的感應和認知，「理」是「心」定義的。

孫祿堂拳著，先論天理者，比比皆是。孫氏《形意拳學》曰：「有天地然後有人民，有人民然後有庶事，有庶事而後萬民樂業，此自然之趨勢也。」

孫氏《八卦拳學》曰：「《易》之為用，廣大精微，而於修身治己之術尤為詳盡。『乾』文云：天行健，君子以自強不息……。」

孫氏《太極拳學》曰：「乾坤肇造，元氣流行，動靜分合，遂生萬物，是為後天而有象。先天元氣，賦於後天形質；後天形質，包含先天元氣，故人為先後天合一之形體也。」

落實在拳術上，孫氏形意拳的起勢，都是雙手抱心的陰陽魚勢，象徵著三教「心經」的文化內涵為武學之第一要務。

形意拳的劈拳、崩拳、鑽拳都是直行的拳，直行屬陽，都順時針回身；炮拳、橫拳都是曲折的拳，曲折屬陰，都是反時針回身。如此，就有拳術「天人合一」的感覺。

孫氏「八卦劍和奇槍」套路，是所有器械最簡約、最合攻防之理和天地自然靈妙之理的典範。其中劍指的設計，大指單著屬陽，二三指並著屬陰；一、二、三指都伸著屬陽，四、五指都屈著屬陰，最合傳統陰陽文化的拳理和生理。

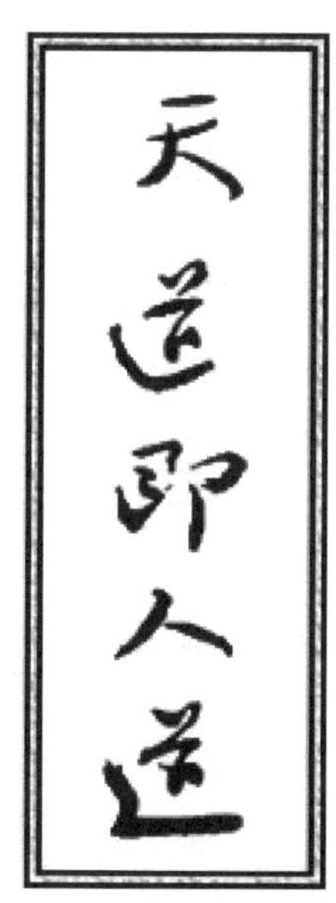

45 度是自然界方正的角度，也是跳遠的最佳起跳角度，所以孫氏形意拳前後腳多成 45 度；孫氏拳的最佳高度由「後膝蓋垂直於後腳掌，後胯根垂直於後腳跟」決定。

北緯 30 度線上，生命活動極其靈妙。在這條獨特的緯線上，貫穿有四大文明古國，神祕的百慕達和埃及金字塔、世界最高峰珠穆朗瑪峰等諸

多獨特的奇特自然及人文現象。孫氏拳的上肢變化非常豐富，而上肢的肘角內屈 30 度，即肘內角是 150 度，則有北緯 30 度的全息訊息。

八卦拳是走轉圓圈的拳，三點決定一個圓。正三角形決定的圓藏著八卦拳單換掌最佳的肘屈角，即 60 度（肘內夾角 120 度）。以「點位」定角，即前手食指與眉平，上肘與肩平，前臂屈 60 度，則肘內夾角正好是 120 度。拳術的肘膝，遵循上述三個最佳角度，就有天地「優選」的道理。

孫氏拳的手法步法，遵循「自然」而淘汰「難而無用」的拳式，而成為藝合「天道」的拳術。

第四卷

聯想深悟篇

玉女穿梭　雲手下勢　金雞獨立　十字擺蓮　右起腳

第一篇｜孫祿堂武學特點

孫祿堂武學是啟發性的學問，為後學留下了很大的「漸悟」或「頓悟」空間。這也是孫祿堂武學高明之處。任何學問，如果沒有這一過程，「貫入教練，人云亦云」，都不會有好的效果！

（一）孫祿堂武學是文化拳，五部《拳著》，多了一個「學」字，令人耳目一新，前所未有：

現在訊息社會，一個字碼不對，足以證明文件不是同類，或者找不到所要的文件。

孫祿堂拳術著作，加一個「學」字，令幾千年的武術昇華到文化層次，是中華武術發展史上的重要里程碑。

第一、孫祿堂武學是「效法天地，化育萬物之道」，即「天地萬物無不可效法，世人亦無不可做我師友也。」譬如「鐵球、皮球、彈簧球三元之理」，就是孫祿堂效法萬物之理的一項重要發現。

再譬如：八卦拳乾卦名獅形學，坤卦名麟形學，坎卦名蛇形學，離卦名鷂形學，震卦名龍形學，艮卦名熊形學，巽卦名鳳形學，兌卦名猴形學。此仿生學的觀點。

第二、拳融「易理」，孫祿堂終生學研《易經》，將《易經》「無極而太極」的道理融於拳術的起止；將「太極一氣，一氣流行」的道理，融於拳術「起落進退」的循環之中；將《易經》變化之道昇華為武學的「順逆和化」之理。

孫祿堂武學套路多「進跟退撤，開合相接，行雲流水，節奏分明」，寓「精氣神三元球」之理。

孫式太極拳原版 98 式中的 9、8，代表老陰老陽，分別是天地之成數，含著天地之間的基本能量和諸多文化訊息，豈只 98 式耳！

第三，孫氏武學有「起落進退極其靈妙」的特點。孫祿堂將老子「無為自然」的道理融於拳術之中，倡導「自然而然」「動而有靜定」的節奏，自有「起落進退極其靈妙」的效果。

第四，拳融「醫理」，反覆強調「血氣」是人養生之本，倡導拳術「養正氣」和「強壯筋骨、保護身體為正宗」；發現並提出「人自賦性含生以後，本藏有養生之元氣，所謂中和之氣」的道理。

以上認識，和現在《生理學》臟腑生化、神經調控、肢體感傳功能相同。所以孫祿堂等先輩曾多次宣示，孫氏拳沒有秘訣和內功，孫祿堂等前輩認為：「拳練千遍，拳理自見！」

「自律和智能調控功能」均源於億萬年進化來的先天屬性。低級動物，如蚯蚓、蛇及魚類等皆是靠「自律和智能調控功能」生存著。

武學如果能明此道理，則「自律和智能調控功能」要純任自然，不可用意念干擾。否則，是不明生理而「自欺」，沒有任何好處。如果著書、教人，則貽害更廣、更深。

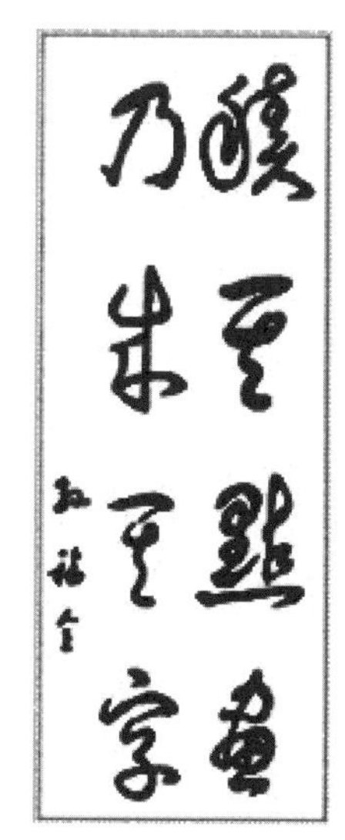

「大道至簡」，只要在「手足肘膝」上有「一氣秒殺」的意念，內外所有系統和功能都能自律供應和配合。孫存周「打若練，練若打」的觀點，就是明此道理，武學可進入上乘而有「不思而得」的收穫，這是「拳與道合」的秘鑰所在！

第五，拳融《書論》，將書法五鋒的道理和拳術「五行中和」之理聯繫；將「積其點畫乃成其字」的道理，啟發拳術「積其手足乃成其拳」的功夫；常以孫過庭「導之則泉注，頓之則山安；纖纖乎似初月之出天涯」的書論練筆，以啟發武學的高級境界。

第六、拳融《兵法》，將兵法的「知己知彼」和「出其不意」的道理，提煉出「起落進退極其靈妙」的拳理。

第七，拳融《論語》，將「君子修身務求其本」和「忠孝、誠信、謙謹、智仁勇」等品德，融於拳術，「以德服人」；倡導「天人合一，與聖道合而為一者」的修練途徑。

總之，傳統文化的精髓，皆被孫祿堂活學活用，而融於拳術。可見，傳統文化是孫祿堂武學的根，孫祿堂武學是「文化拳」，非虛言也！

（二）創新不俗：

孫祿堂大膽精簡傳統套路，刪繁就簡，易學易練易普及，健民強國開新宇。

「五指俱張」是孫氏拳最顯眼的手法特點之一，有利激活內、外經絡之真氣出、入交接；再如孫氏劍學的劍指，寓陰陽助力，不流俗派；孫氏三拳三劍及刀、槍、棍等套路革俗創新，皆是武學簡約的典範。

「進跟退撤」是孫氏拳最顯眼的身法特點之一，有利身形穩定和變化靈妙，這是身快手快的基礎。

孫祿堂 1929 年在南京國術館開學典禮上表演兩手平托水杯，繞場一周，滴水不灑。看著很簡單，但是多數人卻做不到，也不以為然。實際上這裡有「一氣流行，看平則正」的精奧，適用於任何需要平穩的運動，像踩鋼絲、表演平衡木等。

（三）「三拳合一」：

孫祿堂武學合形意、八卦、太極於一爐。三拳不能分開，修練必須兼修。反對武術「內家外家」之分，倡導「武學一理」、「文武一理」的大武學思想。

孫祿堂師祖說：「萬物生於一理，拳學生於一氣，實乃萬殊一本之道也。比之，形意地也，八卦天也，太極人也。天、地、人三才合為一體，渾然一氣。練之久，而動靜自如，頭頭是道，有何形意、八卦、太極之有哉！」

又說：「天之所覆，地之所載，日月所照，霜露所墜，凡有血氣者，皆稟天地之全氣、全理而成，其形體百骸，推之全球無異也。人既無異，即萬物出於一源，萬派出於一脈也，何拳術之道，偏分出許多門徑？甲邈乙，乙

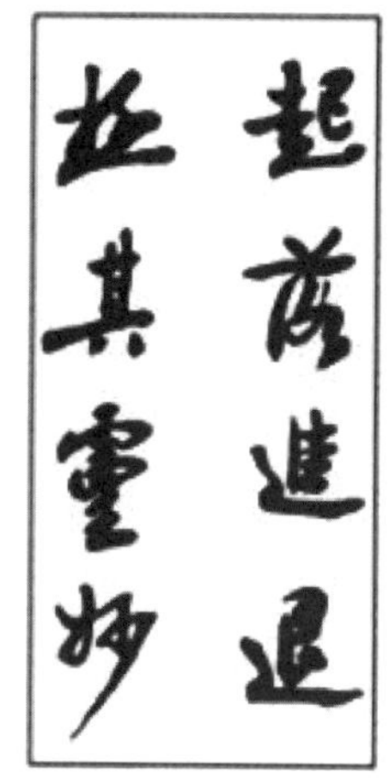

邀甲，各出己技，互相朋比。推源其故，是因拳理未明，內俱不和之氣，而始生出許多枝節耳。」

（四）「中和實用」：

「動靜中和」源於「中庸」、合醫理，是孫氏武學宗要，更是生命真諦。孫祿堂把傳統武術套路的高難動作，大膽地刪去，八卦拳劍各保留八綱式子的基本套路，萬物一理的「簡約」思想，取得了「人觀皆驚」的成功之筆。

孫氏三拳皆最簡、最易、最自然、最實用。孫祿堂師祖將師傳八卦掌的三大趟套路，簡化為一趟，且大膽地改腳尖先著地的鏟泥步，為自然蹚泥步，節能、輕靈，易於變化。

孫祿堂不固步自封，敢於創新發展的思想可貴矣。後學者「固步自封」，焉能昇華武學。

孫氏八卦劍更精練、更簡約，有三五年拳齡的同學，分三四次，每次一個課時的學練，皆能從容學會；孫氏雪片刀、奇槍，最多分三次，共三個課時也能從容學會。演練以上劍刀槍，每趟器械，兩分鐘左右，其運動量，非常合適，都沒有「求其華者而作秀」的花架子；孫祿堂大師衷告後學，「求其華者減其骨，飾其外者喪其中」。

毛澤東《論體育》說：「體育者，養生之道也。考其內容，皆先精究生理，抑其過，救其所不及，在使身體平均發達，而有規則次序可言者也；吾人唯此身耳，雖百其法，不外運動筋骸，使血脈流通；夫法之致效者一，則余99法可廢焉。」

毛澤東「抑過救缺」的體育思想，與孫祿堂的「中和實用」的武學思想，完全相同，皆合天地之理。

孫祿堂武學提倡「單重」借地力，「和化」借彼力，這兩項都是武學的大要。

人體心房和心室如單重一樣，各有收縮和舒張的頻率，但是卻有0.3～0.4秒鐘共同休息的時間。

練拳應該以心臟為老師，左右單重和雙重不斷地循環；不能光有豎勁而沒有横勁；也不能光有横勁，而沒有豎勁；還有踢腿時，應該快起快落，而不應該停住作秀。可見，孫氏武學更實用，更合乎生理。

孫祿堂武技以手法張到極處，大小指摳、食指挑的掌法和「外緊內空」的拳形，落實了伏羲先皇「宇宙在乎手，萬化生乎身」的道理；也在手上發現和開發了身體內外功能與所有拳經的開關功能，成為孫氏武技在眾多門戶中最明顯，又唯一的一大特徵，也為武學發展昭示了一光輝途徑。

孫氏拳基本淘汰了仆步、疊叉步、大弓蹬步等極不自然的高難步法。這些步法令身體處於「失中」的臨界，且沒有横力和變化之力，難以繼續打擊，極易造成膝關節的傷損。

孫祿堂武學「不秀外，而求中和；不擾內，而求自然」。套路和理論與天理生理無悖，證明了「生命在於動靜中和」是放之四海而皆準的真理。

孫氏武學，太極文化；進跟退撤，中和實用。

三拳合一，創新不俗；順逆和化，一氣流行。

第二篇｜陰陽之道

一、陰陽以象告

「陰陽」源於位置的太陽相背，拓展之意，就是「盛衰」的時段和狀態；融於武學就是「手足肘膝」的開合伸縮、升降弛張而已。《繫辭》曰：「見乃謂之象。」但是「太極一氣」有未見之象，如紅外線、紫外線、磁力線及各種射線等，都與身體強健有莫大關係。

「一陰一陽之謂道」，也有兩個不同的含義：一曰，有道理、規律的參考價值，能揭示了「內外一體不可分，中正自然氣和順」的道理，但沒有導航定位、速度和具體的方針路線的重要內容，有容易讓人忽略這些重要內容，而停滯不前的弊端。

二曰：「仁者見之謂之仁，知（智）者見之謂之知，百姓日用不知，故君子之道鮮（少）矣！」說明「陰陽之道」沒有確定性。雖然道在生活中，但是很少有人能覺察它。

《易經》又總結曰：「易者象也！」《黃帝內經》也明確地說，「陰陽以象告」，這是對「陰陽之道」的修正和補充，比較真實地反應了陰陽的「屬性」，提醒人們探其「本質」。

譬如晝夜、季節都是天地陰陽之「大象」，但是，這些「大象」都是地球自轉和公轉的表象，人的意念不可能令其改變。說晝夜互生，欠準確，顛倒了「本體和表象」的關係；春夏秋冬也不能說互相生化，它們是循環的關係。

《道德經》曰：「萬物負陰而抱陽」，有「背陰朝陽、不離陰陽」兩個意思。其中「陰陽」，都是身外可見之「象」，有「如影隨形」之意。

所見之「象」有實像和虛像之分，都是客觀必然存在的事實，但是「實像和虛像」都是認識世界的「一隅之見」，而不是本質，與真實地、宏觀和微觀地全面認識萬物，還有很大差距。陰陽理論尚侷限於可見而最原始的層次，對理解萬物萬事之理，還有模糊不清的弊端，讓人莫終於是，古今中外的國家和政府，沒有一個以「陰陽」理論而立憲或立法的。

傳統都說，「外陽而內陰」，但是「火山」則是「外陰而內陽」，人體血脈，也是「靜脈在外，動脈在裡」；所有的種子，包括受精卵，都是「外陰而內陽」，原子的電荷「內正而外負」，也與「外陽內陰」衝突。

人的視、聽、味、觸、嗅五感能夠感知到的萬物之本象，還不到 1%。譬如最大、最小、最遠、最近、最響、最聲微的物事，人體都不能靠「五覺」來感知到。可見「陰陽為道」的理論太顯得力不從心。

不合理者還有，如雌雄、男女。動物多以母系群居，人類母系社會時間也很長，有的少數民族，現在還是母系社會；現在不少國家還存在女皇、女王的現象。可見，以雌雄、男女論陰陽彰顯了社會對婦女的歧視，使婦女受到了長久的傷害。

武學是「動靜」的學問，「動靜」就是「陰陽」。修練武學，如何借力打力，如何抓住「動靜之機」？如何養氣健身？這可是武學家一輩子也研究不盡的學問。

拋棄這些具體的內容和精度不研究，卻要單純地宣揚「一陰一陽之謂道」，尚未見有哪一位大師明白地說出「陰」怎麼練？「陽」怎麼練？

反而有一家師祖曰：「純陰無陽是軟手，純陽無陰是硬手；唯有五陰並五陽，陰陽無偏稱妙手。妙手一招一太極，空空跡化歸烏有。」笑話！

上述「純陰無陽是軟手，純陽無陰是硬手」，首先批判了「大鬆大軟」和「極柔軟然後極堅剛」的練法。都是大師一級的經典言論，孰是孰非，誰予評說？「兩極」理論與人生命也大有傷害。古今中外，以少勝多、以弱勝強、以慢勝快的戰例不在少數，可見孫祿堂「動靜中和」的理論，不但能養生，也能技擊，因為技擊的關鍵是「智勝」，而不是「力勝」。

按陰陽比例修練武學，有誰能夠準確計量？恐怕僅僅是說說而已，反正「空空跡化歸烏有」，首創者已經先說到「家」了。

陰陽平衡與時段有一致的關係！「任何比例的陰陽」，都是陰陽循環必不可少的程序。譬如：「午時一陰生」或者說「子時一陽生」，都是晝夜「一氣流行」不可缺少的時段。

所以說，對於陰陽的態度如醫家「既不褒貶陽，也不褒貶陰，靜觀其靈妙變化」才是正確的態度。孫祿堂「形正則氣和，形偏則氣也偏」，就是上述醫家理論在武學上的昇華。

二、陰陽非本體

「陰陽」理論是中國先哲幾千年以前產生的認識論，其預見和啟發作用不可埋沒，於人類於社會有幾千年的偉大貢獻。《黃帝內經》也說：「陰陽者，不以數推，以象之謂也。」告誡後人需透過表象見「主人」。主人就是「太極一氣」，「太極一氣」有分子原子的結構，有物理化學的變化，有組成生命的碳氫氧氮硫磷等基本元素，有生命的遺傳訊息。

莫以「陰陽」而掩蓋和代替主體的生化之道。「陰陽之象」只有循環之理，循環之理與主體的生化之理有標本的不同，「陰陽」是太極的表象，可見孫祿堂反覆強調「太極即一氣，一氣即太極」，對武學具有偉大的貢獻。

陰陽有同體、異體之分。即同體陰陽有不同位置之象，如晝夜、腹背、陽坡、陰坡等，即是同體陰陽。老子所說「負陰而抱陽」，也是「同體陰陽」。同體陰陽不能互相說「生剋」，本質是自然循環之象，而且不能以人的意志而「生剋」。

在武學，前後、左右、上下、內外之象，也是同體陰陽，二者同時出現、不可互見。即陰看不見陽，陽也看不見陰；同體陰陽還有開合、順逆、剛柔、呼吸之象。二者既不同時、又不互見；所謂「陰陽互濟」，實際是輪換值守的意思。

異體陰陽，以比較而言，二者可以獨居和聯合，還可以同時和互見，譬如天地、水火、攻守等。

但是，以異體比較論「陰陽」，非是原創的本意。後人拓展，有的勉強，有的還不合理。勉強者，如你我、彼此誰陰誰陽就非常勉強；再如獅子和狼、豬和羊誰陰誰陽就更勉強了。

以傳統說，「太極一氣」是萬物本體的「先天」。生命的「元細胞」，和父母的「精氣血」，當為「太極」而無疑。以傳統說，「一氣流行」是萬物本體的後天。在人體，「一氣流行」，包括「新陳代謝」，包括肌肉和神經的感傳系統。

「先天源於太極一氣，後天生於一氣流行；修身本於文武俱進，生命在於動靜中和」，是孫祿堂武學思想的四句真諦。

「太極一氣」為天地人的物質和空間的本體；「一氣流行、文武俱進和動靜中和」是修練程序。

三、陰陽非二氣

「陰陽」是相對太陽而言，是位置和時段的循環之「象」，既不是實體的「氣」，也不是實體的物，不能以「二氣」來形容和命名「陰陽」。

晝夜總是地球「一氣循環」之象，非是晝夜有兩個地球。對地球上某一位置而言，晝夜不可能同時出現。《黃帝內經》曰：「夫天地之道，寒冷燥濕，不能並立；剛柔陰陽，故不兩行。」現在推敲也非常合乎邏輯。

還譬如高速公路的上下道。上道為陽，下道為陰，它們都是一條高速公路，非有二也。《周易闡真》曰：「陽退即陰生，陽進即陰退，陰陽總是一氣變化。非一氣之外，別有陰陽。」

古人的「一氣、心經」之說，是一大躍遷；「太極一氣」之說與「陰陽理論」相比有檔次的差距。現在進入訊息時代，更應該在「陰陽」的基礎上「升級」，而探索生命的真諦。

譬如細胞的排列和呼吸、神經的思維和傳導、肌肉的收縮和協同等，都與生命和武學有莫大作用。

拳經云：「內五行要動，外五行要隨。」以武學而言， 內五行不外意念、精神、臟腑、氣血、肌肉筋骨。以傳統而言，意念為土（以心火生意土言之），精神為火；臟腑為木（以生化、供養言之）；肌肉筋骨為金（以生殺言之）；氣血為水（以流行升降言之）。其中「意念（土）」可以代表內五行。

外五行不外頭頸、五官、胸腹、腰脊和四肢。以傳統而言，頭頸為木（以風、氣言之），五官為火（以精神言之）；胸腹為土（以生化言之），腰脊為金（以堅固言之）；四肢為水（以無窮變化言之）。其中，四肢（水）可以代表外五行。

「內五行要動，外五行要隨」，是隨意功能；反過來說，「外五行要動，內五行自然配合、供應」，此乃生命智能自律功能。兩者不可分離，自動配合，這是所有生命進化來的屬性。

周敦頤《太極圖說》：「五行一陰陽也；陰陽一太極也。」意即陰陽、五行、六氣、十二經等眾多之氣，都是太極流行之「一氣」。

四、武學與陰陽

武學與「陰陽」是主從關係，「陰陽以象告」，是「如影隨形」服務的。不勞意念啟動，不勞思維分析，所謂「陰陽既濟就是懂勁，就是拳經」，顛倒了「主從」關係，干擾了自律功能，也無從下手，連問幾個為什麼，就答不上來了，「從心所欲不踰矩」就更談不上了。

孫祿堂「拳術之道首重中和」的觀點，巧妙地把傳統的「陰陽」和「執兩用中」的「中庸」文化昇華為武學的綱領性論點，有中華武學創時代的貢獻。

武學的陰陽，主要表現在「手足肘膝」上，意念「張頂」為陽，同時拉動頭頸自然虛靈上頂和腰背自然拔豎和自動提肛。

意念「鬆沉」為陰，同時呼吸和意氣自然綿綿下沉，肩胯和腰腹也自然鬆開。以上「六合九要」的要領也自然「全而精準」地齊備；「神氣」也自然「神明」（輕鬆而發亮），這是對孫祿堂「人身本藏有養生之中和元氣」理論的發揮和應用。

《黃帝內經》曰：「四肢者，諸陽之本也，陽盛則四肢實，實則能登高也。」承認和肯定四肢是生命諸陽之本。

大道至簡，以四肢為主要修練途徑，練出以上感覺和即興發揮的靈妙變化，就是上乘功夫。

武學與陰陽，關係當主從；形正陰陽濟；形偏陰陽傾；主從不可逆，敬誠勿聰明；客從主家求，中和陰陽平。

《道德經》曰：「道生一。一生二。二生三。三生萬物。執大象天下往，往而不害安平太。」其中「一二」是太極生化的第一代和第二代；「三生萬物」是無限生化的簡略語。

《黃帝內經》有「天地生萬物」的認識，所以也可以說「二是天地」，天地生三的「三」可以說是「物質、能量和訊息」。

但是，傳統說法「一是太極」還有道理，「以陰陽之象為二，以中和之氣為三」就脫離了實際，「一二三」必須都是有「主人」的實際主體。「陰陽」是「影子和狀態」的代名詞，它不是主體，「陰陽」不是二氣，對武學有參考價值，但更多地是「誤導」作用。

解放思想，實事求是，才是武學修練和發展的最佳智慧和原則，以上孰是孰非，請君明辨。

「執大象」是對「天地」自然環境的「敬畏」之意；「天下往」是實踐、闖蕩的意思。所以說武學要發展，必須純任自然，而不能「逆運」氣血生化程序，而有「成仙」的想法，不能脫離人身的肢體和生理，而空談「陰陽」。否則，沒有出路，必須文武俱進，科技興武，在傳統武學套路上融入生理、兵法、書法等理論，效法萬物「動靜」的道理，而為武學所用。

拋棄內外門戶之見，並拜訪高手，學習交流。從而按照孫祿堂的「文武俱進，動靜中和」的理論，弘揚「太極一家」的大武學思想，而共同研究之，就是武學放之四海而皆準的光明大道。

武學式式一陰陽，如影隨形任主從；
切忌顛倒象變體，杯弓蛇影勿添足。
武學從來不講玄，形正自有陰陽平；
內勁齊整外會借，才是懂勁真拳經。

第三篇｜解放思想 實事求是

學習孫祿堂武學思想，需走孫祿堂武學修練之道。一代宗師孫祿堂終生研究武學，走過的是一條解放思想、實事求是的道路。

解放思想就是拋棄講不清、沒法實踐的玄學，敢於探索求新而實事求是，就是不脫離身體內外環境的實際，尤其是不脫離四肢筋骨、氣血生理和萬物的生存搏鬥之理，而探索看得見摸得著的「動靜學問」。

孫祿堂文武俱進，倡導「武人學文，文人學武」。中年提倡「動靜中和」，使「拳與道合」更加接近身體生理的實際內容，其準確性，其生命力，比其「生命在於運動」，要強千百倍。晚年發現「太極一氣、一氣流行；順逆和化，形正氣順」是萬物的基本物質、能量和程序的規律；尊重天地間「天人合一」的全息自律屬性，從而自然而然地開發內外能為我用的能量和程序，是武學進入到前所未有的實事求是的高度和境界。

孫祿堂對所學傳統套路進行了大膽地刪繁就簡，使步伐節奏更接近人體的心肺頻率，使手足肘膝的定位更接近「守中用中」的原則，從而大大提高了強健和養生的效果。經百餘年歷史的驗證和評判，未發現有站得住腳的非議和批判。可以說孫祿堂為武學的發展，所做出的貢獻，是前所未有的。

下面幾則孫祿堂著作的引證，可見一斑。

《論形意八卦太極之原理》說：「拳術一道，首重中和，中和以外無玄妙也！故習拳要純任自然，不尚血氣，以蓄神為主。」為模糊不清的「拳與道合」理論，昇華為簡明扼要、有標準、有規範的「動靜中和之道」，比其「生命在於運動」，經得住歷史和時代的考驗，對傳統武學做出了偉大的貢獻。

《形意拳學》曰：「形意拳者，是效法天地，化育萬物之道也。其道之大，而無不包；其用至神，而無不存。是故，天地萬物無不可效法也，即世人亦無不可作我師、友也！」為武學指明了，「內外借力」才是學勁修練的大方向。

《形意拳學》又云：「中也者，天下之大本也；和也者，天下之達道也；致中和，天地位焉，萬物育焉！」可見，「動靜中和」有與「天地合其德，與日月合其明」的功能，這是千萬年進化來的屬性，所謂「先極柔軟，再極堅剛」的練法，與天理有悖，與生理和生命有害。

《拳意述真》曰：「人之元性也，即拳中先天、圓滿、中和之一氣也。拳之內勁，是由此中和而生也。放之則彌六合，卷之則退藏於密，皆是拳之內勁也。所以然者，練之形式順者，自有力；內裡中和者，自生氣；神意歸於丹田者，身自然重如泰山；將神氣合一化成虛空者，自然身輕如羽。」

為武學指明了老老實實地、恭恭敬敬地向自己身上的「真老師」學習，才是最佳最快的學練途徑。

《太極拳學》曰：「人自賦性含生以後，本藏有養生之元氣，不仰不俯，不偏不倚，和而不流，至善至極，是為真陽，所謂中和之氣是也！」可見，「動靜中和」就是「拳與道合」的真諦。

一、明身體

孫祿堂《八卦拳學》曰：「按身體言，內有八卦；按四肢言，外有八卦。以八卦之身，練八卦之數，此拳之性質，純以養正氣（即元氣、元性）為宗旨。拳體不得中和，練之可以傷身，明之自能得拳學入門要道，諸君學練，慎之慎之！」

按生理言，人體內臟腑、氣血有「自律功能」；外肢體、五官有「隨意功能」，二者靠神經系統連成成體。從而外「隨意功能」能導引內「自律功能」；內「自律功能」只能適應「隨意功能」。同時外「隨意功能」經由多次重複，能形成自律功能，也即形成「功夫」（條件反射），這對武學有非常重要的意義。

達爾文《物種起源》提出「物競天擇，適者生存」的思想。這裡說出了生命體內「臟腑氣血適應和服從肢體和環境的關係」；人類的進化過程中，其臟腑氣血都智能、自動地配合著一切生命活動，意念一動，氣血就會本能地供應四肢，從而完成任務。

武學是肢體文化，身體的一切動靜和內外的協作都是一個整體，分開不得，從而聯想到「心與意合、意與氣合、氣與力合」也不可能分開。前輩武學大師也悟出了「意至氣至力也至」的道理。

孫祿堂大師在《論內外家之別》裡說：「有內外之分者，是認理未明之故！」可見手足肘膝是修練的最佳途徑而無疑。

人體的硬體包括臟腑、心血管系統、防疫系統、內分泌系統、筋骨肌肉系統、神經系統、五官皮膚系統等等；軟體系統包括基因、本能、代謝、生化、生理時鐘、生物電、經絡、精神、意志等，都非常複雜。其功能都是億萬年進化來的屬性，絕大部分是智能自律運行的，意念沒有能力改變。

隨意念而動的功能，僅僅是發出啟動訊息而已，具體需要的筋骨肌肉的配合和氣血的供應、內外感知和能量的交換等，還都是自動運行的。

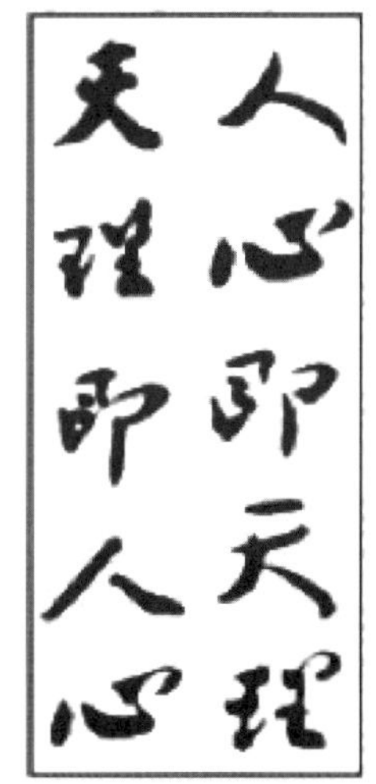

人體脊柱有四弓，頸弓、腰弓都向前彎曲，獨立支撐，沒有骨架圍護，最易傷損出毛病；胸弓、尾弓都向後彎曲，且都有骨架和最長最厚的肌肉群撐固，防禦和免疫力最強。

以上人體的生理特性自然判定了「拳術以臀胯主宰」是正確的。

孫氏武學強調「極力抽住胯」，就是這個道理。

肺為華蓋，有覆蓋和保護諸臟抵禦外邪的作用。呼吸之氣是所有臟腑和氣血的主動頻率。「動靜中和」首先表現在不急不喘的呼吸上，其他臟腑也就自然「中和」了。

心臟如泵，1.5 瓦，終生不停，最節能的竅要在於每搏動一次，心房約休息 80%的時間，心室約休息 50%的時間，醫學稱為「不應期」。可見，武學上下的動靜，先效法自己的心臟為要。

視、聽、嗅、味、觸五感皆是本能，說明外環境能啟動內環境，說明脫離肢體而「內修」，實乃妄想而有損自律程序。

二、曉拳理

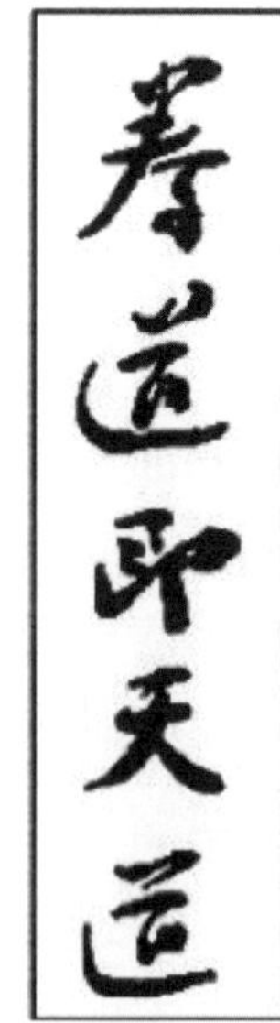

拳理者，「強健和攻防」而已。細規則各家大同小異，孫氏以「六合九要」為矩。六合者，「心與意、意與氣、氣與力合；手與足、肘與膝、肩與胯合」，也即「內外合而為一者也」。

九要者：即「塌扣提頂、裹鬆垂縮，起落分明是也」，具體部位就是「塌腰、扣肩、提肛、舌頂頭頂指頂，裹肘裹膝、鬆肩、垂肘、縮肩縮胯，手足起落分明」是也。簡約述之，也即梢節「頂張沉」（包括頭舌）、中節「裹抱撐」、根節「鬆縮藏」，虛實節奏要分明是也。

有志者欲攀登技擊高峰，須像孫祿堂一樣，至少兩年時間，遍訪高人，實戰切磋。多數人欲強身健體，也須明攻防之理，以備急用。

拳理含攻防，須明兵法理；
上下能借力，實戰打技擊。

黃帝《陰符經》曰：「宇宙在乎手，萬化生乎身！」手足是人類進化的工具；天地的訊息和十二正經的出入皆在手足；身內的氣血循環，都在手足交接迴環，手足強健有力，臟腑氣血也必然強健，手足強健，也自然能預防衰老而增壽延年。

本人體會到，只要「手足肘膝頂張鬆沉」著修練，以上「六合九要」的規矩和神氣，每一招，每一式都能自然地出現，自然而然地能感覺到「精神倍增，眼神發亮」。這也是練拳自鑑自明和「明心見性」的試金石，如此才更符合生理、拳理和天理。所以說，「拳與道合」實際是「拳與性合」。

手足張頂連鬆沉，導出六九規矩真；
足借地力手借彼，順逆和化自然神。

孫氏武學有「努氣、拙力、腆胸提腹」三害之戒。「三害」以有關生理為要，還有與拳理有悖的的現象。先輩只有口頭闡述，少有文字留世。本人歸納幾條，以示參考:「低頭貓腰、斜視似聽、閉眼似禪、臂直腿挺、縮癟自縛、敞膝夾襠、舔胯拔根、頑空亮蹄、露肘離肋、兩手鬆耷拉、步距過大或不勻、支撐腿顫悠、拉腿而進、神意不專注、方向有偏、擺扣角度不準、起勢收勢不歸一處」等。概言之,「越位和不及」而已。

孫祿堂《八卦拳學》曰:「四德者,順、逆、和、化四者,即拳中合宜之理也。」順者引也,逆者打也;和者,中和也,化者,引進落空也;順逆者,開合伸縮也;和化者,變化靈妙也。

順逆是手段,勢能變動能;
和化是智慧,借力而勝人。

三、識天理

天理就是《物理》、《化學》、《太空學》、《氣象學》等研究的內容。這更是不可改變、不可逆轉的客觀現象,所有生命,都是適應者存活,不能適應者滅亡。所謂「物競天擇」是也,人類也不例外,所有的臟腑、筋骨、氣血、五官、皮膚的生理,無不服從以上《物理》、《化學》等天理的規律和屬性。

當今電視不止一次上演,武學大師在實測力量上和大力士比較,多有遜色,可見能贏大力士,全賴智慧。這和打仗一樣,決定勝負不是「兵多將廣」,拳學也不是「身大力大」一定勝,勝敗乃是指揮者的智慧起關鍵作用。基本身法、手法是否能形成本能?所以武學文武俱進，學習以上天理科學的學問，是必不可少的功課。

傳統武學有不少玄學成分，皆是封建落後的時代造成的；現代武學要發展，必須虛心地學習以上科學知識，並融於武學，從而實現「昇華和推陳出新」的較高水準。

四、棄玄秀

「放棄玄學、不秀絕技」。「玄」者，天也，即看不見的「學問」；或是「仁者見仁智者見智」，人人都說不清，不可能有精確解釋的「道理」。傳統文化受時代侷限，對不理解的自然現象和生理功能，賦以「玄學」的成分，是可以理解的。

進入二十一世紀，連中醫都引進了科學地診測手段，而武學豈能固步自封落後於時代。現在的黨章國法，及各個行業，哪裡還有傳統「玄學」的影子。

「秀」者，炫耀或故意亮相不合生理的「絕技」。孫祿堂說：「求其華者減其骨，飾其外者喪其中！」炫耀「絕技」有損身體，甚至「秀得」就是挨打的動作，豈不遺憾。

「大智有大偽」，武學應該實實在在地「科學修練」，而不「自作聰明」，單求表演的效果。

五、三拳圭臬

形意拳：膝垂湧泉臀垂踵，最佳高度在其中；
　　　　手足到位意張頂，眼露神光脊如松。

蹬步進身借地力，龍虎熊雞束身形；
發力之前氣能蓄，一氣催形放彼傾。
八卦拳：倒八字腳平行步，如魚戲水不動腰；
肘膝球陣能滾鑽，自然步幅胸腹空。
前手不低耳目線，臂如射箭拉滿弓；
前手小臂平心口，穿掌小指齊眉梢。
太極拳：進步必跟忌拖拽，舟篙借力游水中；
膝臀與足定高矮，手足捋擠不用招。
四梢張頂頭必懸，眼自圓睜神自明；
兩膝頂裹胯自開，由腳到手意如騰。
拳見性：自律明心見佛性，本來面目心善誠；
手足肘膝心意使，拳性本是六九經。
起鑽能覺頭上神，肩鬆脊拔懷抱嬰，
落翻能見臀胯藏，自有六合馭守攻。
三合一：孫氏武學三合一，分開就是偏一隅；
臟腑氣血任自律，手足肘膝忌軟空。
不可妄修精氣神，身外之象是隨從；
六合九要需自鑑，三拳圭臬看頭頸。
有目標：形意練勁能打倒，五五變化求即興；
起鑽弓滿發袖箭，落翻捶棒天助傾。
八卦穿掌八八變，橫走豎撞感而應；
沾黏連隨太極勁，捋擠推手巧管控。

註：1.「圭」是古人測日的「尺」;「臬」是古人射箭的靶。
2.「六九」即陰陽，在武學即「六合九要」。

第四篇｜順逆和化

孫祿堂終生研究武學，將《易經》融於拳術，是他昇華武學而「驚世」的文化基礎。

我們學練孫氏武學，將生理融於拳術，就是繼承和發揚孫祿堂武學，最明智的踐行。

一、「四德」之理

孫祿堂《八卦拳學》曰：「順逆和化」為拳中四德。大師解釋說：「順者，手足順其自然往前伸也；逆者，氣力往回縮也；和者，氣力中正無乖也；化者，化其後天之氣力歸於丹田而返真陽也。」順逆是手段，和化是智慧和效果。

用生理觀點解釋「順逆和化」，就有更深地認識：「順逆」者，內興奮和抑制協同作用，外開合與伸縮，順逆配合也；「和化」者，內自律和諧調控；外動靜中和地啟發本能也。從而維持靜態和動態的生命穩定，成為生命存活和拳術練用的基本程序，這也驗證了「內外一理」的道理。

內自動調控系統包括「興奮和抑制」兩個相拮抗的順逆功能，它們互相作用，保持內系統的穩定。譬如，吸氣入肺，胸腔擴張，腹腔縮；呼氣出肺，胸腔收縮，腹腔擴大；胸腹成順逆膨脹和收縮，橫膈如活塞順逆升降；體腔大動脈血出心下降；體腔大靜脈血上升入心；吸氣時顱腔靜脈血下降，呼氣時顱腔動脈血上升；上下腔氣血升降，都成順逆運動。

所有生命細胞都有「內正外負」的靜電位和「內負外正」的動電位。內外電位的循環變化構成順逆的生物電流，成為生命調控和訊息的載體。其變化非常精細複雜，消耗能量非常低，世界最先進的電腦難以企及。

所以武學的修練，應該恭恭敬敬地順應內系統的規律，而不能「千思妙想」地「內修性」，而脫離人體生命的實際生理。

鷹逆風立，魚逆水游；
天地本能，勿擅變更。

老子之所以是道祖，就在於明白這個道理，提出「無為」而治的理論；孔子之所以是聖人，從不言「怪力亂神」的理論。

從整體而言，外系統是「隨意」系統，即開合、進退的順逆可以由意念指揮，但是骨骼肌內部工作的機理，仍然是非常複雜的自律機制。譬如，屈臂時，肱二頭肌收縮、肱三頭肌舒張，二者相互拮抗順逆著保持屈臂的姿勢和穩定。就肌肉協同作用而言，骨骼肌的內部機理，也是非常複雜而智能自律的。

「骨骼肌」是肢體運動的馬達。其纖維較長，一般都跨兩個或三個關節，在意念指揮下產生「順逆和化」的運動和功能；五官和臟腑都纏附著肌肉，隨著生命活動的需要和環境的變化，而智能自律地「順逆和化」，推動臟腑

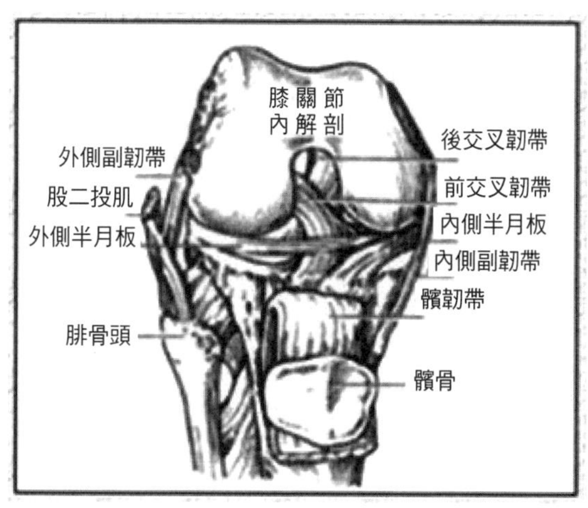

生化和五官的情感表達。

生物體億萬年進化來的條件反射，已經有了本能的機制。身體動靜的「穩定」，已經形成了條件反射，不需要再意念調整，否則也是多此一舉。譬如跑跳都是用腳掌蹬地，立正都是用腳跟支撐，這也不用意念；還有騎自行車、蹬高蹺也不用意念調整平衡；司機扶著方向盤，其左右調整也完全是條件反射的自動行為。所以說，凡是已經形成條件反射的肢體功能，都不要再用意念，否則也起干擾作用。

孫氏武學前輩提倡「拳練千遍，拳理自見」的修練基本套路，就是為了形成條件反射。所謂「拳無拳，意無意，無意是真意」，就是形成條件反射的效果，這也是「明心見性」的一景。可見，「貪多求華而喪中」，難以形成條件反射。

孫祿堂創新「開合太極拳」，在《八卦拳學》中尊「順逆和化」為拳中「四德」，也即人之元性；《易》曰

「天地之大德曰生」。孫祿堂認為，拳之大德就是「內勁產生和變化」的「拳性」，因之，為武學「拳與性合」做出了巨大貢獻。

「手足肘膝」都是順逆著運動，並與身體內外有多項自動關聯：「張頂伸」手指、腳趾，頭頸自然豎起，兩眼自然放光而出精神；「擰裹沉」掌根、足跟，肩胛和臀胯自然放鬆，氣也自然下沉；沉肘，兩肩自然鬆出；頂膝，兩胯自然後抽而藏之，穀道也自然上提；「靜壓腳踵動壓掌，無意調穩任自律」，「手足肘膝」能啟動所有武學規矩和要領，不是虛言。

生命都用「手足肘膝」攫取食物，保護自己；人類更用「手足肘膝」改造世界、創造奇蹟。所有運動項目，「手足肘膝」都是決定勝負的關鍵，所以說「手足肘膝是強健之門」。

張頂鬆沉皆順逆，開合伸縮順自律；
手足肘膝連五臟，內氣升降勿用意。

二、細　胞

所有生命都是由一個細胞分裂出來的。一滴水，見太陽；一粒沙，見世界；一滴血見性命、一根毛髮見「基因」。以上五個「一」，都有整體的全部訊息，都是「太極一氣」的化身。

細胞對營養物質分子和離子的吞吐，是細胞「順逆」的基本生化活動，從而釋放能量，產生「順逆」的生物電

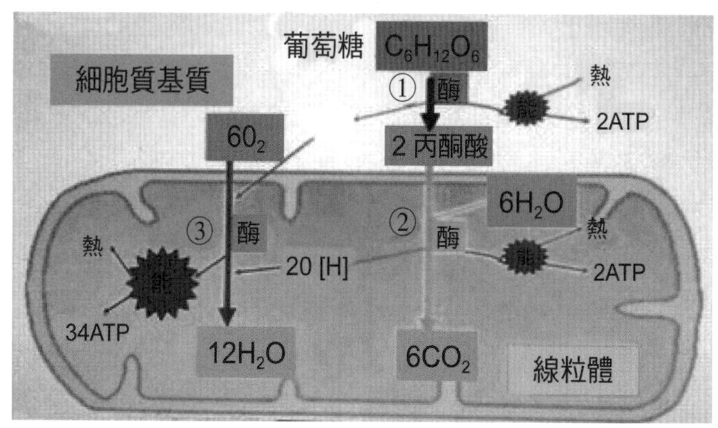

位變化和內外交換訊息。

肌肉線粒體是細胞內的大分子，它順逆著鬆縮，水解糖和脂肪等能源物質，並與氧原子重新結合，生成三磷酸腺苷（ATP）和磷酸肌酸（CP），從而釋放較多的能量，成為生命的發電廠。

ATP 在細胞裡儲存和電腦的內存相似，數量有限，釋放的能量，僅能供肌肉收縮 10 餘秒鐘的時間，跑完 100 米就用完了；再用還需要透過呼吸，重新合成。

人體肌肉有快慢兩種肌纖維，大致各占一半；兩者如陰陽協同釋放能量，供應人體剛柔快慢的運動。這也證明「拳術之道，首重中和」，有利於耐力的運動。

總之，「內勁」是肌肉細胞「順逆」著鬆縮和運動產生的理化反應而生化出來，透過「手足肘膝」表現出來的力。

三、氣　血

傳統醫學說：「氣血乃生命之本」，但是氣血的循環是「順逆」著升降出入的。

右心房有三個口，即上下靜脈和冠狀靜脈入口；左心房有四個口，即左右各兩個肺靜脈入口；左右心室各有一個動脈出口（肺動脈、肺靜脈）。心臟合計有九口（竅），順逆著出入心臟，為生命輸送著營養物質和氧氣，同時將廢氣廢物以及死亡的細胞排出體外。附心臟九竅圖於下：

心房和心室交替收縮。成年人心動週期約為 0.8 秒鐘。其中左心房收縮期約為 0.1 秒鐘，舒張期約為 0.7 秒鐘；繼而左右心室收縮，約持續 0.3 秒鐘，舒張 0.5 秒鐘。其中，心房和心室有 0.4 秒鐘的「全心舒張期」。外形不停，而有一半多的休息時間，妙哉！

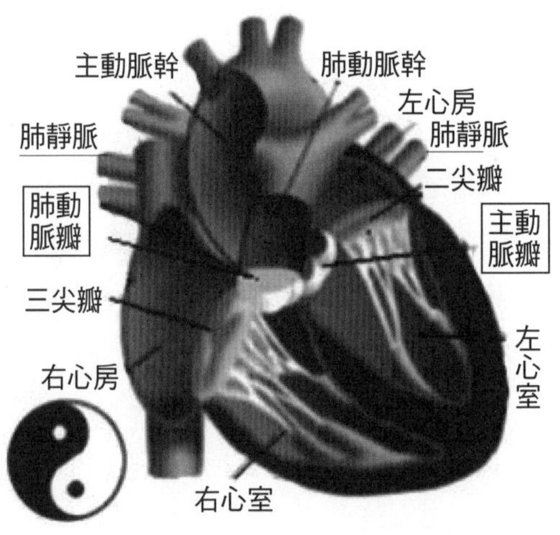

有休息，不但是生理的設計，也是武學的必需。手足肘膝起鑽時，也當有 0.1～0.3 秒鐘的收縮期；落翻時也當有 0.5～0.7 秒鐘的鬆沉期（也即舒張期）。意念「有無」著循環流行，當忘者，要「有無不立」；當有者，要「意念專一」；當流行時，如輕風拂面，就有作用。手足不求時差，力求符合齊整的拳經。從宏觀上說，和心臟一樣，還是沒有停頓的。

腸胃消化系統，更是「順逆」著鬆縮蠕動，產生消化和吸收的作用。其中每分鐘胃的慢動頻率為 3 次，小腸 12 次，迴腸 9 次，它們互成倍數而共振的關係。共振是「內外一理」的生理基礎。

總之，內環境「順逆」著「一氣流行」，「興奮和抑制」自律協同，以維持生命活動。

心不應期是生理，循環不停有休息；
生物電流成載體，生化流行靠順逆。

肘膝的順逆伸縮是鉸鏈韌帶交叉固定著，避免和限制過量地伸縮，否則最易拉傷韌帶。

手足肘膝關節都靠韌帶包裹，如果垂直關節面受力，能承受三倍以上的體重力；反關節受 1/10 的體重力，就能造成脫臼或韌帶撕裂等傷害。關節血供很少，一旦傷損，很難癒合。

手怕擒拿反關節，膝怕踢踹肘怕撅；
踝怕意外滾壓崴，腰頸就怕冷勁來。

四、神　經

訊息決定戰爭勝負，訊息也是武學的關鍵。內外訊息以電信號的形式，延著神經纖維定向傳導。

人腦（大腦、小腦、腦幹）和脊髓集合了不同的神經中樞，分別對「順逆」訊息，產生感應、傳導和指令，從而調控不同的生理功能。孫祿堂鐵球、皮球、彈簧球的三元之理，是「順逆和化」的形象比喻。

上肢神經從頸神經分出。經斜角肌間隙穿出進入腋窩。然後分佈於上肢和部分胸、背淺層肌。這是「墜肘、沉腕、張手指」有豎項拔背的生理基礎。也提示我們，頸神經受到傷害，上肢可能癱瘓的道理。

下肢神經從腰神經分出，在髂凹內行走於腰大肌與髂腰肌之間，由腹股溝韌帶，一直伴股動脈和股靜脈下行到大腿、小腿前後的肌肉。這是「頂膝、張足趾」有豎腰抽胯和提肛效果的生理基礎。也提示我們，腰神經受到傷害，下肢可能癱瘓的道理。

對武學來說，左右足的虛實如蹬高蹺，必須「虛實順逆」地變換靈活，產生脈衝電流的頻率才高，有利於神經的傳導。如果虛實不明顯，甚至是雙重，則產生脈衝電流的頻率較低，神經感傳就會遲鈍。所謂「動靜之

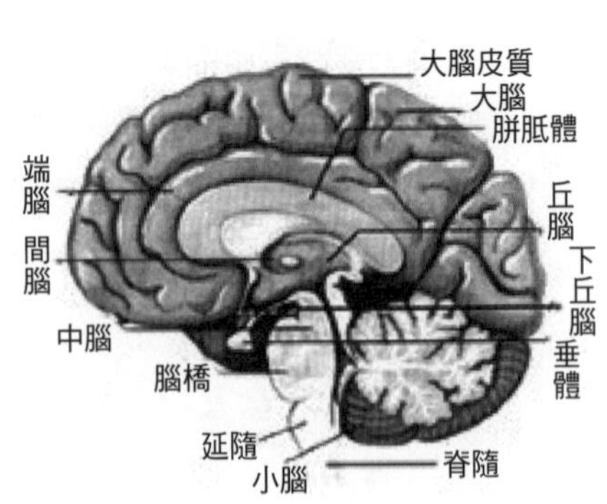

機」，必須虛實清楚，才容易捕捉到。

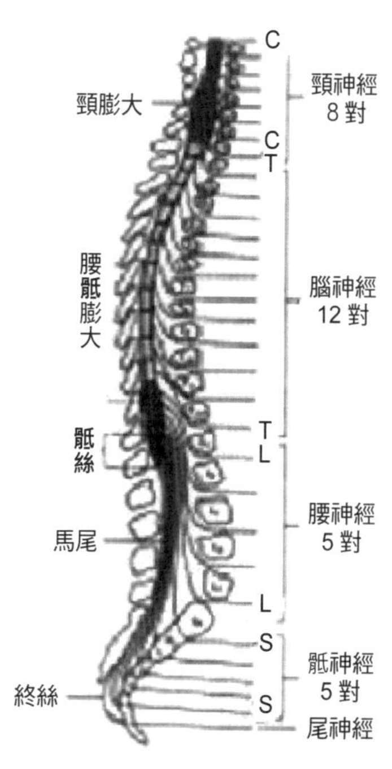

支配肌肉的神經，有內外兩套系統。內系統生物電位較低，感受器和效應器同在一塊肌肉，並與肌纖維並連，其生物電由肌纖維輪流自律收縮產生；只保持有基本的緊張度（肌張力），以維持固定的頻率、姿勢和穩定。所有運動，都是在「肌張力」的基礎上發生的。所以說，肌肉也是一個完整的器官，這是「人體百節皆有神」和孫祿堂武學「動靜中和」的生理基礎。

外系統電位較高，能感通和傳導大腦指令和內外刺激，支配肌肉的伸縮，內外神經系統，都是順逆著協調地調整著運動和穩定。

精神是氣血的窗口，又是肢體精度的外象。神經系統有興奮和抑制的「順逆」協做，能根據肢體運動量和體液酸鹼強弱、濃淡程度而自動調整。所謂「無意之中是真意」，實際是「拳與性合」的效果。

附脊髓神經圖於右上。

神經系統能感通，穩定還擊自有應；

站走無傾智能控，練打感傳自協同。

神經「順逆」著感傳，是生命億萬年遺傳下來的功能。若待大腦思考就慢了；肢體能「條件反射，有觸即應」，或者說「一見即應」都是人之「條件反射」功能和「自律」的本能。「條件反射和自律功能」出現，才能用於技擊。從生理意義上說，武學的終極功夫，就是千萬次地重複功夫，以產生「條件反射」和啟動「有觸（見）即應」的本能。

武技充分發揮臟腑筋骨「開合順逆」的先天功能，是啟發「感而遂通」和較技勝人的基礎。能「感而遂通」，就有「以慢勝快」和「以弱勝強」的攻防之機和效果。

人生自古講中庸，萬事中和命長生；
佛講因緣不可拒，不思而得須敬誠。

第五篇｜武學內勁

學習生理科學，解釋武學「內勁」，就是繼承和發揚孫祿堂文武俱進的思想。

一、肌肉為生命之元

孫祿堂常說：「內勁拳之真道。」但是「內勁」從哪來，怎麼生化出來的，「妙有」的招法怎麼變化出來的，確實人眼都看不見，所以先輩大師們都說：「內勁從虛空中來，虛空出妙有。」

從現在生理科學來分析，「內勁」的產生，來源於天地能量在臟腑、氣血、肌肉裡的逐級轉換，但最終的力量和「妙有」，都是由肌肉細胞生化和鬆縮產生出來的。

單細胞動物就有了肌肉的雛形，再經過億萬年的進化，才進化出了臟器。肌肉的複雜程度，一點不比臟腑簡單。實際上，每一個肌肉細胞，都可以進化出臟腑，複製（clone 克隆）技術證明了這一點。

胎兒的生長，都遵循「先外後內」的原則。植物也是一樣，先生枝葉，後結果實。三週的胚胎長出表皮和神經組織，第 5 週開始長出骨骼肌，第 8 週臟器才陸續在平滑肌裡生長出來。

任何臟腑都是先生臟膜，後生臟器；任何臟腑的蠕動、跳動、開合等功能都是由臟壁的肌肉鬆縮推動的。譬如心臟的跳動是由心肌推動的；胸腹的鼓蕩是由內外肋間肌交替收縮推動的；再譬如，精子和卵子的游動（見右下圖），本質也是靠最初的肌肉訊息和組織來完成的。

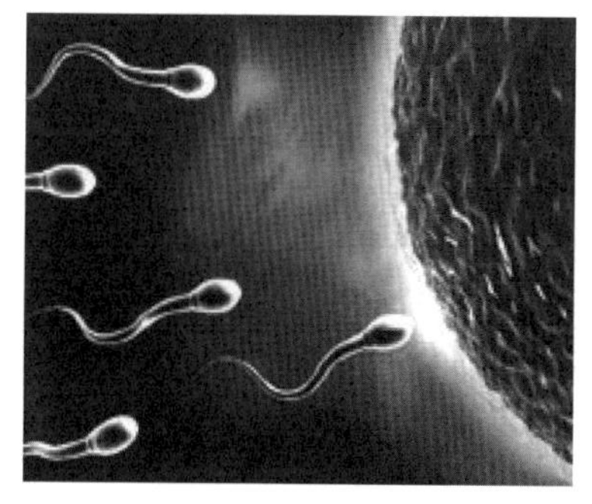

肌肉收縮和拮抗力度配合的精妙，其程序的複雜和變化無窮，使人類才成為萬物的主宰。

肌肉細胞成纖維狀，與血管、神經、肌梭並列成束；肌肉細胞內（ATP）能水解血液物質（氧氣和糖類），釋放能量。

肌肉細胞有膜和體液包裹，肌肉纖維有粗細、紅白、明暗、節段之分，透過互相「滑行」產生收縮，其複雜的機理，難以言述。有意念調控，多為干擾，其中肌梭是本體感受器，在手足分佈最多，如每克手指肌肉約有肌梭 30 多個，說明手指足趾定位導航和感觸最靈敏。黃帝「宇宙在乎手」的認識有生理依據。孫祿堂武學強調「外中和，內自然」，理在於此。

肌肉細胞和遺傳訊息共生。現在進入 21 世紀，我們應該與時俱進，用科學的道理，解釋和理解古人的宏觀認識。

肌肉細胞為生命之元，也是「內勁」之源。肌肉細胞有「先天太極一氣」的訊息和結構，武學否定肌肉力沒有科學根據，研究肌肉不能以「外家拳」褒貶。

《黃帝內經》曰：「天飼人以氣（碳、氫、氧、氮等），地飼人以味（穀、菜、果等）」。這是傳統文化對一切生命能源的認識，這也是「天地人」三才文化的含義。「丹田」之力，實際是「臀腰腹胸」肌肉群聯合起的作用。武學不能光承認「氣」是動力，而無視或否定肌肉的作用。氣也者，是基本粒子、能量、訊息、程序和氣血總稱的多義詞。

肌肉先天自然張，站走姿勢有保障；
違反生理意再重，有害無益氣血傷。

二、肌肉也是器官

骨骼肌的細胞核裡儲存著自律的遺傳訊息；肌肉纖維被肌膜和肌漿包裹著，由結締組織和相關骨骼連接；肌膜有豐富的血管、淋巴和神經等伴生著。骨骼肌和器官一樣，是運動和武技的能源動力。

器官肌本身就是器官的一部分，包括內臟膜、血管膜、開關瓣和五官壁等，都本能地根據生命需要自動地開關、鬆縮和蠕動，但也受意念和心情的「影響」。器官肌是運動和武技的後勤保障系統。

下圖為器官平滑肌。

肌肉內有「感而遂通」的感受器（肌梭），能將刺激和電位的變化傳向中樞，也能自動地做出反應，協調生化和身體的定位和導航。如肢體觸電、觸火和休閒地散步等，以及功夫達到爐火純青的時候，四肢的肌肉會自動、本能地地產生練打的動作。

骨骼肌的運行程序就是後天「一氣流行」的內涵。武學的「一氣流行」，是功夫練出來的。骨骼肌（包括骨骼）和器官肌一樣，都有人體全部 DNA 訊息，因此說骨骼肌和器官無異。

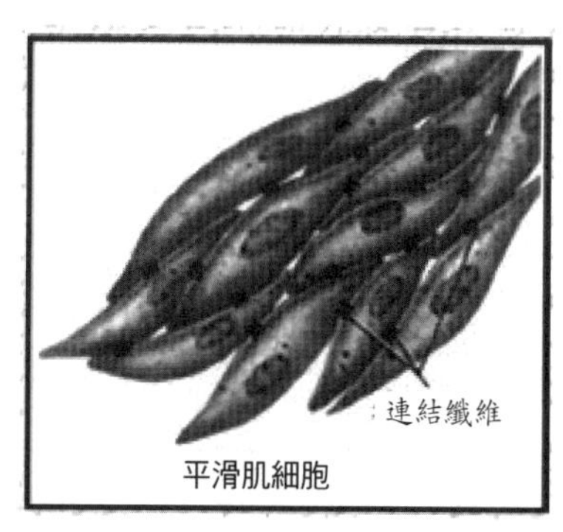

平滑肌細胞

三、骨骼肌的屬性

骨骼肌都跨一個或

幾個關節，循關節軸有規律地排列，形成互相對抗的肌肉群。肢體的伸屈受意念的支配，但相關肌肉的協調鬆縮則是完全自動的。

上肢肱二頭肌收縮能曲臂，背面肱三頭肌收縮能伸臂；下肢後面股二頭肌收縮能曲腿，前面股四頭肌收縮能伸腿。

肢體的剛度和穩定靠相關肌肉互相拮抗來保障；相鄰骨骼的夾角小於 40 度或大於 150 度時，大大減少了回彈和撐固的餘地，極易跌傾；關節正受力最安全，力的方向如果離開大骨軸，最易傷害關節的韌帶和墊板，如崴腳、抻腰、落枕等。

人體吸氣時，肋外間肌收縮，胸腔擴大，胸內壓力減小，新鮮氧氣被吸入胸腔，更新靜脈血；呼氣時肋內間肌收縮，胸腔縮小，壓力增大，協助心肌推動動脈血進腦和入腹，以供腦和臟腑新陳代謝的需要；膈腹腰臀等肌肉收縮，腹壓增大，能推動氣血輸布全身。腹壓有助臟腑固有頻率共振，利於生化和提高生命質量的作用。

骨骼肌收縮時間超過 3 秒鐘，就要消耗組織儲藏的能量物質，如果不及時舒張，造成腹壓太高和太低，達到或超過臟腑承受的極限，都有損氣血和臟器，甚至早亡。

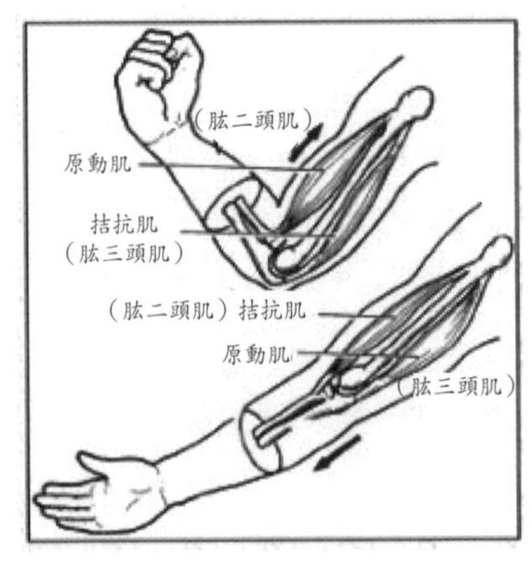

所以武學的練或打，應該遵循「節能降耗、一招制勝」的原則，不宜頻頻極限發力打消耗戰。

孫祿堂大師反覆強調「動靜中和」，有益健康長壽。魚類游泳、鳥類遷徙可說是「動靜中和」的典範，如二、三斤的鯉魚出水能跳三四米高，逆水能游三四千公里；天鵝、雁鶴等身體都很苗條，但能遷徙飛行八九千公里，而且壽命很長，所以說，仿生這些動物，能較快提高拳術水準。

四、如何練肌肉

武技不練局部肌肉疙瘩。鬣狗的腿沒有肌肉疙瘩，和獅、虎的肌肉比，瘦小多了，但是牠們敢和獅子、老虎爭獵物；北極犬也比獅、虎的肌肉瘦小多了，但是它們一天能跑三百多公里，耐力比獅、虎大多了；鹿腿也沒有肌肉疙瘩，非常苗條，但它們蹦得高、跑得快。

這說明肌肉斷面不是關鍵，關鍵在於氣血通暢，感應靈敏。「氣血通暢」需要「動靜中和」，「感應靈敏」需要「意念專注地鍛鍊感應」。

高難動作超級消耗體能，不能用於技擊，不攻自敗；武技見縫插針，在套路上多下工夫，自有肌肉的靈敏和力度。

郭雲深大師半步崩拳打遍天下，孫祿堂大師躺著能將按著他的五個日本人放倒，說明多練拳械套路就能練出武學的肌肉力；楊露禪光練太極拳，也練出了「楊無敵」，這說明殊途同歸，只要矢志不渝，都能夠創造奇蹟。

從練肌肉和握力的角度說，器械大於徒手，尤其是雙手交換練習，這是明擺著的道理。所以武技應該重視器械的鍛鍊。

強度也應該遵循「中和」的原則，出汗為止；以血壓、脈搏不超安靜狀態的30%為好，高血壓者，應該有10%左右的降低才好，否則就是「犟勁」未祛。每次收勢加練「白馬抖毛」（孫存周語），把全身的拙勁都抖落下去，如牲口打滾後抖身子一樣，能迅速恢復疲勞，非常舒服，也容易練出肌肉的整勁。

肌肉力量，要通過足蹬地和「以後胯為軸」，迅速抽轉（15° 左右）才能表現出來。如果兩腳離地，最大的肌肉群也發不出力量來。

五官肌肉群和大腦組合成導航系統，需要時刻警醒；臟腑肌肉群是後勤保障系統，其頻率不能受干擾；「起鑽落翻」的整個過程要保持間架不散，整實如一，也即「得時占中」而已。

一氣流行任自然，動靜中和借力變；
手足肘膝布球陣，時位精準神氣現。

五、辨暗示

「生理暗示」，不可與「內勁」同語。「暗示」有正負作用，不能隨便使用，既使是正作用，但也不能長久「暗示」。譬如「望梅止渴」，第一次見效，第二次就不靈了。此類暗示對內自律系統多是欺騙行為。自律系統有識別真偽的功能，所以沒有久效。

有副作用的暗示，其屬性和頻率在內產生對抗和抑制，如果再長久「暗示」下去，可能造成比較嚴重的內傷，更不可能產生「內勁」。譬如支撐腿有穩定的暗示，關節還容易受傷。

天地宇宙之間是「大太極」，其學問是天文家的事，已知其簡單的屬性是「大無外，小無內；常動而無靜」。

微觀世界，原子之間交換電子和原子之間的排列組合是變化的常理，是構成萬物的主要原因。所謂「物物一太極」，包括生命，是「常太極」。

「常太極」是「大太極」的子孫和延續，所以才有「天人合一」之理。「常太極」在武學，實際是運動與解剖《生理學》的探討。

傳統醫學和武學包括文化藝術，多是「常太極」之理，武學的一切拳理和功法，既應服從「大太極」的大道理，更應服從「常太極」的生化之理。

人體氣血和五臟六腑各有頻率，都互成倍數關係，所以一口呼吸，能救活休克的人。

人體臟腑從降生以後，到死亡以前，就沒有停止過運化。其開合、伸縮、生化和新陳代謝等運動功能，是千萬年自然進化來的，其自律智能程度天生的「無與倫比」。如果你再有意地添加「生理暗示」的內修功法，不是傷肝 ，就是傷脾；不是傷肺，就是傷心，很難做到臟腑都不受傷而都有益。

所以說最佳的「功法」就是「外動靜中和、內運化自然」，不能有任何干擾。「暗示」能祛學子的浮躁，但不可太重太久，要適可而止。

六、辨內景

「內景」是意念和氣血共同作用產生的「幻覺」。內環境的一切弛張、蠕動都是自律的，自律的內動不會產生「內景」。少年兒童生長旺盛，「精氣神」特別足，說明所有氣血和經絡，包括「奇經八脈」都是暢通的，也沒有「內景」的感覺。

人體是恆溫動物，凡是發熱的感覺，內部一定有化學反應而釋放能量。內 37°C正常，升高到 38°C，在內也沒有灼熱感，但是有發燒的體徵，對臟器就有傷害。孫祿堂《拳意述真》說：「練化勁後，到停勢時，每覺下部海底處，如有物萌動，周身有發空之景象！」而沒有「內熱」，甚至如「湯煎」的感覺，可見「內熱和湯煎」是有害而無益的「內景」。道家虛寂靜篤時能觀察到經絡的走向，是涼的感覺，也不是熱的，本人時有體會。

孫祿堂武學認為：「人身本藏有養生之元氣，即所謂中和之氣是也。」此語是對生命自律系統的「至真」描述。又說「外面形式之順，是內中神氣之和；外面形式之正，是內中意氣之中」，此「外求中正，內順自律」之理。可見，武學的「外三合」齊了，「內三合」自然就有了，而且不會產生「內景」。

外環境影響心情，所以說古人以形體導引內氣是科學的。達摩《易筋經》的十二式、十八掌就是道家最初的導引術。其序言中說：「內清虛就是洗髓，外脫換就是易筋。」「清虛和脫換」都不是「內景」。中醫診脈和針灸說明「內病可以外診、外治」；武學「內功外練」既易練，又安全。

郭雲深大師形意拳「明勁、暗勁、化勁」的三步功夫，王宗岳太極拳「招數、懂勁、神明」的三個進修階段，郝為真練太極拳如水中游泳的三境界，楊澄浦《太極拳說十要》，都是實實在在的肢體功夫，沒有「內景」一說。但是，後來有的武師為武學引進了臆想的「內景」，使武學由攻防、強健的實學，誤入了玄學，而且越走越遠。

人體下肢氣血的動力，有三，一曰 心臟的收縮力，但到手腳，力度已減少了一半；二曰心到手足氣血的勢能差，站著最大，坐著最小；三曰下肢運動消耗的需要。

《生理學》告訴我們，下肢在大腦所占的空間，僅僅是上肢的十分之一。這說明上肢比下肢用得多。進化規律是「用則長，不用則退」。所以說，應該增加下肢的進退和踢踹等動作。盡量減少停滯的時間。肢體感應受神經中樞管控，鬆沉掌根、足跟導引出頸項虛靈上頂，尤為重要。

下肢長時間停滯，氣血必然減慢而受阻，再突然用腿，則很容易造成關節韌帶和半月板的變形和突出。韌帶和半月板再生能力很低，所以會留下終生的痛苦。

下肢長時間停滯，排泄物會在下肢長期淤聚、滯留，會造成更嚴重的傷害。道家門長深有體會，所以都練武術。

武功動求靜，練打心當靜；內動有自律，拔苗早凋零。
老子倡無為，否定做聰明；華佗五禽戲，動靜健康功。

第六篇｜三元之理

孫祿堂師祖窮畢生精力六十餘年研究拳術，至誠專一，功純不雜，自曰:「常自揣三元性質，形意譬如鋼球、鐵球，內外誠實如一；八卦譬如絨球與鐵絲盤球，周圍玲瓏透體；太極如皮球，內外虛靈，有『有若無、實若虛』之理，此三元之性質也。形象雖分三元，要不出人丹田之氣也。天地人三才，亦即太極一氣之流行也。」

孫祿堂「人自賦性含生以後，本藏有養生之元氣」的認識，啟發了我一個推理之見:「人自賦性含生以後，本藏有智能調控穩定的功能，譬如軍訓的立正、稍息、齊步走、跑步走，這都是智能調整穩定的功能在起作用，這個功能，越沒有意念，越穩定；再譬如過獨木橋，越有意念，越容易掉下去；還有，書畫家的佳作，只有孤本，其原因在於佳作是靈感的顯現，以後有意複製佳作，沒有一個能做得到的。」

所以說練拳的穩定，要充分讓智能調整穩定的系統發揮作用，而不受干擾。所謂「拳無拳，意無意，無意之中是真意」，就有這個道理。「真意」二字，就是本能的智能調控功能。

三元球的穩定不是靈感的作用，而是物理的作用。孫祿堂發現「三元之理」，確實是靈感的顯現，他常自揣三元性質，一個「常」字，道出了祕密，「世上無難事只怕有心人」，只要無限的奮鬥和追求，靈感自有光臨之時。

武學能像球一樣迎敵，一點支撐；有觸即轉，變化無窮；拳從心出，以中擊中。符合「力量和質量成正比」的力學定律；「三元之理」實踐了宇宙全息的道理。

形意拳如鋼球、鐵球，就是內外誠實如一，沉重無浮；守中用中，無華而有骨；緊湊而不散，徑直而不曲，旋轉而無傾。

八卦拳如彈簧球，就是「順逆和化抖崩彈」，或者說是「伸縮如鞭勢如瀾」。

太極如皮球，就是內外虛靈，有若無、實若虛，空而不空，不空而空之理，皮球之理難盡言也。

三球相比，從質量和重量上說，鋼球、鐵球最重，皮球最輕，彈簧球為中間；從能量傳遞過程中，消耗在本身上的部分說，也是鋼球、鐵球最大，皮球最小，彈簧球為中間。

三球之理怎麼融於一身呢？本人認為：以胸腹而言，在人身上質量和重量最大，手足最小，胳膊、腿居中間。胸腹若練成皮球，手足若煉成鋼球、鐵球，胳膊、腿練成彈簧球，則最為合理，符合厚積薄發、即節能又中和，而且能發揮最大效果。

再具體點說，胸腹像皮球，應以鬆空、虛靜為主；手足像鋼球、鐵球，則應以緊、固為主；胳膊腿像彈簧球，則不能有一點僵力、拙力，而應以多增加彈性支撐為主。譬如說「手足張頂，肘膝鬆沉；勁起腳掌、力出湧泉」，如此才能增加彈性支撐，提高勁力的傳遞效率。跳高、跳遠皆用腳掌起跳，也是這個道理，這即符合運動生理又符合太極拳理。

或曰：胸腹之皮球，手足之鋼球、鐵球，這不是根節輕，梢節沉了嗎？或曰：在速度相同或相近的條件下，「鋼球、鐵球」動能最大，「皮球」最小。實際這和撥浪鼓道理是一致的，線捶好比「鋼球、鐵球」，線繩好比「彈簧球」，中間的兩面鼓好比「皮球」。按單位質量說，「鋼球、鐵球」自然最重，動能也最大；按整體質量說，全身的質量多加在中間的「皮球」上，還小嗎？

或曰：此說三拳皆有三球，不是和師祖三元之理矛盾嗎？我認為得辯證地認

識三元之理，師祖說三拳各如一元，是指「特點和意境」而言，八卦、太極不也應該誠實如一嗎？形意的暗勁不應該像彈簧球嗎？化勁不應該像皮球嗎？三元融於一身不是正合師祖說的：「形象雖分三元，要不出人丹田之氣也，天地人三才，亦即太極一氣之流行嗎？」此道，不正是「一以貫之」之理嗎？

臂弓分別與頭、與胸、與腰都有「時中」同心圓之象，此是外形三元之理。

「三元之理」還有「精氣神」一說。形意拳要合其「精」，太極拳要合其「氣」，八卦拳要合其自然之「神」，這不是「內三元之理」嗎？

「精」要實，有鐵球的性質；「氣」要虛，有皮球的特性；「神」要「手足精準，變化靈妙」，有彈簧球的功能。

肌肉也有三元之性：一曰醫學賦名「肌緊張」，以保障肢體的姿勢和穩定。以後所有收縮均在「肌緊張」的基礎上啟動。幼兒攥著拳頭、蹬著小腿生出來，都證明「肌緊張」是肌肉的先天主動元性，可稱為「初元」之性。二曰「智能配合肢體伸縮而節律收縮」，此為肌肉終生的「本元」之性。三曰「應急主動緊張收縮」，是肌肉保命的屬性，可稱為「命元」之性。

三者皆是智能自律而動。籠統地說「骨骼肌是隨意肌」，欠精準，說「骨骼肌主動配合肢體伸縮」才比較準確。因為肢體的伸縮，既需要有關肌肉收縮，又需要有關肌肉舒張拮抗，二者缺一，不可完成肢體伸縮。

「三元之理」落實在步法上，就是「進跟退撤」，如鐵球滾動；落實在手法上，就是「裹抱圓撐」，如獅子滾球；落實在身法上，就是「束身而起，藏身而落」。

三拳三元效三球，鐵球皮球彈簧球；
形圓勁整內空虛，有觸即轉不離軸。

第七篇｜精氣神

（一）生活當中的「精氣神」，可以代表「精神」和「神氣」。「精神」是「氣血」的窗口；「神氣」是肢體結構的外象。

概言之，「精氣神」不是體內的氣血和臟器，而是生命的狀態、強健程度的外象，是一個不可分割的代名詞。年輕力壯的小夥子，外象之「精氣神」自然充足；年老體衰，外象之「精氣神」自然萎靡。「精氣神」與年齡有關，是不能以人的意念而改變的自律程序。

單說「精氣」，是生命的動力；單說「神」，是生命的「外象」。「外象」不是人的意念能左右的，「精氣神」是自律程序，不能「內練」。譬如唱戲的花臉叫架子功夫，意即花臉的神氣，是肢體架勢帶出來的；奔馬的神氣，是四蹄飛奔出來的。

（二）把「精氣神」分割為三個名詞，視為性命「三寶」，並作為「藥物」來內煉，是「有為」法，有悖性命新陳代謝的自律程序，更違背了老莊道祖「無為」而治的初衷。

所有臟腑都是在平滑肌裡生長出來的，男女元細胞的游動，也是肌肉推動的。細胞和「基因」是遺傳物質、訊息和程序，主宰著生命；「肌肉」推動臟腑和氣血搏動，啟動肢體運動。

宋末元初道士李道純《中和集》歌曰：

一切有為法，般般盡是塵；窮通諸物理，放下此心身；
動當天行健，靜守地勢坤；道者非恆道，行功是外功。

詩中「窮通諸物理，放下此心身；道者非恆道，行功是外功」是非常珍貴的體悟。

1.「精」字地辨識

精是生命的基礎物質，《黃帝內經》曰：「精者，身之本也！」

道教「煉精化氣」修練的是生殖精，生殖「精」繁衍後代，其屬性由基因寫定，不是產生力量的物質基礎。沒有足夠的生理實驗可以證明生殖精可以轉變為「內勁」或能量。

養殖業對雄性動物多採取閹割的方法，而獲得人類的需要；封建社會的宮刑和現代的節育手術，都說明沒有生殖精，不影響人的壽命；騾子是驢馬雜交出來的，沒有生育之精，但力量和免疫能力都比驢馬強多了；婦女 45 歲左右絕經，仍然健康。

練生殖精不應當是武學研究的課題。對武學來說，「精」字有精微（基因、細胞等）、精熟、精度的含義，也即「精益求精」之意。「精英」之精，是出類拔萃的英雄、狀元人物。「精悍」之精，是短小而優越的意思。

武學的「練精化氣」，孫祿堂《拳意述真》裡援引郭雲深大師的話說，是「拳中上下相連，手足相顧，內外如一」的肢體、筋骨功夫，與道教「煉精化氣」的功夫是兩碼事。

2.「氣」字地辨識

古人認為「人由氣生」。莊子曰：「氣也者，虛而待物者也！」此氣，包括血脈和呼吸之氣，而主要是能量（包括生物電）和訊息傳導的粒子流，包括神經訊息，還包括「起鑽落翻」的程序。

呼吸之氣是內氣的馬達，內氣和臟腑都是「從動頻率」，呼吸之氣一停，便是死。所以說，「氣」更應該包括呼吸之氣。武學先輩說「氣是動力、氣是內勁」，也是比較唯物的認識。

「氣」包括所有物質生化程序和生命的狀態等，例如天氣、地氣、人氣、士氣、臟氣、心氣、五行之氣、晦氣、正氣等。

孫祿堂多次斷言：「太極即一氣，一氣即太極。」意即太極之氣「大無外，小無內；伸之彌六合，縮之藏於密」，還多次說過：「人自賦性含生以後，本藏有養生之元氣，不仰不俯，不偏不倚，和而不流，至善至極，是為真陽，所謂中和之氣是也！」意即「生命元氣，生而就有，高智能自律運行。

若畫蛇添足或拔苗助長地修練內氣，有違天理生理，只會適得其反。孫祿堂的見解太重要了，對人有振聾發聵地提醒作用。

孫祿堂《拳意述真》裡援引郭雲深大師講，武學的「練氣化神」，是「拳中柔勁功夫，易筋之道也。是將形、氣、神（神即意也）合住，其意如撕絲棉、如徐徐拉硬弓、如推有輪之重物、如邁大步、過水溝之意。」可見，武學的「練氣化神」和道教的「練氣化神」也是兩碼事。

3.「神」字的辨識

《易》曰：「陰陽不測之為神，神也者，妙萬物而言者也。」這是對天地自然力量敬畏的描述，和「精氣神」不同義。

古人說的「神仙」之神、「主宰」之神，是虛擬的造物主，實際不存在。

古今所說得「精神」之神，是生命的「表象」，是文件或政策的主旨；古今所說得「神氣」之神，是「精神」的同義詞；京劇花臉的「神氣」，和武學講的「神氣」，都是肢體導引出來的「外象」，「外象」非是主宰。

孫祿堂《拳意述真》裡援引郭雲深大師講：武學的「練神還虛」，是無意自然的功夫，即「周身內外，全用真意運用，所用之力，有而若無，實而若虛；呼吸似有似無」，所謂「空而不空」的境界。

古人有元神、識神之說。而且認為「二者是對立的，識神退，元神才能顯」。本人認為，元神實為先天腦，識神實為後天腦。元神、識神對人性命來說，缺一不可。「元神」感而知之，「識神」學而知之；前者是遺傳來的

「自律功能」；後者是學出來的「良知良能」，生存和競爭需要二者都起作用。

在生命，人體細胞靠遺傳訊息自行分裂生長，可謂「元神」；武學「感而遂通」發力的一瞬，可謂「元神」的作用；武學以智勇贏人，當為識神；對武學和生命來說，二者缺一不可。

「空而不空，不空而空」，是將神氣藏而不用，任憑自律的「元神」主宰；「拳無拳，意無意，無意之中是真意」是「元神」的作用。

眼是心之苗，與手足肘膝有本能地關聯，起鑽落翻既看手、又看平，會自然有身形的中正和穩定，也能自然導引出功夫的「神氣」。

本人認為，外形與神氣最敏感的部位就是手足肘膝。手足肘膝張頂，神氣自然顯現，頭頸自然豎起；手足肘膝鬆沉，神氣自然收斂，存入丹田。

黃帝《陰符經》說「宇宙在乎手」，《黃帝內經》有「身體內十二正經皆出入手足交接，皆在肘膝入臟」的論述，手足肘膝能導引出神氣不足為怪。

神氣自然表現的平台當屬頭頸和五官，頭頸和五官不得有意提神，有意提出來的神氣不自然，體內也沒有舒適感。

（三）「精氣神」三者的關係，古人認為生命起源是「精」，生命的動力是「氣」，而生命的體現就是「神」；科學地講，「精」是基因物質，「氣」是能量、訊息和自律程序，包括呼吸之氣；「神」是外象。

對武學來說，「精」還應該包括精度、精熟，精益求精；「氣」主要是意念和氣血；「神」是形和氣昇華的外象。

（四）鏈接探討：橫向觀之：「陽光、射線」是太陽的神氣；「飛流直下」，是瀑布的神氣；「山舞銀蛇」，是雪景的神氣；「氣勢恢宏」是建築物的神氣；「一橋飛架南北」是大橋的神氣；「雄糾糾、氣昂昂」是戰士的神氣；「天真活潑」是兒少的神氣；「仙風道骨」是老翁的神氣，「河圖之龍馬，洛書之神龜」實際是「奇石」的神氣。總之萬物都有天地賦予的神氣，所以神氣必有結構和物質、能量的支持才能顯現。

動物世界的神氣，不乏練武學習的「老師」。如虎臥山崗，金雞唱曉、猿猴上樹、駿馬奔騰、獵豹追鹿、逆風鷹立等。

運動比賽，更有眾多練武學習的項目。譬如滑雪滑冰的抽胯屈身、花樣游泳的上肢和頭頸、跑跳項目的單重起跳、平橫項目的意念流行、舉重項目的呼吸節奏、拋擲

項目的助跑和轉體、球類項目的速度和準確等等。

孫祿堂《拳意述真》曰：「天地萬物無不可效法，世人亦無不可作我師友也！」此「至真至善」之良言也。

第八篇｜有形與無形

一、無形須辯

孫祿堂武學皆是有形有相之理，偶爾借用道家之語，也多是比較實際、比較唯物的道理。

武學不是魔術，不能把有形的東西變沒了。現在軍事上所謂的隱形戰機、隱形潛艇等，只不過能夠屏蔽對方雷達、攝影等手段，不是古人所描述的「無形無相」之術。

「有形有相都是假，無形無相才是真」這句話須辯證認識。「形意拳」把「形」放在「意」前邊，非常合理。「拳無拳，意無意，無意之中是真意」，是在有形的肢體上練出來的「本真」。武學所有的「訣竅、玄關、妙要」等，其最終的目標都要落實在有形的肢體上。武學脫離開有形的肢體，都是空談。空談誤國也誤人，實幹興邦，實練才能興武，誠實言也。

「內環境」都是自律系統，意念任其自然為好。否則，對生命和元氣都有不同程度的損害，此說與「心中無執著也，空也」同義。

骨骼肌肉是隨意系統，但是肌肉群的協同還是自律的，譬如屈臂時是有意念的，但是肱二頭肌收縮和肱三頭肌舒張卻是全自動同步配合的。

有的「內功」，違背臟腑氣血自律，是不科學的「有為」法。與古人「肢體導引」術是大相逕庭的（下為出土的西漢導引圖）。

奧運會所有的參賽項目和訓練都沒有「內功」一說，所有動物更不知道「內功」是什麼，但是，它們都比有「內功」的仙人們強壯、彪悍。

所有動物都是先長膜，後生臟器；所有植物，都是先長枝葉，後結果實；所有武學都應該先練肢體，後求懂勁、神明，才合天理。「內氣」是自律系統，不是隨意練

的，應該尊敬自律系統，任其自然流行。

孔子說：「不知生，焉知死？」這是實事求是研究學問的態度，我們應該學習。對武學來說，也應該有「不知有形，焉知無形？不知外形，焉知內氣」的態度，與「執著於形，必為形所縛」，是本質不同的修練途徑。孰是孰非，由生理判定。

天賦元氣，非誠勿擾；任其自然，生命常保。

「道本自然一氣游，空空淨淨最難求，得來萬法皆無用，身形應當似水流。」這句話的主旨是「自然」；「空空淨淨」是自然的境界；「萬法皆無用」要深一步理解，是自然而然地本能出現；「身形似水流」意即像水流一樣自然。這些境界、比喻，其著眼點和落腳點都離不開有形的肢體。

不能妄求脫離形體的「頑空」。「空而不空，不空而空」，第一個「空」是意念之空，也即內環境不要「有為」；兩個「不空」是說內有臟腑氣血等實實在在的臟器和物質，所以說「不空」；最後一個「空」是原創者的「無為」主旨，說得是內環境不能有任何的意念。這句話，實際把不合生理的「內功」都否定了。

二、有形求隱

「有形求隱」是不暴露動機，「靜如處女，動如脫兔」。家祖父孫振岱「題孫存周」詩曰：「拿人如提筆，

變色龍

枯葉蝶

擲人如插花；動靜怎無形？奪魂一剎那！」含蓄地解答了「有形求隱」的祕密。

「有形求隱」有「收斂而不張揚」之意，「收斂」和「隱」有同義詞的成分；「有形」是張揚的必然顯露；「有形求隱」還有節能降耗的成分，利於養生；「有形求隱」還有先禮後兵和書法藏鋒的道理，有蒙蔽敵人的兵家戰術。

變色龍、枯葉蝶等動物，都有天生的隱形秘術。「無形無相」是比喻，「有形求隱」才合天理。上二圖為變色龍、枯葉蝶的隱身圖片。

「蟻穴潰堤」也透露了「有形求隱」的一個技擊途徑，這就是「見孔而入，不露聲息」。

「雪崩」的道理，也說明一個小因素的變化，可以產生無比強大的力量，會有意想不到的後果。這更是「有形於隱」的天術。科學家說，是積雪內部結構變化產生的力量，催生了「雪崩」。

兩人較技，「能管控」和藏著「手足肘膝」的排列組合的祕密，能及時地適應對方攻防的變化，所以也能引起「蟻穴潰堤」或「雪崩」的技擊效果（見下圖）。

三、無形求真

「無形求真」是指「道理」的「求是」。胸腹的「空空洞洞」是感覺的形容詞，其本真是「自然而然」的「無為」狀態，意即沒有任何「有為」的「內功法」；手足的「無形」，是本能的「有感而應」，是靈妙地「出其不意」，也即「應物自然」之理。

「六合」的「內三合」是無形的，「內三合」的本真，是任憑自律系統「一氣流行」。「感而遂通」是人之本能。如果先求「內三合」的「有為」法，產生的變化不會和諧自然。

孫祿堂宗師說：「外面形式之順，是內中神氣之和；外面形式之正，是內中意氣之中。」說明「內三合」也得在「外面形式自然中正」中，求練出來，也說明「外三合

練成了，內三合自然就有了」，這也說明「外用本能法，內用無為法」，才合生理和拳理。

「行之以神」的道理也一樣，如果從精神上做文章、下功夫，也不會和諧自然地產生神氣。

靠手足肘膝的位置精準，導引出來的神氣，才是真「神氣」。譬如練形意拳有打的意念，則眼睛自然看前方的靶點；練八卦拳，左手往右肘底下穿掌，左手食指如果位在口角之上，則神氣活現，否則不會有神氣可言。

手足肘膝的排列組合，是武學的「排兵佈陣」，是較技的的首要條件。京劇架子花臉，特別講究「架子」的功夫。右上圖是袁世海的練功圖片，他的神氣都是手足肘膝的位置帶出來的。

四、分清虛實

人體脊柱有四弓。椎體拉長，體腔擴大為「虛」，椎體、體腔恢復原狀為「實」。胸弓凸向後，有 12 塊椎骨和相應的肌肉群，其虛實帶動 12 對肋骨的開合而有呼吸，對應 12 正經在胸內交接，從而構成生命發動機，並控制身體的運動。

腰弓凸向前 ，有 5 塊椎骨和腰弓的肌肉群伸縮，對應五行、五臟，能增強臟腑功能和產生內勁，並控制身法和步法。

頸弓凸向前，有 7 塊椎骨，上端向後；尾椎（包括骶骨）有九塊椎骨，骶曲凸向後。頸椎、尾椎有磁力線出入，成上下循環之勢。頸椎肌肉群的虛實以利傳遞訊息、精神、控制頭頸和上身的運動；尾椎肌肉群的虛實如舵，能控制方向和啟動周天循環。

人身有四腔，皆以氣壓論虛實。其中胸腔虛，則腹腔實，顱腔也實；胸腔實，則腹腔虛，顱腔也虛；尾椎鬆縮量小，能上捲下降，所以盆腔隨著提肛、閉肛也有虛實變化。

四腔的虛實，推動氣血循環，猶如生命汽缸，有六面的伸縮。心虛腹實，氣血上升；綿綿若存，氣血下降。上下頻頻鼓蕩，就是武學的內勁之源和生命的動力。

上下肢是具有滾軸的雙節棍，兼有力偶、槓桿和鞭桿的道理。手足是雙節棍的梢節，肘膝是雙節棍的連接點，肩胯是雙節棍的根節。肱股是力臂，虛實隨肩胯；前臂、小腿是重臂，虛實隨手足。腰椎、胸椎、頸椎為鞭桿；尾椎為鞭把，胳膊為鞭繩，兩手為鞭稍。

關節以曲折適中，利於崩彈為度、為虛，間盤、骨膜得以補養；關節屈癟為弊、為實，間盤、骨膜失於補養。「動靜中和」也包括屈伸的角度。

「分清虛實」是武學的意；「變幻莫測」是武學的用。藝高能變化，藝精能靈妙。

較技是詭道兵法，原則有 16 個字：

以虛求感，化在彼前；分彼合擊，先順後逆。

器械是手的延長，道理與拳術同，長短皆以活把為要，「實招損，虛受益」，虛實是武學的靈魂，不可不認真考研。

無形不露機，有形求中正；虛者能容物，實者力能整；
外面形式正，體內意氣中；氣血怕閉塞，肢體導引通。

第九篇｜先天與後天

道家有「後天返先天而成仙不死」之說，拳家有「拳與道合」之境。本人對照孫祿堂的有關論述，認識如下：

一、悟先後天本真

以傳統說，「太極一氣」是萬物的「先天」。生命的「元細胞」，和父母的「精氣血」，當為「太極」而無疑。

元細胞藏著基因物質 DNA。基因物質 DNA 是一個分子團，藏著遺傳指令，以引導生物發育與生命機能運作。可見，基因物質 DNA才是生命之源的先天。

探源論之，是父母「精氣血」生化出了臟腑和筋骨，而臟腑和筋骨成型後，有調控氣血的作用。

以傳統說，「一氣流行」是萬物的後天。在人體，「一氣流行」包括新陳代謝，包括肌肉和神經的感傳系統。幾乎所有的臟腑的生化功能，都是由肌肉來起作用的：因為所有臟腑的開合和蠕動都是平滑肌推動的；所有運動和力量都是骨骼肌鬆縮產生的；所有的神經感傳訊息，都源於肌梭反應而傳導的；所有的大腦思維，都是由肌肉才產生作用的，人體五感的耳目鼻舌觸（所謂「靈根」）也都是相關肌肉作用而產生的。

與生而來的臟腑、筋骨、氣血、肢體等構造（包括細胞裡的基因物質），可以都說是「太極之體」，因為它們都有基因物質 DNA，都有再生、複製的功能。

實踐產生的認識，包括隨意程序和學成的知識和技能（包括條件反射）都是後天「一氣流行」的作用。

從訊息科學說，先天是系統程序，後天是應用程序，兩者不能離開，共同合作才能完成生命的所有功能。

先天系統是生命在漫長的進化過程中形成的，它是生命的基本程序，其形式和節律比較簡單，數量有限，調節幅度較小，耗能最少，如電腦的系統程序，意念不能改寫。

條件反射是後天形成的高級神經活動，形式多樣，數量無限。武學功夫，本質是形成條件反射。條件反射別無竅門，只有透過無數次的重複練拳，才能形成。「拳練千遍，拳理自見」就是這個道理。

先天由遺傳訊息決定，有生老病死的規律；先天受環境影響，也有變異的時候，譬如平足、色盲和唇裂等先天疾患。

一切生物都不能與天地共生死。歷代「神仙」是虛擬出來的，出於上層是為了鞏固政權，出於民間是尋精神寄託。

誤食仙丹而死者不乏其人，東晉丹家葛洪生於公元 284 年，卒年 344 年，享年 60 歲；全真道創始人王重陽生於公元 1113 年，卒於 1170 年，僅活了 57 歲，他們都未能長生，歷史證明，「後天返先天而成仙不死」者是一廂情願，不可能實現，正如「滾滾長江東逝水，呼嘯奔騰歸大海」一樣，不可倒流。

「拳與道合」的「道」是「天地之道」，屬於「先天」，「拳」是肢體文化，當屬「後天」。

二、先後天合一之體

人體臟腑和功能屬於先天，「用則長，不用則退」。「學而時習之」是後天的功能，包括所有運動和大腦思維。孫祿堂大師說「人為先後天合一之體」，這是生命的本真。「動靜中和」地修練武學（後天功能），可以增強先天的生化功能，才是積極的養生方法。爆發力和劇烈運動，衝刺臟腑的負荷極限，實際是床害生命，這是毛澤東的體育方針和孫祿堂的武學思想一貫反對的。「生命在於運動」沒有限度，不如孫祿堂「生命在於動靜中和」的思想描述得準確。

「先天源於太極一氣，後天生於一氣流行；修身本於文武俱進，生命在於動靜中和」，是孫祿堂武學思想的四句真諦。「太極一氣」為天地人的物質和空間，屬於先天；「一氣流行、文武俱進和動靜中和」是修練程序，都屬於後天。孫祿堂大師說過：「先天為後天之體，後天為先天之用。無先天則後天無根本，無後天則先天不成全，所以體用兼該，乃得萬全。」

三、結構的先天

生理科學告訴我們，筋骨、關節、肌肉是先天結構，結構的空間藏著無窮的能量，其學問是武學研究的課題。筋是骨和關節連接的結締組織，其抗拉強度非常高，是肌肉的 200 多倍，古代的強弓就是用牛筋做成的；骨是人體的支架，而有其空間；關節是結構的轉折和樞紐，而有其活動；肌肉是臟腑蠕動和形體活動的馬達，而有生命的能量和精氣神。

全身肌肉有 600 多塊，如果 50%的肌肉協同收縮，形成合力，也會釋放上千斤的力量。

人體百節藏元神，筋骨肌肉能量存；
有觸即應屈肌縮，伸肌一縮拳出身。

生理科學還告訴我們，右腦是「先天腦」，有「視聽嗅觸味」等五感的訊息包，是感傳神經的終端，並能與天地交換訊息。所謂「感而遂通」，就是右腦的功能；右腦管人體左邊的一切活動，具有音樂、繪畫、空間、創新、想像等感性思維，又稱「藝術腦」。

武學是右腦的智慧，求的是先天潛藏的結構能量。所以武學應該增加和右腦關聯的左邊肢體的修練意識。

武學套路多有形象比擬，如白鶴亮翅、天邊掃月、金雞抖翎等，對照聯想，即是右腦思維。

結構越基本越微觀，蘊藏的能量越大。細胞裡的線粒體，能分解能量物質，從而釋放能量，是生命體的「發電廠」。

學校裡的音體美課程，功在開發學生的右腦。孫祿堂大師喜歡欣賞名人書畫，自己也常潑墨，其草書有隨心所欲不踰矩的功夫；孫存周、孫劍雲二位大師都喜歡京劇，也寫得一手好字，還善畫山水，松樹、仕女等，他們的右腦智慧都比常人發達。孫祿堂認為：武術進學校，實為培中國「強盛之基」，還認為：「天地中和之氣」就是先天，所以才有萬物的生機盎然。

武學開發右腦比音體美更直接、更全面。有武學大師是文盲，且只有練武一個嗜好，其認識分析能力和武技都達到了較高的水準，其聰明是練武練出來的。

意念是後天，產生意念的心腦卻是先天。所以說「不用意念」這句話也需要辯證。平時走著意，練拳意在前，有了條件反射，才有「感而遂通、有觸即發」的那一刻。「意在形前」有開發右腦的作用。孫存周大師說：「練若

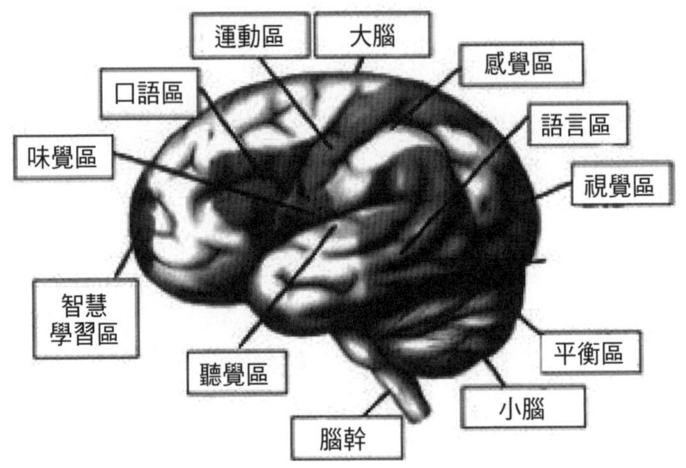

打，打若練。」道家講「先有為，後無為」，都是一個道理。「意在形前、一氣流行」有喚醒右腦的功能。

但是，說太極拳是「意念拳」，則不妥。弊在「意念太重」而適得其反。道家「勿忘勿助」的提法，非常好，能和「一氣流行」合拍。

右腦有天地的訊息，與儒家的中和、道家的虛無、釋家的空靜，都有互通的機制。

「興趣」連著右腦的先天訊息，古今神童，多是家長發現兒童的興趣愛好，而加以培養和誘導而成。

同氣內外求，同聲空谷應；
興趣加功夫，可攀武學峰。

四、悟先天呼吸

人體吞嚥是第一先天功能，也是由右腦操控。出生後由於吞嚥呼吸，拉動腰椎形成腰弓，腰弓是人體第一後天形成的。人立著嚥下一口氣，仔細體會一下，腳底下會有感覺；喝一口水嚥下，感覺更明顯。莊子曰：「氣以直養而無害。」說白了就是吞嚥。

吞嚥能增大腹壓，推動臟腑、腸道蠕動生化和產生負離子。道家、拳家講「喉頭永不拋」，佛家講喉輪，可見喉頭藏著玄妙的道理。

練套路時，喉腔有呼吸的意念，有開啟先天的玄關之理。吸氣時豎項，會厭令氣入肺；呼氣時喉鬆，會厭令一部分氣直至腸胃，以直養臟腑。舌頂上齶，本質是會厭的閥門功能。

十二正經、奇經八脈以及氣血的升降，都是先天固有的程序。吞嚥的時候，隨息照察神氣流行的感覺，久之，自有「明心見性」、「天人共振」的感覺。

武學是終生修練的學問，練至「無形無相」、內外通透的「拳與性合」之境，就達到了「節能降耗，以氣換能」的上乘境界，延緩衰老是不思而得的效果。

第十篇｜開合與鬆緊

一、開　合

人體有「隨意」和「自律」兩大系統。隨意系統有「伸、縮」兩大基本功能；自律系統有「興奮」和「抑制」兩大基本屬性。肢體的「開合」、「伸縮」就是隨意功能，臟腑氣血的「興奮」和「抑制」就是自律功能。

孫祿堂「順逆和化」的認識就是上述兩大系統的統一認識。「和化」是兩大系統和兩大基本功能的作用，或者說是都得「歸於虛靜」的換能過程，也是「內外一理」的佐證。

孫祿堂「順逆和化」的認識，代表了「天地人」的基本屬性，孫祿堂武學能「開慧達悟」，非虛言也。

孫氏太極拳，有 13 組開合，孫祿堂認為，「開合像一氣運陰陽，即太極是也」。「開合」的道理，猶如內外生命的鑰匙，也如內外功能的馬達。孫氏太極拳 13 組開合，道理深矣！

臟腑氣血的開合是「鬆緊」的自律系統。自律功能如果再有意念，就是畫蛇添足，反而干擾自律功能。譬如人體的穩定，屬於自調功能，如果添加「意念」，就會喪失「穩定」。又如走跑跳、騎車、踩鋼絲、走平衡木等動作都有體會，武學的起腿時，尤其是在支撐足上的意念，忘得越乾淨越穩定。

意念和思維的活動，是生物電的「通」和「斷」的程序。生命靠神經和細胞的開合自動地傳遞訊息。一有意念，就影響細胞的開合，所以說也就影響生物電的穩定，當然也就影響了依靠生物電為載體的訊息傳遞，道家「勿忘勿助的無為意念」，有生理的道理。

五官、皮膚的開合獲得的訊息，占大腦訊息總量的

90%以上，其中眼睛獲得的訊息，占大腦訊息總量的 70%以上。

可見五官、皮膚「有節奏」地開合和鬆緊，對武學來說非常重要。有的師友閉著眼練拳和推手，顯然不合生理。

起鑽時，手足張頂，肘膝相助，身體由開而合，構成彈性勢能；落翻時，手足鬆沉，肘膝相助，身體由合而開，釋放彈性勢能而發力做功。

「起鑽」、「落翻」之始末，在虛處（手或足膝）都有瞬間的「一靜」，支撐足都有瞬間的「一定」；手足之間總有動靜交替的時間，此與心房和心室「不應期」的交替同理。

關節不失弓理，其彎曲夾角不小於 90 度；關節舒張夾角，不大於 135 度，效果最佳。否則易被人制，還有傷關節之患。追求雜技、體操的高難亮相動作，得不償失。孫祿堂大師說：「增其華者減其骨，飾其外者喪其中。」此忠言也。

曲直有餘續，開合有精度；
生理陰陽平，剛柔自然求。

二、鬆　緊

「鬆緊」是人身的自律功能，也是宇宙和萬物的基本自律屬性。天體的膨脹和收縮，都是天體自律的「鬆緊」；水浪、風聲，也是由「鬆緊」而造成的。

人體靜定時，骨骼肌肉保持最基本的緊張狀態，生理學謂之曰「肌張力」，以維持身體的姿勢和穩定；所有關節受體重的影響，都有彎曲的趨勢，「肌張力」就是克服彎曲所需要的。

從「肌張力」狀態再收縮，才能產生運動。這一生理屬性告訴我們，動靜的任何時候，再加「大鬆、大軟」的意念，都與「肌張力」的屬性相悖，其錯，在於鬆的「意念」太重。人之「鬆緊」，本質上說也是自律系統。任何內系統都有非常複雜的屬性，現代醫學界尚不全知，何況外行。

「感通、傳導、收縮」是肌肉基本的「三元之理」；「感應收縮、節律收縮和配合手足而從動收縮」是肌肉的三種收縮形式。「感應收縮」是由刺激引起的；「節律收縮」譬如走路、呼吸，是由腦幹和脊髓節律收縮中樞發動的；「配合手足的從動收縮」是由大腦皮質發動的。

「有鬆無緊」不合生理，早晨血壓最高，證明久鬆有傷身體。功能用則長，不用則廢，否則緊的機制就要退化。

「生命在於動靜中和」是武學第一宗旨，是得道與否的試金石。所以說，「中和自然地鬆緊」才是武學修練的真經。

生命的一切活動，都是肌肉和諧地收縮完成的，不靠肌肉收縮能產生力，沒有科學根據。武技「氣為首」包括肌肉收縮的程序。太極拳「執兩用中」練出肌肉本能的力，與「棄中用兩極」專練肌肉的極限力有本質的不同。

生理學告訴我們：骨骼肌的收縮，其上下或內外對

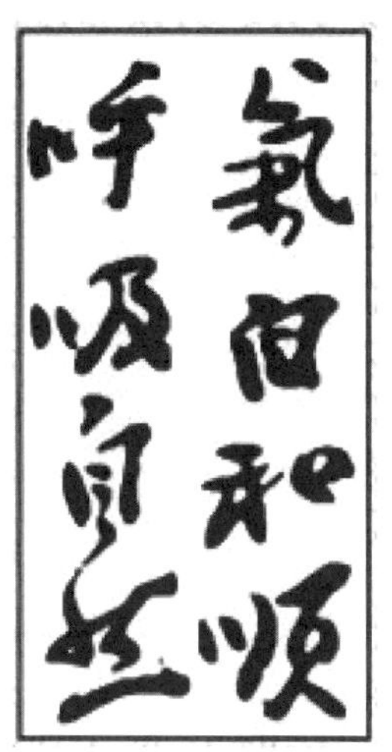

應的肌肉，則必然舒張，這是不以人的意念所左右的。所以說「骨骼肌」的「鬆緊」有意念和自律雙重的智能功能。

人體的「隨意和自律」、「興奮和抑制」是一個整體，二者不可分開。沒有後天的隨意功能，生物不能進化；沒有先天的自律功能，肢體完不成開合伸縮。這正是孫祿堂「先天自律是根本，後天隨意能成全」的認識。

骨骼肌分伸肌和屈肌兩大類，伸肌居四肢和軀幹的陽面，屈肌居四肢和軀幹的陰面，都交替受神經支配而自動地「鬆緊」。

肌肉三元理，感傳與收縮；
隨意與自律，智能妙配合。

三、調　息

武技氣為主，吸氣時起鑽，呼氣時落翻，但不要有「調息」的意念，盡量任其自然，就有「意與氣合、氣與力合」之理。意者心之所發也，「心與意合」之理也在其中。

呼吸是生命的開關、氣血的馬達，以「呼吸自然」為綱；人類祖先是水生哺乳動物進化而來，所以有「吸快呼緩」的規律。這也是武學呼吸的學問。「呼吸以踵」是呼吸深長，直貫足底之意。靜心體會，可感覺到足弓與呼吸有共起伏的感覺。

莊子說：「氣以直養而無害。」「直養」就是「深吸緩呼，狀如吞咽」。「吞咽」是胎兒就有的先天功能。從生理上說，呼吸和吞咽自動的配合，有隨意調控和自律系統共振的機制，則生命活力能持久旺盛而延緩衰老無疑。

氣功有六字訣（吹、呼、噓，呵、嘻、呬），實際是以聲助氣；武學呼吸也有發聲，因為時間極短，與生命無害。

武學在開合、伸縮中，求與呼吸自然地產生共振，才是真「調息」。孫存周大師講「要知拍節」，即有此意。

人的皮膚有汗腺，兼有「體呼吸」的功能，尤其是「手足肘膝」能有呼吸頻率的鬆緊，則能啟動「體呼吸」的本能。孫祿堂大師說：「拳術練氣凝神，須向姿勢平正中求之，形正則氣和，形偏則氣也偏。」「練氣凝神、形正氣和」，則有武學體呼吸「調息」的真途徑。

技擊時，必須忘掉呼吸，決不能有「調息」的意念。否則內氣必滯，挨打無疑。

武技以「動靜中和」為本，有順生理的機制；如果以「調息（呼吸）」為本，有逆生理機制，則與身體無益，時間長了，有損生命。

人身有呼吸，手足是玄關；
形正氣自和，形偏氣也偏。

第十一篇｜順自律　求中和

早在兩千多年前，《漢書・藝文志》文曰：「神仙者，所以保性命之真，而遊求於其外者也。」道家說：「人體百節皆有神。」可見，「神仙」之道，就是「保性命之真」，需在四肢求，需在關節修；而內要「無為、空虛」地「保自律功能」為好；「遊求」就是自然「中和」地求；「拳術之道首重中和，『天地中和之氣』乃此拳之性質。」是孫祿堂大師研究傳統文化而得出的深刻認識，對武學有劃時代的意義。

（一）《莊子》曰：「吹呴（hǒu）呼吸，吐故納新，熊經鳥申，為壽而已。此導引之士，養形之人，彭祖壽考者之所好也。」

華佗《五禽戲》和達摩《易筋經》的十二式（見下圖）、十八掌分別是醫家、道家、佛家最初的導引術。所

言「內清虛」就是「氣血暢通」，所謂「外脫換」就是「筋骨變強」。

《五禽戲》和《易筋經》沒有「內修」的內容。中醫診脈和針灸，說明「內病可以外診、外治」；武學推理，「內順自律，外練中和」就是拳術之真道。

（二）形意拳有「明勁、暗勁、化勁」的三步功夫；太極拳有「招數、懂勁、神明」的三個階段；郝為真練太極拳如水中游泳的三境界；楊澄浦《太極拳說十要》，都沒有「內修」的內容。

孫祿堂《太極拳學》曰：「人身本藏有養生之元氣，即所謂中和之氣是也。」這是武學「內順自律，外求中和」的真知灼見。無視本有的功能，再求臆想的功法，多數要適得其反。不少太極大師五六十歲仙逝，應為教訓。

所謂條件反射，是由外界刺激和導引所致，萬物都是在適應環境中而逐漸生成的。萬物的屬性不同、環境不同是主要原因：河與海的環境，造就了魚類用腮呼吸；天空的環境，造就了鳥類用翅膀飛翔；山林的環境造就了猛獸攀山棲樹的本領；征戰的環境，造就了兵器的產生和排兵佈陣的攻防之術；人體上中下三節起鑽落翻的基本功夫，也應該在武學環境和四肢上逐漸「遊求」出來。附《出土導引圖》於下頁。

武功動求靜，練打心當靜；
筋骨氣血養，四肢導引通。

出土導引圖

人體氣血和五臟六腑，所有開合、伸縮、生化和新陳代謝等運動功能，是千萬年自然進化來的，其自律智能程度，任何「內修」的功法，都無法與之論比。

人體五臟六腑各有頻率，「內修」氣血而不出偏者，是鳳毛麟角。所以說最佳的功法就是「內順自律，外求中和」。

當你抬起上肢或下肢的時候，你的內氣是上升的，你的呼吸必然是吸氣的；當你落下上肢或下肢的時候，你的內氣是下降的，你的呼吸必然是是呼氣的。以上說明，「意念、四肢、內氣」三者的關係是：內氣的升降服從四肢的起落，四肢的起落服從意念。三者的關係是逐級的，其程序不可踰越。意念想越級而直接指揮內氣，是不靈驗的。

譬如：「望梅止渴」，說明內分泌和五官是必然的服從關係，這其中沒有意念的干預。說明意念不由四肢或五官，而「越級」直接干預內氣和內分泌，也是徒勞的。

肌肉的「鬆緊」，是手足肘膝的「從動」程序，即手足肘膝的任何動作，都能導引出相關肌肉的「鬆緊」。從整體來說，手足肘膝是隨意活動的；但從肌肉來說，肌肉不是隨意「鬆緊」，而是從動而自律「鬆緊」的。所以說「鬆著練，鬆著打」的意念，是多此一舉，以「意念」代替肌肉「鬆緊」的自律功能，這是違反生理的。

老子「有無」的說法比較準確，「有」就是「緊」，「無」就是「鬆」！孫祿堂用「有無不立」代表無極勢和太極勢靜立的意念，非常準確。

道本先天譜基因，一氣流行求本真；
手足肘膝能隨意，骨骼肌肉自鬆緊。

（三）所有物事的動靜功夫都有個「最佳」，華羅庚《優選法》的「黃金律（0.618）」就是尋找最佳的方法。武學的最佳就是「動靜中和」，所謂越慢越好，越鬆越好，越矮越好，還有「極柔軟極堅剛」等，都是兩極的道理，不符合「大本達道」的「中和」思想，也不符合生命的自然規律。

還譬如臂、腿伸直到極點，如強弓之

末，就沒有崩彈殺傷之力。觀察孫祿堂、孫存周拳照，平肘和立膝的最佳內角應該是 135 度，八卦拳上肘的最佳內角應該是 120 度。大了，也如強弓之末；小了沒有「禦敵於國門之外」的思想，或「引進挨打」，或「沒有穩定的餘地」，後患無窮。直著胳膊「推磨」練八卦拳，不符合攻防的拳理。

（四）人體下肢氣血的動力，有三，一是心臟的收縮力，但到手腳，力度已減少了一半；二是胯足氣血的勢能差，站著最大，坐著躺著最小；三是下肢運動消耗的需要。

下肢長時間停滯或長時間慢練，消耗減少，膝關節相關肌肉處於長時間的拉伸和收縮而不交替，這正是肌肉和肌腱的短項。因為氣血流速減慢、受阻，而影響新陳代謝。超過能夠忍耐的極限，會造成關節韌帶和半月板的變形和突出。韌帶和半月板再生能力很低，如果產生病痛，也很難治癒。

下肢長時間停滯或長時間慢練，排泄物會在下肢長期淤聚、滯留，會造成較嚴重的傷害。道家門長都練武術，很有道理。

孫祿堂大師說：「盡己之性，而盡人合天。」意即練拳合己之性，就能「與天合而為一」。

所有虛擬的暗示都與己性相悖，只會產生幻覺，嚴重干擾臟腑氣血的自律功能，與身體有害而無益。

少年兒童生長旺盛，說明所有氣血和經絡都是暢通的；以後不通了，有一半是有悖生理的意念和心情造成的。調理氣血和經絡如治水，宜導不宜堵，其界限就在自然與否。「內順自律、外求中和」，即是養生之理，又是武技之道。

（五）傳統文化都認為「內外一理」，孫祿堂大師說「人為萬物之靈，能感通諸事之應。是以心在內，而理周乎物；物在外，而理具於心。」這就是「內外一理」的生理基礎，從而衍生出內外「全息」和「有感而應」的本能。所謂「內五行要動，外五行必隨；外五行要動，內五行必應」，就是這個道理。

孫祿堂反覆說過「外面形式之順，是內中神氣之和；外面形式之正，是內中意氣之中」，是「內修」的最好提示。

推理思之，臟腑氣血有自律功能，不能「內練」；四肢整體是隨意系統，「起鑽落翻、開合伸縮」能隨意念指揮，只要外動得「中和」，「內氣」自有能量的滿足供應，而臟腑氣血也必然得到暢通的流行。「內功外練」符合先天的生理屬性。

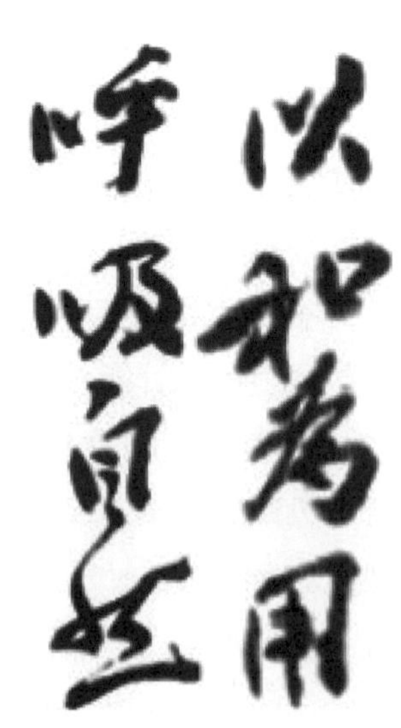

「拳道中和」如開車，超速危險，慢了費油；遇路口，別拐錯了方向，還得辨路況，別陷坑、別壓路障、別違反交通規則，禮貌避讓，安全行駛。

「呼吸自然，中和練用」，可說是「拳道中和」唯一之解。

（六）「道可道，非恆道」，

這是考古發現的帛書版《道德經之道經》第一章，意即「道」非是恆久不變之道。

今版《道德經》，「道可道，非常道」，是大宇宙和生命的循環規律之道。因為沒有高倍天文望遠鏡和高倍顯微鏡的觀察分析論證，還都是感性認識，有欠理性的修正提高。

細推敲，萬物皆有道；其理相同道不同。譬如，萬物都有生和死，但其動靜和壽命大不相同；單說「拳與道合」沒有實際操作路徑，應該說清「拳道」是什麼？

孫祿堂大師給出了科學地回答：「拳術之道首重中和。」「中和」者，「未發皆中，已發皆和」，能具體操作，看得見，摸得著。化學反應有酸鹼「中和」；原子核裡有呈中性不帶電荷的「中子」；社會「和諧」，也是「中和」之理。《中庸》曰：「中也者，大本也；和也者，達道也！」「中和」乃剛柔自然，節能降耗之道，武學能如此，「強健上乘」能從容而致。

「學拳辯道」，大方向是「強健」，別入玄學歧途，別以偏概全，別迷信仙道丹經，學練「有思想、有文化」的拳。

「拳」者，手足肘膝「起鑽落翻」之功夫也！有伸縮開合、動靜之機、一氣流行的學問，所有「拳道」都不能沒有「六合九要」之規矩，也都不能有「三害」的毛病。

老莊以「無為自然」立論；道教「仙

學」以「靜功內修」創新，二者有「無為」與「有為」之別。拳道是「動功」，需要符合生理知識，才有「強健」之益，辯證看、科學練，在「動靜中和」上下工夫，才是「武學之真道」。

拳與道合難說清，動靜中和是真經；
手足肘膝運球陣，六合九要正身形。

（七）拳與性合，「性」者，屬性之謂。孫存周大師20世紀30年代，在南京國術館首次提出「拳與性合」的肯定認識，從《生理學》意義上說，繼「拳道中和」理論之後，又是一新的昇華。「拳與性合」和「拳與身合」及「內三合、外三合」無異，實際就是「拳與生命自律程序合」，能啟發學習臟腑、氣血等內環境的知識，以提高武學文化修養和強健素質。

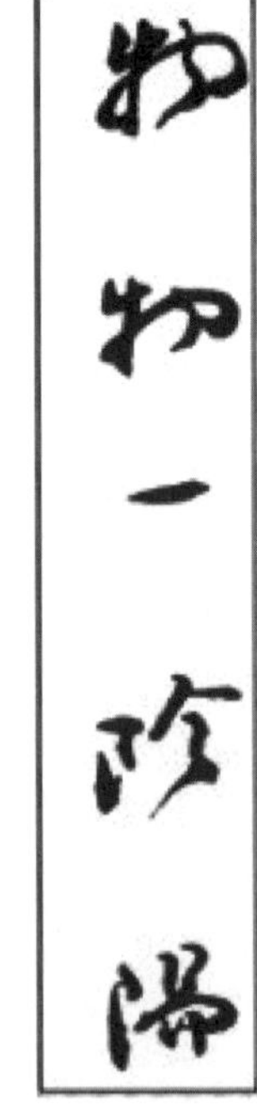

「拳與道合」如果落實在「拳與性合」上，才是武學的真拳經。大道至簡「手足肘膝運球陣、起鑽落翻盡自然」，則「拳與性合」可見矣。孫祿堂大師說：「每出一手，即合拳之性，亦合自身之性。」即練成自己理解的拳，才能壽世，才能育人。

「拳與性合」不是改拳，不是創新套路。如書法家，每一個字，必須「字與性合」，寫出自己的筆體和風格，才成其為書法家，不是隨意創造文字。「拳與性合」，即每一式都有自己的悟性和風格，與眾「拳同勢不同」。

拳與性合順自律，張頂鬆沉最簡易；
一氣流行任自然，練出悟性合生理。

（八）明心見性，即「三教心法」，但是三家各有表述：「明佛度人之心，見善平等之性。」是佛家的宗旨；「明生死之心，見長生之性」是道家的觀點；「明忠孝之心，見仁義之性」是儒家的宣傳。三家之「心」，非是肉團心，都虛擬「天地之心」在胸中。

「明心」從全息共振的理論上說，心臟都有「五感（視聽味覺觸）而應」的本能，都有祖輩的遺傳，也包含著三教「明心見性」的訊息。

心臟搏動一次，用 0.8 秒鐘時間，其中心房收縮 0.1 秒鐘，舒張 0.7 秒鐘；心室收縮 0.3 秒鐘，舒張 0.5 秒鐘，這就是心臟搏動長久不疲的「元性」。知心有「五感」和「不應期」的生理，可謂「明心」。三教之心屬於道德修養層次，與以生理科學定義還有距離。

「見性」從生理上說，就是見「自律本能」。譬如說：見嬰兒九成是水，就是見到了人之水性；孔子觀大河，也悟到了人之「水性」；嬰兒攥著拳頭，捲曲著四肢生出來，就是人初的「屈蓄」之性；天真活潑多好奇是幼兒好動之「元性」，可以說嬰兒一舉一動，皆是「元性」；生活當中所有自然產生的動作，也都是「元性」。又如：見義勇為、尊敬師長、憐愛貧弱等，都是人初「性善」之顯現；自然地起落伸縮，也是人類「簡易」的「元性」之

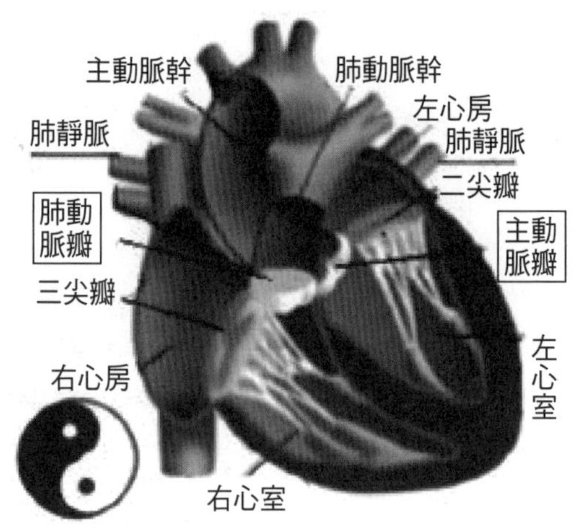

使然。

武學的「見性」需要「手足（肘膝）」一氣著，「起鑽都張頂，落翻都鬆沉」，自然地導引出「六合九要」的感覺來，而不是直接意念。意念提出來的神氣和要領，不自然，內外兩張皮。

還譬如：高空踩鋼絲者都托一大長桿作參照，就能如履平地，有中正安全的保障。「見豎身就正，見橫肩胯平」，就啟動了人之眼目「調身」之「元性」。

《中庸》云：「天命之謂性，率性之謂道。」孟子說：「盡其心者，知其性也。」王陽明曰：「論性不論氣，不備；論氣不論性，不明；氣亦性也，性亦氣也。」以上雖

是感性認識，但有莫大啟發作用。譬如手足要練出「眼睛」來，出招即中；肘膝要練出「腦袋」來，有感即應，這是人體「元性」在拳學上的擴展。前輩武學大師多有這個功夫，非是玄虛之言。

孫祿堂大師「動靜中和」的認識，是人之「元性」和一切自律功能的理性概括；「拳術之道首重中和」，則「拳與性合」見矣。我輩繼之，責無旁貸，義不容辭。

「性」為內，「道」為外，二者有程序的關聯；「內性」為先天，「拳道」為後天，二者有主從的關係；道從性，長生而久勝；性從道，有「拔苗助長」之患；武學在「動靜自然中見性」，即自律之性；道家醫家「在靜的冥冥中見性」，即「真氣」的路徑；「性道」之別當辯焉！

通曉生理繼傳統，進化遺傳都升級；
有感自律心見性，拳道中和學心肌。

第十二篇 三節聯想

人體三節如父子三代。要發家，要成才，上代催促下代，不會有如願以償的結果；下一代自發地向上，立志成才，則上一代高興而滿足地供應，上下都能同心協力地拚搏，除非有天災兵禍，成功的機會可以達到百分之百。

植物的三節根莖枝葉，後者雖然都是根節生出來的，但是出土以後，枝葉起的作用越來越大，光合作用，吸收太陽能量，轉化為營養物質，否則根和莖還得枯萎；枝葉還有開花結果和壓枝條延續生命和營養萬物的作用，且梢節枝葉的作用都是自律運行的。

人體三節如中央、省地和縣鄉的社會。方針在中央，縣鄉陰奉陽違，肯定中央的方針要落空。

人體三節還如軍隊的司令、將校和連隊。令出司令，連隊強調「主令有所不受」，也打不了勝仗。「支部建在連上」，上下一心，則能以少勝多，以弱勝強。

氣血和治水一樣，必須先疏通下游。下游通暢了，上游自然就不會充血和堵塞。現在心臟搭橋、支架，對心臟本身來說，也是下游；腸胃有了毛病，也是先疏洩下游的腸系，否則上游的嘴想吃也吃不下；地震和泥石流形成的塞堰湖，對發源地來說，也是下游。

傳統文化是「根節」，近代文化是「中節」，現代文化是「梢節」。

兒不嫌母醜，狗不嫌家貧，傳統文化雖有封建玄學的成分，但是其宏觀思維及語言的精練，現代人莫屬，譬如《易經》六爻的程序和六十四卦的排列，現代人也難以企及。一個人的終生大事是學習，還是應該先學現代的，最後學傳統的，才比較合乎發展的規律。

古代的導引術，無不是手足的動作，證明手足是導引氣血的關鍵。

鳥類哺育幼鳥，大鳥不會主動餵弱殘幼鳥，這也是「物競天擇，適者生存」的道理。小烏龜破殼以後，自動地爬向大海延續生命，而沒有父母的保護和餵養。

受精卵著床以後，自己的分裂生長，刺激了母血自動適量地供應；不能分裂的卵細胞，自然不會得到養料和能量。

武學的三節，從道理上說，也應該遵循上述的原則，所謂「天人合一」、「內外如一」，就是這個道理。梢節隨呼吸起落著「張頂鬆沉」，則中節、根節和臟腑氣血都能夠自動地供應和幫助，完成修練功夫和主宰技擊交流。反之手腳鬆耷拉，中節根節越催勁，越挨打而無疑，恐怕手腳還有脫臼、骨折的危險。可見手足有力而靈活，技擊交流就有勝利的把握。同樣，手足健康了，能延緩自律系統退化，自然有健康和延長壽命的道理。

拳術凡抬腿、起腿的動作，穩定的關鍵在兩手和起的腿、足力矩的平衡，而不在支撐腿。反之，支撐腿越意念重，越不穩定。

拳術的攻防，手足出得是時候，占得是有利位置，則有「變化靈妙、我順人背」的優勢，技擊如遊戲耳！手足產生了記憶，就是「招熟」；手足感應靈敏，就有「感而遂通」的本能。

現代教拳若劈拳站一年樁，練兩年劈拳，再教崩拳或其他五行拳；形意拳學完了才教八卦拳或是太極拳，甚至於先學單式拆拳，最後才教器械，如此程序，恐怕越教越少，最後就沒人學了。

孫氏八卦劍在孫氏武學套路中，是最簡約的，變化也是最靈妙的，學練和切磋都非常有興趣。本人在多年教學中，就是先教八卦劍、奇槍，可以說四個小時以內都能夠學會。然後提高標準精度，自己下工夫。

師父領進門，就得先學套路；然後利用電子郵件，每月 1～2 篇拳理文件傳給學者和徒弟們，逐漸啟發拳理，歡迎質疑、提問和否定。

實踐證明，啟發式教學比灌入式教學效果要好得多。至於套路，也鼓勵創新，但必須合乎生理和拳理。就像孫祿堂一樣，創新不能亂改，真正出水準，還得靠個人下工夫。

起蹬腳掌借地力，落壓足踵趾司平，
拳掌鑽張蛇熊立，翻沉掌根後胯鬆。

第十三篇｜太極八法

武術以和為用

太極拳從內到外，無不是圓的運動。圓的運動最基本的兩個力就是「一個離心力，一個向心力」。太極八法都應該以「離心力、向心力」為基礎。顯然太極八法的「捋、挒、採」都屬於離心力的範疇；「掤（捧）、擠、按、肘、靠」都屬於向心力的範疇。

太極大道應該以「太極一氣」為體，以「簡易中和，一氣流行」為用。那麼「捋、挒、採」中誰能最代表離心力呢？顯然是「捋」最能代表，「捋實不捋虛，捋虛犯丟」。

「掤（捧）、擠、按、肘、靠」中誰能最代表向心力呢？顯然是「擠」最能代表，「擠虛不擠實，擠實犯頂」。所以「捋擠」最合乎「沾黏連隨」太極之理，應該是八法中最基本的力。

傳統歌訣曰：「掤字意何解，如水負行舟。」浮力和重力屬於「上頂下沉的對抗力」。可見「掤勁性頂」，此乃太極拳大忌，豈不是和「沾黏連隨，不丟不頂」拳理相悖？

「掤勁與擠勁，如魚跳龍門」才比較合乎「以圓迎敵」的拳理。「魚跳龍門」是魚側翻、上弓腰，借水力變為壓強，而躍上「龍門」的，與飛機借風的壓強產生舉力同理。所以說，「以圓借力」才是掤勁的拳理。

如果「掤勁與擠勁，不轉體而退」，勢必被打傾，這也和串門遇狗咬同理，「退必受傷，進必狗退」。

有大師說：「掤勁主攻，是八法中最基本的力。」古代「掤」字是名詞，指「箭筒的蓋子」；「捧」字，乃有撐固和「禦彼力於肘外」之意，與歌訣「掤要圓撐」同意。但是，「掤要圓撐」沒有進攻的意思。所以說掤勁「守中寓攻」還比較貼近詞意。「掤」字古讀 bing 音，以字義分析，用「捧」比較準確。

有歌訣說「捋要柔順」，實際上「柔順」能捋動人嗎？「捋」雖是順彼之力 ，但得大於和快於彼的來力，才能捋成功，否則，就是「引彼擊胸」，自己挨打。以「順」字說，「捋在彼擠」比較合乎拳理， 再加快速轉身，對付「掤、擠、按、肘、靠」都能夠從容化解，而且不犯「頂」的大忌。

有歌訣說「擠在合勁」是主動之擠，與太極「後發先至」矛盾。應該是「擠在彼捋」，再加上快速進步，擠勁才能成功。

實際上「按」字也有「頂」勁的成分，「捧和按」都主守、主化，因為不轉體，所以能化「捋和擠」的成功率不會大。如果對方勁大力猛，且來得迅速，「捧和按」只有挨打的份了。

「八法」即然是太極拳之綱領性的用法，為什麼王宗岳《太極拳論》不論「八法」的道理和用法呢？甚至連一個「法」也沒有涉及。是「拳論的遺漏」，還是不值王宗岳一提呢？王宗岳是否也認為「八法」有不夠準確、嚴緊之處？

實際上「八法」都是上肢和上身的招法，一字未提「腿法」。「進退顧盼定」沒有攻的含義，說是腿法，有點勉強，《太極拳論》或《太極拳經》不應該不講腿法。

有大師常言「鬆著練，鬆著打」，細推敲起來，也不太準確。應該是「靜著心練。靜著心打」。「鬆靜」有訊息的關聯，但是「鬆不能代表靜」。且「鬆著練，鬆著打」只是一個勁，一個勁打不了人。所謂「應手即仆」和「崩彈只是一下」，實際上都是兩個力合著用的。不過時間差很小罷了。

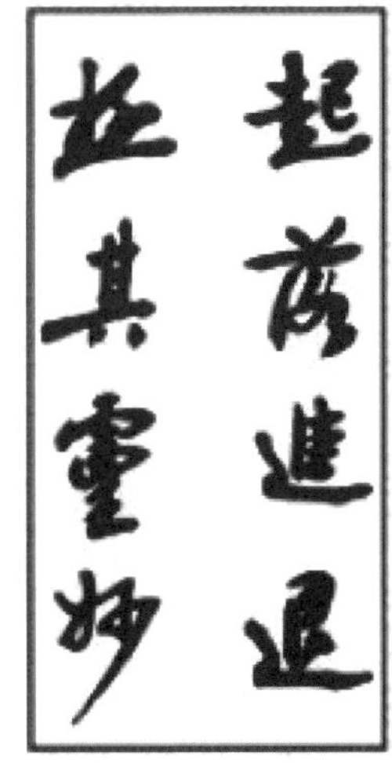

武技的器械和散打等，光用一個勁，根本打不了人，必須「順逆」兩個勁合著用才合拳理。「順逆」可以造成勢能和壓力的變化，否則產生不了動能。譬如：開山打炮眼，不舉錘，焉能打錘？再如打夯，不舉夯，焉能砸夯？所以說，不談順逆地打法，都是紙上談兵。

「順逆」是宇宙的普遍規律。譬如，晝夜和四季的交替，聲波和海浪的起伏，肺之呼吸和心之搏動、腸胃蠕動等，無不運行「順逆」的程序。

孫祿堂大師所言「順逆和化」和「皮球、彈簧球、鐵球的三元之理」，才是最完美的武學練法和戰術。「順逆」兩個力都不能用到極限，一用到極限，另一個力就難於產生，此即「強弩之末，力盡自然空」之理，所以孫祿堂大師多次告誡學子：「拳術之道首重中和」，中和了，練和打就有了拍節，滔滔不絕的勁才能夠產生。

定步推手，步法多跟不上，是定步推手的通病。拳擊手蹦蹦跳跳地顛步，雖然消耗體能較大，但是比定步拳擊發出的力量要大。本人不贊成蹦蹦跳跳地推手，但是提倡「近步擠，退步捋地推手模式」，其中進退不求步大，只求自然、快捷，令彼不知才好。

大捋推手，是孫氏太極拳活步懶紮衣的應用，順步開始，轉背為順；上下相隨，頻繁變化；捋必撤步，擠必進步，是定步推手的升級，穩定度和變化優於傳統仆步大捋無疑；手肘不丟，接手嚴密，二人纏繞成一個彈簧球，有隨曲就伸，活似車輪；左重則虛，右重則杳；勢如江河，有無形無相的效果。

縱觀二人頂牛的推手，發與未發，重心垂點皆在前足或後足前，與《太極拳論》差之甚遠。牛羊鹿打架，狗熊摔跤的推手模式絕不可取。人是高級動物，豈能停留在動物層次？

二人推手，「正是兩個陰陽魚合一之太極圖」，本質是共振，「須向不丟不頂中求玄妙，於不即不離中討消息，量彼勁之大小，權彼勢之長短，前進後退，處處恰合，相機善變，引進落空，四兩撥千斤」。

當今頂牛式推手者推不過摔跤手。但是前輩太極高手贏摔跤者勝似閒庭信步，這證明現在推手培訓尚停留在力量和招數上，比賽規則也未能抑制頂牛現象，尚需斟酌完善。

「開合太極」是天地的基本屬性，也即膨脹力和收縮力、離心力和向心力的循環變化，名稱不同，本質則一。

推手有八法，探源論之，一捋一擠而已。「捌」也是「捋」，即是膨脹力，也是離心力；「掤按肘靠採」都是「擠」。因此，推手就是「捋」和「擠」的高級學問。

「一發制人」需要「文武俱進」，既要明理，又要下工夫。本人（14 歲）見孫存周大師（60 歲）在我家和肖瑞英（42 歲）推手，未見腳動手動，剎那間肖瑞英腳起而平仰倒地。肖瑞英練孫氏兼練尚氏，他站三體式讓本人前胸頂住他的手指，他也手腳不動能把我打起，摔在床上。可見肖瑞英功夫也非一般。孫祿堂大師也說過：「天下之理，同歸殊途，惟湛密者能睹其微，中和能觀其通，夫其神全者，萬物皆備於我，其不相通者，必一曲一偏之士也！」

孫祿堂《拳意述真》曰：「武學不用成法，虛實變化不自專用，因彼所發之形式而生之也。」

第十四篇｜武學鑑別

以「拳理」為鑑（鏡子），可以正規矩；以「生理」

為鑑，可以延壽命；以「文化」為鑑，修身求其本；以「勝人」為鑑，研究智仁勇。武學省四鑑，再加向上的工夫，可進武學上乘。

（一）「拳理」者，武技表本之理也。表者，形也，得時中、占正位，動靜隨遇平衡；本者，性命也，以「太極一氣、內外如一」為大旨；以「動靜中和，一氣流行」為程序，練出「空而不空、不空而空」的境界為上乘。

「太極一氣」，萬物之源；「內外一理」，也即「內外一體，不可分離」之意，「內外一體」乃先天之本。

「動靜中和」，長生之道；「一氣流行」，生命程序；
「空而不空」，無極太極；「不空而空」，胸腹鬆靜。

「正規矩」，「起鑽落翻之三維坐標」求零誤差；孫祿堂大師說：「形正則氣和，形偏則氣亦偏。」又說：「求其華者減其骨，飾其外者喪其中。」有些高難動作，多是喪中、傷身之舉。

孫祿堂《形意拳學》曰；「形意拳之道無他，神、氣二者而已。大小周天，以及還虛之功者，皆是呼吸之變化耳。練拳術以手足動作調息。起落進退皆合規矩，手足動作亦俱和順，內外神形相合，謂之息調。以身體動作旋轉，縱橫往來，無有停滯，一氣流行，循環無端，謂之停息，亦謂之脫胎神化也。」

拳經在手足，起落頂張沉；時位求精準，見性自證真；
起步即踐性，落步即至真；式式都見性，招招見拳經。

（二）「生理」者，知臟腑、筋骨、氣血等內環境的結構性能、生化規律、代謝出入，以為武學之順從。衝刺生命的極限，有大傷氣血，減損壽命之患。

（三）「文化」者，千萬年人類生存和智慧的結晶，文武一理，文武同源。文化源於生存，高於生存。孫祿堂大師將《易經》、《道德經》、《中庸》、《書論》等傳統文化融於拳術，使拳術昇華到文化的層次，是對武學巨大的貢獻。

以傳統文化的基本道理為鑑，可以保證武學有文化的內涵而不脫離傳統，武學屬於文化範疇，意義大矣。

（四）研究智仁勇勝人。「人剛我柔謂之走，我順人背謂之黏；左重則左虛，右重則右杳」等等，其所用之勁皆是順勁，沒有逆勁崩彈之力，尚不完美，皆是初級層次之武藝也。

孫祿堂大師《太極拳學》曰：「空而不空，不空而空；順逆和化，一氣流行；忽然有不測之事，而能覺而避之。」皆是神氣勝人無形之道藝也，其所用之勁皆是「順逆」勁。

順逆勝力直，小圓勝大圓；肩胯勝肘膝，中節勝手足；
以準勝彼快，以柔勝剛猛；時中勝地位，無形勝時中。

（五）「武學鑑別」以文武俱進為基礎，拓寬知識領域，辨別文獻是非，再融入武學功夫鏈接驗證。傳統文化有時代侷限，不囫圇吞棗地崇古；也不稀里糊塗地隨俗；求與時俱進地昇華，求簡約科學地創新。

勝人德為先，以道理服人；鬆空輕而勻，共振求輸贏；
球意永不失，觸轉效軸承；拳理合生理，靈妙出奇兵。

（六）「大武至善，大學至真」，善者，命長生，道勝人；真者，拳理合生理，也即「拳與性合」。武學省四鑑，廣大悉備，天地萬物之理無所不包，終生研究不盡。孫祿堂大師倡導「文武俱進」，所以能「壽世育人」，與生命有巨大貢獻焉！

第十五篇｜肢體導引

「導引」為三教通用的功法，但是如果無視臟腑、氣血的自律功能，其功法又與臟腑、氣血程序矛盾，則多有揠苗助長的副作用。

一、多年的進化程序決定

意念導引肢體、肢體導引內氣是天經地義，但是意念不能導引臟腑和氣血的程序。

人體凡有骨骼的地方，就有肌肉和神經，意念指揮肢體的開合、屈伸。是進化來的隨意功能，所以稱為「隨意系統」。

人體五官的開合和臟器的弛張也都有肌肉（平滑肌和心肌）的推動，這些肌肉隨生命的需要，全智能自動地工作，謂之「自律系統」，意念導引不靈，如果強行，對臟器必有傷損。

人體的細胞都有全身的生命訊息，都不停地產生著脈衝電流，從而不停地產生著感應和傳導的訊息。

《宇宙全息論》告訴我們，人體每一塊自然骨骼，都有相似的訊息和結構排列；相互對應的部位，都有「彼唱我應」的共振功能。

以上是人體產生導引的生理基礎。意念指揮肢體運動，是「直接的導引系統」；肢體和氣血臟腑有「彼唱我應」的共振功能，有「間接地導引」作用。對武學來說，肢體導引為主。

自然界也有導引的例子，如「山雨欲來風滿樓」，是風引來了雷雨；地球自轉導引出晝夜和四季；地球上環境、緯度的不同，導引出了萬物和諸多生命。

二、借鑑和體悟

華佗《五禽戲》和達摩《易筋經》是醫家和道家最初的肢體導引術。兩千年前，《漢書・藝文志》文曰：「神仙者，所以保性命之真，而遊求於其外者也。」「遊求於其外者」，就是自然「中和」地通過肢體導引； 這需要認真學習和體悟傳統文化，「人體百節皆有神」，關節的活動，有導引氣血的作用。

意念直接導引肢體，肢體再導引氣血臟腑，都是上天賦予生命的基本功能。牲口打滾，起身再一抖，就恢復了疲勞；一團亂麻繩，一抖落就容易解開。二例說明，適當的「動」是導引臟腑氣血之最好功法。

《黃帝內經》說:「恬淡虛無,真氣從之。」此句的「從」字告訴我們,真氣是恬淡的生活和虛無的身體導引出來的。

三、試　驗

當您「張頂手指開虎口、意沉掌根和肘窩」的時候,是不是有「眼亮行神、拔背、鬆肩和豎項」的感覺?然後您再讓手指放鬆平伸或鉤子手,是不是沒有上述的感覺?內外有升拔的感覺,就是啟動了身體的本能,這就是「內外如一」的試金石,這也是「明心見性」之一景。

當您再意念「腳趾頂揚」的時候,是否也有上述的感覺和氣沉丹田的感覺?您再意念「頂裹兩膝,膝蓋鬆沉」,是否有提肛、抽胯、豎腰、腹沉和脊柱拔長的感覺?實驗證明,意念直接導引「手足肘膝」,就能自動導引出「六合九要」的所有要領,這就是「練拳見性、拳與性合」的證明。

譬如進步蹬腳掌,是不是有借地力的效果?落步跟腱有「入地生根」的意念,是不是有身形穩定的效果?

以上肢體導引,皆從「手足肘膝」開始,意念「要輕要短,勿重勿長」,這也體現了「大道至簡」的道理。

四、五官導引

眼為心之苗,五臟六腑之精華,皆上注於目。成語「杯弓蛇影」、「望梅止渴」、「垂涎三尺」等故事,以及虎豹豺狼等肉食動物，看到獵物，自然呲牙措爪；汽車司機，看著路況，兩手自然地調整方向盤；聾啞人利用手勢的變化可以導引喜怒哀樂和肢體行動。這都說明眼睛有直接導引內外的功能。耳目有見有聞，自有所應。

耳為腎之竅，蝙蝠在傍晚集體撲食而翻飛；魚類在海中遷徙、撲食，都是靠耳朵的感知「訊息」；魚類也是人類的遠祖，人類也有「聲吶」的遺傳功能，不過人類離開水面而到大陸上生活，年代久遠，感知聲音（聲吶）的功能退化了許多。

「關關雎鳩」是聲音導引。音樂導引的例子更多，歡快的曲子，聽了舒適；哀傷的曲子，聽了傷心；激昂的曲子，聽了振奮。

口為食道關，吞嚥是人生俱來的先天功能，可以導引「氣直養，存丹田」，細心體會體會，丹田就有沉實的感覺。

五、感應導引

瞎子摸象，盲人利用竹竿戳噠，能感知而調整行動；唱戲「打龍袍」，瞎婆李后，摸摸包公的後頸，能感知真假包公，這都說明觸摸有導引的功能。「感應導引」，要從接觸點開始。感應靈敏程度，標誌著功夫的高低。

人之手指在大腦所占的區域最大，每克手指肌肉有30 多個肌梭，肌梭有傳感器的作用，這是感應導引的生理基礎。

六、暗示導引

燕形抄水

上述肢體導引的試驗，實際上有「暗示」的成分。參加比賽的人，上場前默念幾聲「精神放鬆、我必贏」等暗示語，一般都會提高成績；勸慰病人戰勝病魔，實際也是「暗示」；當著眾人，互相打手勢，使眼色，也是一種「暗示」。武學大師打人，先喊一嗓子，都能把人打飛出去。總之，暗示多從語言、眼神和肢體開始。「暗示」在武學和社會中，有事半功倍的作用。

《生物學》告訴我們：運動產生電流，所以說肢體五官在動中導引效果最好。

自古導引用肢體，手足五官有全息；
隨感而應是本能，大道至簡太極理。

第十六篇｜招熟、懂勁、神明

一、招　熟

就是讓手足肘膝產生記憶。一般人都用右手幹活，說明右手產生了記憶；左撇子當然就是左手產生了記憶。這是因為手足肘膝的細胞都和大腦全息，有記憶功能。

「招熟」用於練套路，既使有干擾，甚至不精神專注，也不會練錯；用於技擊，就是「即興發揮，有感而應」；雜技演員萬無一失地表演複雜而驚險的動作，就是「招熟」的典型例子。

「招熟」還在學習階段，須以敬誠之心來學，須以千萬次的功夫來換。「招熟」須「意在手足，張頂鬆沉；自然而然，一氣流行（泛指意念和動靜）」。

武學沒有「生剋」，郭雲深半步崩拳無敵手，說明達到「無可無不可」的水準，任何「時位」都能贏人，這才算「招熟」。

學練套路是武學不可少的途徑，不能說「較技用不上」，而不在套路上下工夫，甚至給練套路加上許多罪名，完全否定套路，其道理如軍訓、如演習。如果能經常不斷地演習，則打起仗來遊刃有餘，反之，打起仗來則會束手無策，甚至會全軍覆沒。

身體內外是一個有序的整體，練套路就是要把四肢無序的動作調理成有序的「拳術」，所謂「起鑽落翻極其靈妙」，是有序的自然；所謂「無意之中是真意」，是熟練套路而生成的「條件反射」，有了「條件反射」，就是昇華到「本能」的層次，套路昇華到本能，自然臨陣能「以道理服人」。

套路是千百年武學前輩實踐的精華，是智慧的結晶，當然也有「故能玄虛」的「有為」法，也有「求其華者減其骨」的「繁難」的「秀技」術，這是社會的正常現象，不足為奇。所以練套路需要選擇，擇優而練。

孫存周大師《形意拳概說》曰：「以予之經驗而論，初學者惟擇其不背生理，不悖人情，應用變化，純任自然者而習之，即不難收效也。」

八卦拳、劍的 64 變，不是有 64 個招數，而是 8 個基本卦的每兩位組合的排列，即每個卦都有 8 個變化（即有 8 個兩位的組合），8 個卦共有 64 個變化。這和漢字的 7 筆畫，能寫出 4 萬多個漢字；音樂的 7 音節，能夠譜出無數支曲子一樣，雖說是 64 變，但是加上身形和神氣，也有無窮的變化。8 個基本掌、8 個基本劍，可以說足夠技擊用了。雖說是 64 變，但基本單式還是 8 個基本式子，所以說符合「大道至簡」的道理，易於形成本能，比起幾十個式子的套路更合乎拳理，更容易出功夫。

形意拳的名字代表了武學所有門派的拳理，即「外形和意念的統一」，實實在在而沒有玄學的成分；「練勁和練感應變化」是武學的兩大修練目標。形意五行拳單式為拳，符合「至簡如一」的天理，最容易練勁而出功夫，但是沒有一個練「25 個全變化」的套路。而連環拳僅有十個變化，我們後學應當補全，本人推薦一個 25 變的方案，誠請方家師友教正，方案如下：

劈鑽崩炮橫，橫崩鑽劈炮，炮鑽橫劈崩，崩劈橫炮崩，崩橫鑽炮劈。

每式練兩手即換，一般練三輪 25 變，10 分鐘足矣，每天至少練三次才 30 多分鐘。有半年時間，其變化能昇華為本能的自然招數，從而啟發自律功能，能夠「即興發揮」而參加散打練習和比賽。

對武學來說，五行拳皆能「互生互剋」，才符合「無可無不可」的拳道。25 變練「勁和變化」足夠用了。

「套路」是幾十代人練武的實踐經驗程序，編排的內容就像上學的課本，不可不學。不練套路，而隨機「試力」，是為無序地操作，就像新兵不受軍訓，一上戰場必然敗亡。

套路便於傳承，有章可循；套路有百花齊放的屬性，符合事物發展規律。強令統一沒有好處，但在融拳理、合生理上是一致的，希望互相研究，共同提高。

二、懂　勁

一要懂「內勁」乃肌肉細胞生化之勁，簡稱「肌肉之力」，需要內外中和自然；二要懂「勁從地借」，需要「正壓腳掌」；三要懂「力從人借」，需要「先順後逆」。

練拳「肌肉之力」需要由「勁從地借」發揮作用；技擊之力需要由「力從人借」發揮作用。

孫祿堂大師在百餘年前就說「內勁拳之真道，需要從虛無中來」，又說「內勁由中和而來」，都是「細胞生化之勁」。

孫祿堂大師還說：「外面形式之順，是內中神氣之和；外面形式之正，是內中意氣之中。」就是「勁從地借」的途徑。

孫祿堂大師還說：「起落進退，力從人借」，所謂「沾黏連隨」，實際是「力從人借」的手段。

不懂上述「三元之勁」，就談不上「懂勁」，永遠不會有明白的認識。說「懂陰陽就是懂勁」太勉強，「向背陰陽」沒有內勁的含義，也沒有內勁的修練途徑。

所謂「五陰五陽」，沒法度量，沒法操作。如果理解成「動靜中和」，則歸了正理。「中和」是「自然而然」的同義詞，易於操作，也沒有玄虛成分。

手足肘膝動得中和，自然有精氣神和強健的效果。推理聯想；足掌蹬得正，就是借地力的關鍵；足跟承載得正，就有身形的中正；「踝擰膝頂」，就有力量的高效傳遞；腳掌、腳跟適時轉換著支撐和平衡，腕和肘時刻有頂撐的意念，就自然有打擊的效果和穩定。

形順氣則和，形正氣則中；
踝正腰胯強，腕挺頭項昂。

技擊如打仗，要懂兵法。觀察當代搏擊影片，能得出以下結論：拳腳頻率很高，但命中率不足 50%，擊倒率不足 1%，雙方都是打的消耗戰，其原因就是拳腳出的不是時候，打和踢的不是地方，都缺乏研究對手的「順背」之故。譬如倆人近似平行步對擊，且都是左步在前，二人都是豎勁大、橫勁小，則左拳橫打對手最小的臨界面，也最容易打倒，如果同時上半步崩拳，就更容易湊效；右拳打豎勁，自然難度大，效果差，所以退步閃身，右拳順著借力砸，對手必前傾。

踢腿時，踢彼之支撐足的踝骨上下，或踢對手之虛足成功率大得多。原因在於踢下邊，力矩最小，也最省勁。高踢腿，消耗大，容易失中，對方容易躲閃，成功率低。

三、武學是仿生學

有關運動項目和動物的跑跳游泳等動作，其低耗和致勝的技巧，非常高明，值得武學效法。

衝浪　是海上的驚險運動。觀察照片：「兩足成近似平行步，足距略寬於肩胯，肩胯與衝浪板上下平行，身體向斜前彎曲；腳掌和腳跟調整用力，手肘調整平衡，借海浪力而主宰沉浮。除此以外的弓蹬步、仆步、疊叉步、兩腳併等都不能為用。

魚跳崖　瀑布跌差產生「動壓力」，讓魚側翻成縱向的側拱形，水流通過側拱的魚身，對魚產生上舉的力量（即機翼效應），其大小與魚側面積和崖高成正比。所以不管魚多大、崖多高，都能把魚舉上崖頂。

請見魚跳崖圖片，魚身是側翻上拱著，其道理深矣！這裡藏著孫祿堂「順逆和化」的道理。

帆船　能逆風行駛，也是借風力在帆前帆後產生「靜壓差」推動前進；漂流運動靠雙槳的管控決定「有驚無險」。

攀岩　關鍵在足，平衡在手，成功在配合。

撥楞鼓　是整勁的最佳典型。

陀螺　陀螺的穩定在於快，慢了則傾。

鞭子　一抖能打倒牲口，是高效傳遞力量的最佳範例。腿為鞭把，脊為鞭桿；臂為鞭繩，手為鞭梢。

蹬高蹺　需要左右移動重心；晃板的穩定，在於「虛腳不空，實腳不停」。

跳遠　跳遠成績與助跑速度成正比；單腳起跳，說明「單重」能較多地借地力，「兩腳併」跳不高，也跳不遠，不是武技。

人體四肢和軀幹是彈性結構。借彼之力「打起」，需像拍皮球一樣，垂直打擊對方的重心，以借對方的彈性和體重的反作用力；「打起」需要有迅速的起帶勁。

多數動物都是四腳支撐。四腳支撐跑得快，捕獵有勁，虛實變換靈活。其特點多是「四蹄不同落」：人之腳掌和腳跟有足弓相連，其支撐和平衡輪換著用，總有時間差，其道理也如四蹄一樣，可以提高「隨機平衡」的水準。

人類直立行走是由四腳爬行進化來的。現在好多人鍛鍊爬行，多能獲得仿生的大益處。現在人腳的足弓還保留有一點點四腳的影子；人類的跑跳，實際上是腳掌撐地，落地後則是腳跟支撐，支撐變換的時間很短暫，人們不太留意。

武學修練四腳支撐，重心在左右足之間輪換。這有利於啟發遺傳訊息和身體本能，能明顯增加借地的力量，減少生化能量的消耗，提高重心變化的速度。

武學也是生活的學問，譬如摘果、砸木樁、過水溝、散步、上樓梯、推重物、自己搓澡等，都有拳術學習的技巧。

四、借力的技巧

需打彼支撐力臂最小的臨界面；彼重心在前，需要引進落空；彼重心在後，需要用「擠」；彼重心在左（右），需要順彼而用捋、挒或用挑打；「打倒」需要有「後加」之力；即能用「四兩」之力，而把他打倒。

手足肘膝是身體的「國防軍」，也即是強健之本。其中手在上，靈活多變，既是「哨兵」，又是「殲擊機」，所以兩手任何時候也不能鬆耷拉，足在最下，攻擊無形，形似潛艇，潛艇需要升降靈便，不能「鐽底」，否則有擱淺而失誤戰機之患；肘在手後，頂撞最厲害，形似重炮，所以兩肘不能沒有「頂蓋揚」，和「裹抱撐」的勁；膝在足上，破陣無阻擋，形似坦克車，所以，兩膝不能軟，更不能顫悠。手足肘膝有模擬對象，能增益武學功夫。

彼之爆發力已經發出來，說明自己沒有防衛意識，只要打上你，沒有你引進落空的時間。所以說，「滾鑽側進，積極防守」當為上策。

「進步」只要有借力的意念，後腳掌就蹬得正；「縮臂」只要有借力的意念，就伸得快，打得硬。

五、神　明

武學之神，即「神氣」而已。「靈妙不測」，「神氣」之屬性也。「神明」者，明白其本真，而任其自然也。瞪眼提出來的神氣，不自然；有意念的顧盼和掃視，與身形不會和諧；「心主神明」，在武學，即由我主宰也。

「神藏於形」，「位精準而神生」。以手足肘膝的頂沉意念和規矩位置帶出來的神氣，才是「真神氣」。譬如意頂足趾或意頂手指，神氣會自然顯現，其中足膝的導引效果大於手肘。再譬如：只要有打的意念，眼睛就能本能地看打的方向。總之，「時位精準」導引出來的神氣，才是「真神氣」。神氣乃形之外象也。

「神明」也有神妙的意思。如「不行而至，不疾而速」、「出神入化」等形容詞，皆是「神明」的功夫。家祖父孫振岱贊孫存周詩曰：「拿人如提筆，擲人如插花；動靜怎無形？奪魂一剎那！」是對「神明」的形象寫照。

「神明」需要明白拳理、勁理。而不是抱著連老莊、孔子也說不清楚的理論不放。認識都受時代的侷限，武學應該承認，有的傳統文化缺少生理科學的驗證，有不科學的成分，何況現在訊息社會，人類的認識又上升了一個層

次，但是，聖人研究學問的態度，我們還是應該恭恭敬敬地學習。譬如孔子曾說：「不知生，焉知死？」可見孔子的《論語》都是社會和生活實際的學問，現在武學應該有與時俱進的轉變。

滑冰滑雪運動，膝弓和胯弓是穩定的有力保障；也非常符合武學蹲身縮胯的要領，武學師友多多欣賞滑雪滑冰的影片，對「神明」會有很好的啟發作用。

孫祿堂宗師認識到「人本有養生之元氣」，也即生來就有，「無所謂先後，無所謂主從」，皆是基因程序之使然，由此引發了孫祿堂宗師「自然而然、動靜中和」的本真認識。

比較而言，孫祿堂宗師「太極一氣、一氣流行，文武俱進，動靜中和」的武學理論，經得住歷史的考驗和推敲。

仿生借力求懂勁，生理科學除藩籬；
武學敬誠功夫練，天道賜誠不賜歧。

第五卷

繼承發展篇

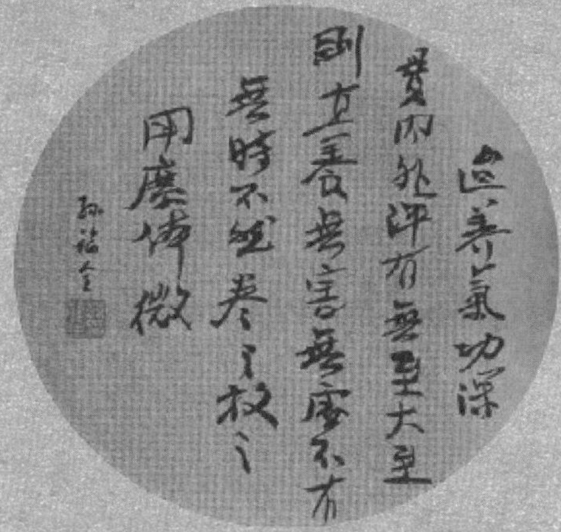

雲手下勢

翻身二起

右起腳

三通背

開手

第一篇｜辯證看

辯證看是孫祿堂武學的觀點，看其套路和拳理的廣適度、精準度如何，而不是看其出處和其聲譽。

繼承莫過於發展，發展必須辯證看而與時俱進地修練。

第一辯，太極之辯：

孫祿堂「太極一氣」的認識，從物質第一的觀點分析，古今中外都無可非議。周敦頤太極圖說：「陰陽一太極也，太極本無極也。」也即太極和無極是一氣本體之意。

哈勃望遠鏡，在衛星上觀察到的天體黑洞，是星系之源，是萬物之有，沒有觀察到太空的「無極」狀態。孫祿堂「太極一氣和空而不空」的認識既符合傳統，又符合現代科技。

古人受時代和科技水準的限制，對看不見聽不到的世界冠以「無極」之名，是可以理解的。無極是太極的隱形狀態，無極也是太極，實際上什麼也沒有的「無極」真空不存在。

天地宇宙是「大太極」，「大太極」無邊界、無始終，有動沒有靜；萬物和生命是「常太極」，「常太極」有生滅的自律程序，有動也有靜，內外自律程序為主，肢體是隨意程序，內氣血自動供應。「常太極」源於「大太極」，受制於「大太極」。

太極一氣萬物身，是體是質又是心；
天地本是大太極，萬物皆能自律生。(也即常太極)

第二辯，陰陽之辯：

陰陽是「象」，隨動不隨意。俗話說：「知人知面不知心。」「陰陽」就是「面」，內氣和慾望就是「心」。《黃帝內經》和《易經》都說：「陰陽以象告。」都是對一個物事的兩個對立面而言；不能以兩個物體、生命和事物比較來論陰陽。譬如張三和李四、獅子和老虎，誰陽誰陰又怎麼說？越研究越糊塗，多會產生誤解和矛盾，沒有實際意義。

陰陽之象，隨動而變；如影隨形，意念難移。

古人把「陰陽」當作太極的「象」，有非常大的歷史貢獻。

人之祖先和動物世界，母系社會居多；古今世界不乏女皇、女王、鐵娘子之稱，女性豈能都以陰性來說？男女、雌雄都是「陰陽合一」之體。男尊女卑是封建皇權製造的不公平，應該平反。

武學是藝術範疇，古今藝術類理論，不能用數字表達。數字是科學常用，只能用於分析科學範疇。

譬如月亮的圓缺和陰陽變化是客觀規律，不會以人的修練意念而有數字化的改變。從一陽到九陽的變化，是「一氣流行」的程序，其中任何一個階段，都不會停止。《易經》六陽卦即是全陽之乾卦，六陰卦即是全陰卦的坤卦。從坤到乾，再回到坤，12 個卦對應 12 個月，為 12 消息卦。光陰似箭，12 月如流水，都不會停止，也不會由人的意念而改變排序。

人類進化來的智能調控系統，非常完備。譬如走路，不用意念，邁步、擺手、穩定都是自律調控的。武學應該充分利用本身的自律功能，手足肘膝只要自然地「及時占位」，則「六合、九要」等武學規矩和身形的穩定，會不求而至。

「陰陽既濟」也如是，春秋雖好，但是沒有冬夏，就不成年景；泰卦「既濟」，否卦「不濟」，但是沒有否卦，泰卦也不會光臨。

所以說，凡是妄想改變客觀規律的「有為」法，既不符合傳統，更不符合生理和科技。「拳練千遍，拳理自見」，才是修練求真的正確途徑。

人體內外是一個統一的整體，四肢強健了，臟腑必然強健，可見四肢是強健的有效途徑。同理，手足強健，四肢也必然強健。如果手足長時間不動，則有「用則長，不用則退」的規律懲罰，手足必然退化，臟腑也就不需要供應能量，所以也會跟著萎縮。

陰陽是象不可練，虛擬神仙不能現；
手足伸縮能隨意，占住時位智能全。

第三辯，先後天之辯，先天後天都是生命的太極程序，同始同終：

《遺傳學》認為，「基因含有生物體的所有功能和訊息是為先天，而環境在生物體內發揮的重要作用，是為後天」。遺傳訊息和環境伴隨生命的全過程，以出生分先天後天，不科學，是不知有遺傳訊息的錯判。

一個生命，成熟的階段最美、最好。水果不成熟，吃不得；花兒盛開時才最美；嬰兒免疫力低，需靠大人撫養，才能獨立生存。

孫祿堂《太極拳學》曰:「人為先後天合一之形體！」孫祿堂《八卦拳學》曰:「無先天則後天無根本，無後天則先天不成全。」孫祿堂的認識和《遺傳學》是一致的，先天後天合一才是生命始終之程序。「後天返先天」或「返老還童」，都是脫離生命規律的妄想。生命程序和時光一樣，不會倒流。

先天後天合一體，二者在命不分離；
無視先天無根本，不用後天不成全。

第四辯，動靜之辯：

宇宙是大太極，有動沒有靜；生命是常太極，有動也有靜；心臟約有一半的時間「不應期」（即不搏動）。武學也一樣，是動中有靜的學問。

內外是一個整體，臟腑、氣血都是「自律系統」，所謂「內五行（肺金、肝木、腎水、心火、脾土）要動，外五行（手金、足木、耳水、目火、口土）要隨」，是武學「內三合」的程序，這裡的「內動」是心意之動，這裡的外動，是肢體之動；反過來說「外五行有動，內五行有供」，這裡的外動，是肢體之動；這裡的「內供」是氣血的供應，這是生命遺傳的本能（也即先天）的屬性。所以說氣血本能的供應，不需要意念。

孫祿堂武學的精髓就是「動靜中和」。大師在《太極拳學》中說：「外面形式之順，是內中神氣之和；外面形式之正，是內中意氣之中。」「動靜中和」的肢體功夫，是武學研究不盡的學問。

達摩《洗髓經》之主旨是「內清虛」，也即老子「無為」，《內經》「恬淡虛無」之意；《易筋經》其主旨是「外脫換」，以練 12 式、18 掌而求肢體強健；二經皆無「內修」之論。

王宗岳《太極拳論》、《楊澄浦太極拳說十要》也都沒有「內修」的言詞。華佗《五禽戲》更是外練而求內健之功法。

《孫子兵法》曰：「善戰者，其勢險，其節短。」《兵法》「勢、節、陣」等，「皆是外求」。武學「勢」在肢節，「節」在順逆。善武者，「勢」求「控制」；「節」求「順逆」，則備矣！

考古發現戰國時期《行氣玉珮銘》曰：「順則生；逆則死。」意即臟腑氣血等內環境，只可順，不可逆。《周易闡真》曰：「無為以修內，有為以修外。」這都是古人和孫祿堂大師「行氣養生」之真知灼見。

人體是一個內外全息的整體，中醫望、聞、問、切，都是外診，針灸、按摩、貼膏藥等都是外治。所以武學在「動靜中和」的肢節功夫上修練，才合拳理、醫理和生理。

孔子對學生們說：「不知生，焉知死？未能事人，焉能事鬼？」武學「動靜」的功夫，有古今研究不盡的學問。

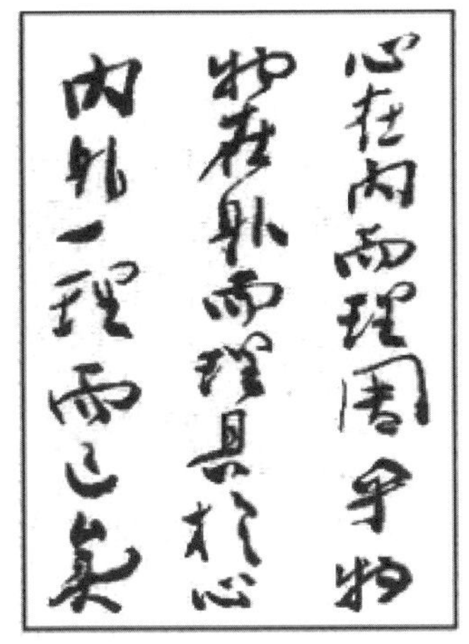

所謂「內家拳、外家拳」，實乃門戶之見，有失相互尊敬、取長補短的大武學之旨。孫祿堂《論拳術內家外家之別》曰：「呼吸有內外之分，拳術無內外之別。心在內而理周乎物，物在外而理具於心，內外一理而已矣。向之以為有內外之分者（即內修外練之別），實所見之不透，認理之未明也。」

孫祿堂《論拳術內家外家之別》又曰：「拳術之功用，以動而求靜；坐功之作用，由靜而求動。」可見任何形式的「靜功」都不是武學，都脫離了「以動求靜」的武學宗旨。

人體和生命「有一動，必有一靜」，也非是「一動無不動，一靜無不靜」。譬如睡覺，形雖靜，而氣血不停；休閒散步，形隨動，而心靜。再譬如，各家練太極拳時的起勢，多為手動腿不動，實際練和理論自相矛盾，孰是孰非，難圓其說，相比較後說，「有一動，必有一靜」才更合拳理和生理。武學能在動中求得「一靜」，就是武學的「真功夫」。

動靜中和長壽道，自然之中出本能；
拳練萬遍內能現，氣血不周弊在停。

第五辯，精神之辯：

龍馬精神是四蹄飛揚，奔跑出來的；武學精神是手足肘膝精準到位帶出來的。觀京劇猴戲、花臉戲，皆可證明，手足肘膝是精神的接引「大使」。

觀攀岩運動，關鍵在足，成功在手；所有的運動，無不如是。武學可以說是手足的藝術。

觀青少年，則可以證明，血氣方剛，能量充足，是精神的能源基礎。每個人的生命程序基本相似，得道的武術家，即使有「仙風道骨」的稱謂，但和血氣方剛的青少年相比，也有不同的層次。所以說武學修練應該在手足肘膝的「時位」中正的精度上求，才有「精神」的自然顯現。

手足肘膝和頭頸、脊柱都有全息關係，這是導引精神顯現的結構基礎。太極拳踢腿，足不及手；太極劍抬腿，膝不平胯，不會有精神昂於頭面；出拳，手肘不到位，甚至鬆耷拉，不會有精神顯現。

戲台精神架子出，龍馬精神四蹄奔；
武學精神位精準，手足肘膝來接引。

第六辯，精度之辯：

1. 伸：不能伸直，八卦拳推掌走轉的前手，肘高不低於肩，指不低於眉，指距眉不大於一肱臂，「肩肘手眉」

能圍成一大卵圓形為準；太極拳、形意拳前臂水平時，「三尖」上下對齊，前肘尖不低於乳頭為準，肘要有「下沉、頂裹」的意念。否則，如強弩之末，沒有殺傷力，且易被人制。

2. 縮：不能縮癟，肘與胸肋距離不能小於一拳距離，懷內始終夾有一大氣球之意；肘、膝內夾角不宜小於90 度，否則如作繭自縛，有位危挨打之患。武學不能練挨打的拳。

3. 上肢：八卦拳單換掌走轉時，前手、前肘坐標與精度相同；後手與前肘距離不大於一拳；上下腕肘要極力沉撐；穿掌的上手手指不得低於頭頂，下手手指不低於肩；雙換掌的「鷂子鑽天」上臂的肘窩不低於耳輪，下手的食指與上手的食指垂線重合，且與兩股的中線相平，下肘與肋有兩公分的距離。

八卦劍、乾卦劍「白猿托桃」的劍把不能低於眼睛；坤卦劍「青龍返首」的劍把不能低於頭頂，兩卦的劍尖都與肩平；乾卦劍的左手要極力上舉與劍勢呼應；坤卦劍的左手小臂水平著向右推住勁；左肘距左肋不小於一拳，其中劍尖、劍把坐標精準為要，兩肘意在撐頂，方有精神。

坤卦青龍返首
乾卦白猿托桃

形意拳劈拳三體式的前臂不低於乳線；後手掌根不低於丹田（臍

到恥骨的中點），有似挨不挨之意，但也忌耷拉手；後肘向外撐著勁，後面不得露肘。崩拳的前臂不低於乳線；前拳與肘水平，不得「仰拳頭」，揚拳頭易被擒拿；後拳成陽面，小指根位於臍下和丹田之間，前臂水平著向外撐住勁，背後也不得露肘。

太極拳的懶紮衣右手虎口不低於喉，前臂水平著往前推住勁；後手虎口與前腕平，兩手距離不大於兩拳，有助推之力；兩足有蹬進之勢。白鶴亮翅的右手，拇指根不得低於額中，但也不高於頭頂；左手手掌向前推住勁，掌根與心口平，似挨不挨；左肘下沉外撐，腋下空虛，肘肋距離不小於一立拳。

4.「下肢」：八卦拳步法，要求倒八字成 90 度，兩足跟不超過兩肩距離；側八字、斜長方以重心在後足，兩足縱距不大於兩足長，橫距不小於一足寬，兩足分別在圓周線內外順遂為原則。嚴禁兩足同在圈外或同在圈內之蹩腿走轉，以保障橫向穩定；走轉步幅以重心不前移為原則，也不能小碎步以跑代走；或走既費勁，又變化慢的鏇泥步，實不可取。

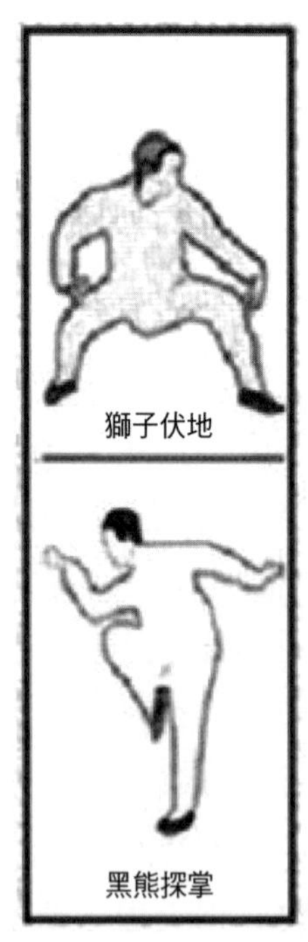
獅子伏地
黑熊探掌

太極拳的步法多為「進必跟，退必撤」；後足跟進，腳尖點著地，要與前踝骨平齊；前足後撤，足尖點著地，要有騰挪的意念，兩足縱橫距離都不得大於一足掌寬；前後足跟欠

起時 ，離地都不得超過一寸。虛腳不能空，實腳不出中，決不能「亮蹄」，腳跟要往下蹬住勁，有秤砣、船舵之意；亮蹄，則虛腿全空，乃武學大忌。

「白鶴亮翅」腳跟著地，仰腳掌，足尖要極力上揚，才有精神；踢腿高度不低於心口，高不過兩肩；兩手平伸，都與肩平；「金雞獨立」要有「上捋下頂」之勢，抬起的大腿要水平，與對側手落同步；腳跟蹬，腳掌揚，寓彈踢之勢。

單重能較多地借地力，「兩腳併」沒有穩定之理，一推就倒，跳不高，也跳不遠，不是武學的步法。一趟拳反覆出現「兩腳併」，誤人不淺。

形意拳的三才步（劈拳步）以重心不前移、前膝不離開前足踵為原則，步幅一般不大於一小腿長，前足尖略向裡勾 1～2 公分，以避免敞步；後足與前進方向成 45 度，誤差不超過 1 公分；後膝尖不出足掌；兩膝要有相交裹抱之意，嚴禁敞襠；跟進步（崩拳步）兩足角度與劈拳步同，步距不小於一横腳、不大於兩横腳，且要求步距均匀，不能有遠近的差距，步距小，就是後足意念輕，步距大，就是後足意念重。以上皆以孫祿堂武學拳照為準，餘式以「中正自然」為度。

崩拳

劈拳

5. 轉體：以裡胯為軸，以裡腳掌為樞；壓住兩胯，以外肢、外胯為輪，迅速收腿旋轉，嚴禁支撐腿顫悠，以防膝關節受傷。意在圓周，有轉體足踢膝頂的意念，身形自然穩定。

6. 眼神：「起鑽落翻」有打的意念，眼睛會自動掃視打的方向。打要有打透、打穿的意念。則眼神有放光的感覺；有神與無神，就看手足肘膝位精準與否，就看有無有打得意念。

眼神要不斷地掃視著身外的「橫豎線」，內環境自律系統則也會智能地調整身形的中正和穩定。

7. 中正：起腿「腳打手」，身無前傾之患；倘若「手打腳」，必有彎腰之病；頂膝，自然有坐胯、豎腰、沉腹的要領出現；撐肘也自有拔背、豎項、懸頂的規矩到位。有以上意念，中正和穩定自有智能調整。

單重支撐不用意，純任自然整如一；
起鑽落翻時中占，清風拂面是心意。

第七辯：辯傳統文化：

比較來說，最早的傳統文化，如《易經》、《道德經》、《黃帝內經》、《論語》等，都是觀天察地和效法萬物的認識，屬於樸素的唯物思想，它們是傳統文化的先天和語言結晶。

拿《道德經》來說，「道者反之動」沒有玄術的內容，萬物從「生」開始，其規律就要走向「滅亡」。「萬物負陰而抱陽」，即萬物對太陽向背，是萬物的屬性，這也是實實在在的常識。後人多有歪曲老子本意，把「萬物負陰而抱陽」解釋成「陰陽」二氣的理論。甚至拿「陰陽」理論打官腔，沒有具體內容，長此下去，武學焉能與時俱進地提高水準。

臟腑氣血都是自律系統，千萬年進化來的智能程序，令現在銀河級計算機也難以類比。所以說一切「內丹」理論都是一廂情願的空談而已，所有功法都不能達到「不死」的目的。老子說：「大智有大偽」非虛言也。所有「內丹」多是聰明人創造的玄學，既不能獨善其身，也不能兼善天下。老實人的態度，應該尊重自己的自律系統，順其自然，而不加干擾。

萬物進化出來的「全息系統」，使我們能夠外練而強健其內。從強健和體能說，現代人比古人退化多了，商周時代的古人舉千八百斤者不是少數。

人類由猿進化而來，人類比猿人的體能更退化多了，這都是「聰明」造成的，進化有一增，必有一減。恐龍變化成鳥類，損了體能，昇華出飛翔功能；上古之人和猿人沒有任何內外功法，其體能都是在捕獵和打鬥過程中鍛鍊出來的。外強了，內環境自然隨之適應而增強。所以，「上古之人，皆度百歲而去」。

《黃帝內經》四總穴歌曰：「肚腹三里流，腰背委中求；頭項尋列缺，面口合谷收。」古人認識到膕窩的委中穴有腰背的激活訊息；膝下的三里穴有調理腸胃和臟腑的訊息；手腕上的列缺穴有恢復頭腦而提神氣的作用，手掌上的合谷穴能夠防治面口的病症。可見內病外治既有醫理，又有實據。武學內功外求，也就順理成章了。

習近平主席講：「空談誤國，實幹興邦。」對武學來說，不是也非常對症嗎？

有無之理道德經，負陰抱陽影隨行；
變化之理易經藏，防疫醫學在內經。

第八辯，《進化論》認為「用則長，不用則退」：

所以，不練器械，手會退化，非危言聳聽。有大師說：「太極十年不出門，源於沒抖大桿子；多位太極大師每天都有抖幾百手大桿子的功夫。」可見器械與徒手，二者有互補的關係，這或者是某些太極大師們的祕密。練抖大槍或桿子，顯然易出功夫。

刀和劍大同，可一式同練，二者有劍如龍，刀如虎的比喻，但是刀能上下翻飛，也有龍騰之勢；劍能劈善抹，也有虎撲之勢；槍和棍小異，也可一套同習，二者有槍扎一條線，棍掃一大片的形容，但是槍裡能加棒，棍裡能加槍。

大道至簡，所以說刀劍只練一個套路，槍棍也習一個套路皆可，二械同練易於練精而出本能功夫。套路多而不精，等於白費功。孫祿堂宗師曾言「執械則為劍，無械即是拳，所以八卦拳學於各種器械莫不包含，學者可並參之」。

器械徒手不可缺，起鑽落翻握力增；
各選一路大道簡，一路練精延壽命。

第二篇｜時位精準

時位精準的原則是：

手足時位，智能配合；耳目監察，聞見必發；
時在你我，你空我整；位在彼此，彼背我順；
練設虛擬，久成本能；時位正誤，鑑在得中；
正壓足掌，借地一瞬；借彼之力，順逆管控。

一、形意拳時位

1. 形意拳無極式：

身體正對前方，兩足成 90 度立正姿勢，靜心鬆體，無思無意，如沙漠立桿，靜立 3 個呼吸，開始練拳。

陰陽魚太極式：左足右合，靠右足踝骨，兩足為 45 度之步形。肩鬆肘垂，兩手抱心，左下右上，上下食指張頂相合，自有頂頭項豎，塌腰坐胯之形；同時兩腿屈下，右胯根坐於右足跟上，右膝與右腳掌上下垂直，身體重心正壓右足踵，右腳掌有上揚前頂之意；左足不壓勁，與左膝有欲進之勢。

三體式的定位：前足直（寧扣不敞）進，兩足有 45 度夾角，足趾張頂，足跟外擰；步距以重心垂直後腳踵，前膝垂直前腳踵後緣為原則；前手腕肘與兩乳線水平，前肘與前膝上下近似垂直；後肘自然下垂，後腕在臍下，與腹不得緊靠，後手拇指首節與臍近似同處；後臂腋下有一拳空隙；兩手十指俱張頂如抓球狀，前後兩食指極力上頂，分別有挑眼、挑耳之意；兩腕極力擰軋，腕角近似成 100 度。以上動作到位，「六合九要」能自然精準，神氣能自然昂於頭面，眼睛有發亮、發涼的感覺。

起落定位：前手攥拳裹著，弧形下摞上翻至鼻前尺許，肘內角 120 度左右，小指根上鑽與左足 45 度墊步齊出，與前進方向一致；同時後手攥上拳，原位置向外翻擰一小圓圈，後肘橫撐；同時與後腳同起，腳窩合於前腳踵，腳跟離地一兩公分蹬住勁，腳掌向上揚著勁；右拳鑽出附於左臂脈口後；此時有龍身、虎抱頭、熊膀、金雞獨立四象合於一身之勢；身體重心落於前腳踵，前腳趾張頂平衡。以上起鑽到位深吸氣、式稍停。

兩手如放下重物分開，如三體式定位；同時右脛骨趟勁落地，重心正壓左腳掌，向下蹬勁；肩胯同時整體向後抖轉 45 度，落翻到位呼氣止住，喉頭輕微發嗨聲；然後吸氣換式；劈拳一個單式起鑽落翻，一吸一呼完成，有「一氣流行」之象。

左式回身時，左腳內扣，右轉體 45 度，兩足成倒八字；右式回身時，左腳上步內扣，右轉體 135 度回身；與太陽順時針旋轉同向；再起步，身體再右轉 45 度，出手落足同前。

收式時，右足跟進一步，前後足距 20 公分左右，盡量停在行拳位置線上。然後無極收勢，仍靜立 3 個呼吸，自由活動。

常此練習，對自律系統有非常好地整合作用，這符合孫祿堂在《形意拳學》中「一氣之起落」，和「束身而起，藏身而落」的教誨，更有利生命的強健和延緩衰老。

常見毛病有「後露肘」、「腋不虛」、「敞襠」等；常見三害有「努氣、拙力、腆胸提腹」，還有「重心前移，再拉腿進步」，「難借地力」之大忌，與生理拳理大謬，望學者警惕。

起落有停，效仿心肌；心不應期，久動不疲；
意在起前，到位吸停；停無呆象，呼落氣寧。

2. **崩拳定位：**

起點三體式，前後同時攥上拳，拳面都向前；前拳「中陽」立（拳眼向上）、後拳「太陽」橫（拳心向上）。

右崩拳：出右拳時，左足掌如過大水溝蹬勁，催著左腿脛骨極力往前趟著進步；右拳擰至「中陽」從心出，在前拳上邊如箭崩出；左拳同時外翻至「太陽」拳拉回，拳眼向外，於心下臍上停住，左肘外撐；右足同時跟步，前足踵與後足尖平齊，兩足成 45 度不變，後踝骨與前足方向成一直線；重心垂後足踵，後足趾張頂司平衡。此為左足右拳「錯綜」崩拳。

左崩拳：再進足，仍是左前右後，足距同上，兩拳交換如順逆擰螺絲，為左足左拳順步崩拳。此為傳統練法，但也可左右皆打錯綜崩拳，或左右皆打順步崩拳，根據興趣自便。

回身狸貓倒上樹：打出右拳，扣左足，成 90 度倒八字腳，兩足跟與肩同寬，身體左轉 90 度，兩拳左上右下同時鑽出，如劈拳鑽出之四象拳，同時右足從襠內向上 45 度蹬出，腳尖向右 45 度斜著落下，與前進方向重合，左足立即跟進，腳跟欠起兩三公分，左膝蓋頂住右膕窩；兩拳同時由拳變掌，左推右拉，如劈拳落翻放手同；右足墊步，再打出右崩拳。

收勢：回身上樹落式後，先撤右足後撤左足，如前剪子股頂住；同時打出左崩拳，收勢還原如劈拳無極勢，停住休息。

劈拳、崩拳是基礎，其他形意拳套路皆可效仿之，總之，「中正自然、整齊如一」為原則。

二、八卦拳單式時位

八卦拳，走中練，內外一氣靈妙變；
走圓圈，爭時位，與彼周旋兵法演；
時在起，位在落，手足肘膝崩簧彈；

六合整，九要準；我順彼背能管控。

無極勢：於圓圈北，面對圓心，立正自然站立，兩腳成 90 度正八字，靜心鬆體，無思無意，自然呼吸三次，開始練拳。

太極勢：身體如體育課左轉 90 度，面對左切線方向靜立。

右青龍轉身：屈腿蹲身，重心在左足跟，左胯與左足跟、左膝與左足掌，分別上下垂直，重心不動，右腿向左前方圓圈內邁出，與後足成斜長方，右膝與右足跟後緣上下垂直；同時兩手向右圓心方向畫弧線，右手掌根有托天之意，高與眼平，食指有勾眉之意，右肘尖指向圓心，肘內角與頭成一卵圓形；左手在右肘內下側向右前方推住勁，左前臂水平著向外撐住勁，與胸稍有空隙寸許；肩胯與圓心成一直線，頭微右轉，目視右虎口。

順時針走轉時，右足前邁墊步，與左足成側八字；左足在圈外邁進，落腳與右足成斜長方，步幅與手足的定位，同太極勢不變；重心坐在後足上，推著前足自然走轉，周長以 8 步為宜。

（一）左單換掌

1. 右青龍縮尾：

走至北側起點處，面向圓心，左腳內扣，與右腳成正倒八字，面對圓心；兩腕鬆沉前推，導引出豎項拔頂。

2. 右推掌（青龍返首）：

掰右腳於圈外，和左腳成側八字，右肘外擰與右肩平，掌心向外，大指向下；左掌向右肘外推住勁；身體面向切線方向；手足張頂鬆沉，有打肘之意，重心在左腳掌。

3. 右穿掌（黑虎出洞）：

右轉體 90 度，背向圓心；左足上扣，與右足成倒八字；左掌外擰，掌心向上，向右肘下邊穿出，懷內如抱著氣球有膨脹感，高度與右耳平，導引出神氣。

4. 左青龍轉身：

身體左轉 90 度，肩胯與圓心成一直線，兩手從右向左畫上弧線，落向圓心，身手定位與太極勢同，逆時針走轉；然後重複上述動作，改變方向，順時針走轉。

（二）左雙換掌：

走至南側與圓心起點徑直停住。

1. 右青龍縮尾、右推掌、右穿掌及導引神氣如前。

2. 左鷂子鑽天：

左手在頭前，掌心向後，五指俱張，高舉指天，肘與眼平，似緊挨左頭面；右手在腹前，掌心外擰，五指俱張，下伸插地；同時右轉體 90 度，面向切線，右足抬起寸許，靠於左踝骨，腳掌向下蹬勁，腳掌向上頂張著調整平衡。

3. 白蛇伏草：

左手向右肩抹去，同時右轉體 90 度，右足馬步落地，面向圓心；兩手在胸前分開，兩肘外頂著，蹲縮身體，如捋物一般，分別附於兩膝上寸許，兩虎口相對；兩腿如夾著大氣球相似，步幅以同側足肘上下垂直為宜；腹內鬆空，眼看左手；左手再推掌、穿掌、轉身逆時針走轉，如前。然後重複上述動作，改變方向，順時針走轉。

（三）乾卦獅子掌

走到圓之南側停住，推掌、穿掌如前。

右獅子張嘴：

兩足成斜長方，重心坐於後足，身體面向切線，兩手在頭上如托長桿，並指向圓心，右肘與兩腋水平，左肘成弓形托於頭上，目視右掌指，兩手張開，虎口都向圓心。

走轉如單換掌，換式手足於圓內外互換位置，時位如前。

（四）坤卦麟形返身（臂）掌

走到圓之北側停住，推掌、穿掌如前。

1.右麒麟回首（右翻臂）：

單換掌順時針時，青龍縮尾停住，右足右擺成側八字步形，重心壓於左足掌，右臂上翻右橫，指向左切線，左掌右推，在右肘下助力，目視右手掌。

2. 右麒麟轉身：

左足右扣，成倒八字，背向圓心；兩臂翻擰互換位置，右掌推左臂，仍指向左切線，目視左手掌。

3. 右大鵬展翅：

左足掌蹬勁，右足跳轉 180 度，左足緊跟，足掌窩緊靠右足踝，下蹬趾揚，身體右轉面向右切線，目視右手掌。

4. 右麒麟吐書：

左足落下，與右足成倒八字，右前臂屈回垂直於右肋前，手腕勾著，指向切線，如麒麟吐瑞；左掌外翻，掌心向上托於右肘下，兩肘向前撐住勁。

再青龍左轉身及逆時針走轉，重複以上四項，方向右變左。

單換掌、雙換掌和乾卦、坤卦是八卦拳的基礎，要則通用：

倒八字，對腳尖，兩踵不許超兩肩；
平行步，側八字，圈裡圈外步清楚；
忌大步，勿碎步，肩胯上下不擰繩；
坐著走，催著轉，單重借力合拳譜；
上臂平，忌臂直，食指勾眉肘如丘；
推掌撐，穿掌裹，手足張頂現神明。

三、太極拳時位

孫氏太極拳是孫祿堂取各派之長而創編的。

時在得位，位在步順；皮球之理，單重支撐；
進跟退撤，自然為度；腳跟欠起，切勿亮蹄。

懶紮衣，虎口爭，食指挑眉畫弧形；
開合手，與肩平，拉動肩胛擴張胸；
雲下勢，起金雞，意在頂膝支撐靜；
虛腳揚，腳跟蹬，前摟後挑大腿平；

快起腿，足打手，腿不顫悠支撐正；
控膝弓，藏胯弓，最佳角度學滑冰；
兩手掤，與喉平，手距不超兩肩井；
捋手領，控腕肘，加大幅度彼自傾；
按勁圓，塌腰湧，偷步進身加足攻；
擠手背，頂彼胸，彼若轉體用肘攻；
兩肘裹，兩膝撐，手肘滾鑽勁氣整；
時位準，皆用中，張頂鬆沉現神明。

四、八卦劍時位

（一）乾卦劍，天邊掃月

兩臂對圓心，劍掃頭上天；馬步橫豎勁，步距要自然。

掃地搜根：胸對切線，倒八字腳；劍把平胯，劍掃彼根。

白猿托桃：劍尖對圓心，兩肘對切線；劍指意照劍，兩足斜長方。

走轉：走轉自然步，重心後足擔；足分圈裡外，脛骨趟走轉。

（一）坤卦劍，日月爭明

開步對圓心，劍高與頸平；兩足小馬步，兩肘向外爭。

流星趕月：脊背向圓心，左足右扣步；肘下右穿掌，高度不低眼。

青龍返首：左轉向切線，推劍圓心探；兩足斜長方，外足腳掌蹬。

乾卦劍、坤卦劍是八卦劍的範例，其要則通用：

走轉裹爭翻，穿撩探提按；挑托抹掛片，搜閉掃順截。

五、抖槍時位

若練勁，選抖槍，槍身合一攔拿紮；
三十槍，一分鐘，一天三百助成功；
後把揚，前把翻，槍尖平肋格撥攔；
後把翻，槍頭砸，金雞亂點槍頭纏；
後把紮，前把活，槍刺咽喉兩手合；
借地力，腳掌蹬，重心後坐勿前傾。

六、時位自鑑

三拳道理同，時位自鑑別：神氣有升降，意念張頂存；
精神覺舒暢，眼睛放光明；上下氣通透，真氣循經流；
兩膝有合力，胸腹盡鬆空；手掌有吞吐，腳掌蹬得正；
升降內有感，非是以心行；有心氣運身，難為自律容。

（附：孫祿堂拳、劍圖片及第四代弟子孫志剛抖槍圖片於後）

玉女穿梭
雲手勢
金雞獨立
十字擺蓮
右起腿
開手
合手
白鶴亮翅
抱虎推山
倒攆猴
陰陽魚
劈拳原遞手
劈拳遞手
劈拳放手
龍形勢
無極勢
崩拳勢
炮拳勢
白鶴亮翅
金雞上架
蛇形一
蛇形二
鶴形束身
燕形二
燕形一

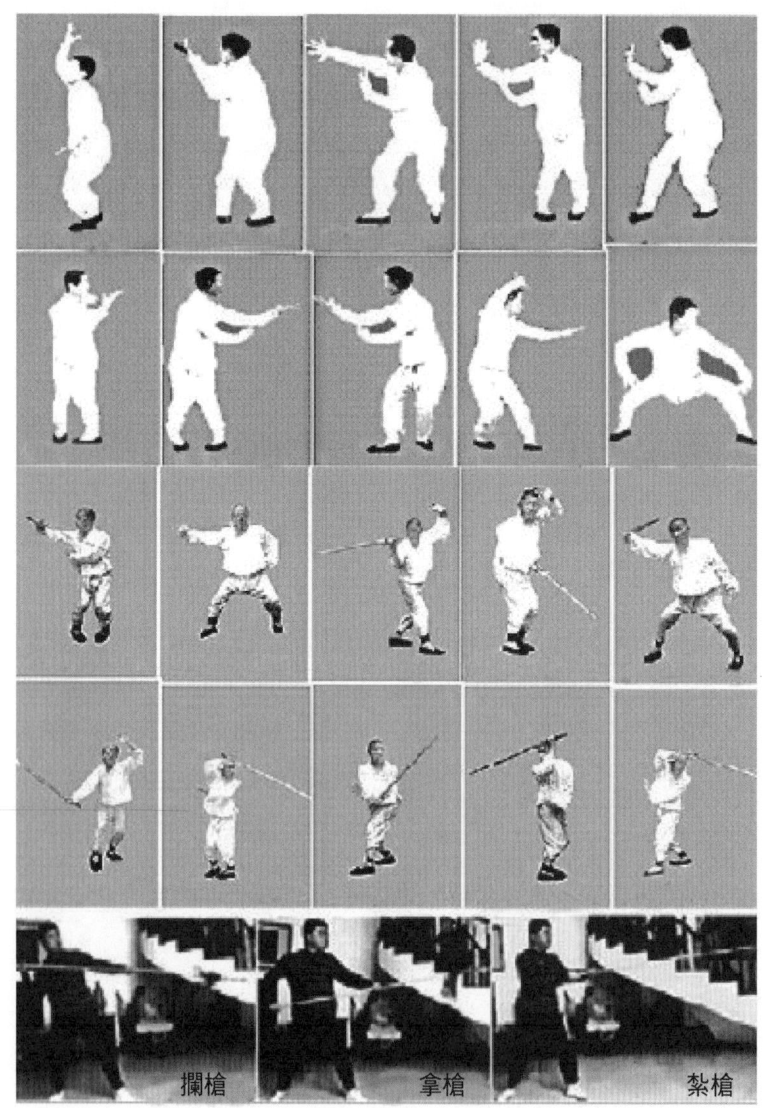
攔槍
拿槍
紮槍

第三篇｜踐性至真

「明心見性」是三教的最高境界，落實在武學，「踐性至真」而已。孫祿堂《八卦拳學》曰：「拳中無形之勁，謂之性，性即身中無形之八卦也！」說具體點，「六合全，九要準」即是拳中之性。「見性」不是目的，更需要「實踐」，「踐性」則升級為完美；心也，理也，明白了必須做到，才有意義。所以「至真」才有「實事求是」的意義，二者須先「踐性」，求達到「至真」，才符合先後天的程序。

一代宗師孫祿堂說：「人心即天理，天理即人心。」這是對「明心見性」的昇華認識。「大道至簡」也是天理，聯想武學，「明心見性」，簡要地說，就是「明天理，見拳性」。

一代宗師孫祿堂還說過：「拳道即天道，天道即人道。」這是指「程序」言之。天道運轉，有既定的程序；人道生化，也有遺傳的程序；現在是訊息社會，電腦、手機、電視、導彈等等，無不有既定的程序；拳道套路及競賽規則，也是程序。無序的「動靜」不會有強健和勝人的效果。

（一）拳性者，就是各家的拳經、要論之共性，也就是孫祿堂所說的「六合九要」。「六九」兩個數字，在《易經》代表「陰陽」。「六合」即「內外如一」的細說。「九要」即「塌腰、扣肩、提肛、頂頭、指頂、舌頂上齶；裹肘、鬆肩、垂肘、縮肩、縮胯，起鑽落翻要分明」是也。

《孫祿堂武學論語》曰：「形意力實，八卦力巧，太極力靈。比之於物，太極皮球也，八卦彈簧球也，形意剛球也。此拳性昇華到三元之性質也。」

「明心」有玄虛的成分，「明理」有「唯物求是」的本真。但是不能停在「明心、明理」的明白階段，應該實踐驗證，達到「至真」的水準更重要。

武學「起步即踐性，落步即至真；式式都踐性，招招都至真」，則是拳術上乘的「金鑑銀鏡」。

黃帝《陰符經》曰：「宇宙在乎手。」因為手足全息，手足有全部臟腑氣血的訊息，手足在大腦和脊髓占有較大的面積，張抓手指、頂踩腳掌，即有神氣萃於五官之感，手足是神氣出入的門戶，手足讓神氣暢通無阻，即是「手足踐性」。

手足肘膝位精準，六合九要性上身；
拳與道合踐在性，至善至真踐拳經。

（二）拳經者，拳性大要義也，融唯一性、先進性、簡約性、實踐性於一身。非是水中看月亮、霧裡看花之「仙論」，非是「鬆而無緊」或「剛而無柔」的單極論，也不是「仁者見仁智者見智」的「多論」，更不是固步自封、落後時代的「遺論」。

「起鑽落翻之未發謂之中，發皆中節謂之和」。這是孫祿堂大師早在 1915 年《形意拳學》裡就提出來的，意即「起鑽落翻皆求中和」。這句話實實在在，看得見、摸得著。以傳統「拳經」論之，無可非議。「中和」者，心靜神安、節能高效、氣血無傷，自動供應之意也。

孫祿堂在《太極拳學》裡說：「太極即一氣，一氣即太極。」這是對太極拳理最準確、最經得住時代考驗的「太極拳論」。用現在的觀點分析，物質、能量、訊息和程序的內容皆在其內，作為傳統「太極拳經」論之，是當之無愧的「真論」。

孫祿堂晚年提出：「拳術之道首重中和，中和之外無玄妙也！」這是「太極即一氣，一氣即太極」拳論的「現代化」。上述的本質都是「中和」，都是不喘不急，氣血滿足供應的動靜強度，具有「唯一性、先進性、簡約性、實踐性」融於一身的屬性。

「手足（肘膝）」是唯一踐行「拳性」的途徑。人類靠「手足（肘膝）」進化、拚搏和攫取食物，可以說「手足（肘膝）」創造了人類，也創造了世界。「手足（肘膝）」踐行「動靜中和」，是最簡約、最實際的拳術之道。

以生理觀點說，「手足肘膝」能隨意屈伸和感應，既能導引耳聰目明，也能導引臟腑和氣血的暢通；「手足肘膝」既能「有見而應」，也能「有感而應」。「手足肘膝」是技擊的「將軍」，既能守，又能攻。

「手足肘膝」與身體內外有多項自動關聯：「張頂手足指，鬆沉掌足跟」，全身的肌肉、筋骨會自然拔長，頭頸會自然豎起，兩眼會自然放光而有精神；「裹鬆頂沉肘膝」，肩胛和臀胯會自然放鬆；「兩肩會自然鬆出」；「兩胯會自然後抽，穀道會自然上提」；「靜壓腳踵動壓掌，自有穩定與平衡」。總之，「手足肘膝」能啟動所有武學的規矩和要領，武學練拳和較技，一出手足，就應該有

「踐性」的意念和效果。

（三）武學之神，非是神仙非是佛，也不是「鬼神不測，聖人不知，不疾而速，不行而至」的神妙之神，乃孔孟所言「盎於背、萃於面」的靈感之「象」，即是「神」。說明「神」乃「心氣之外貌，形骸之氣象」，是一種自然本能的昇華「氣象」，對武學來說，「中和自然」先現於肢體的勢位，繼而現於頭面，即武學之「神氣」也。

孫存周大師說過：拳術「行之以神，尤為上乘」。也即「行拳待神氣自然出現，才最為上乘」。不得理解成神氣是由意「行」出來的，而是規矩中行拳，自然出現的一種高級氣象。

孫祿堂 1930 年在上海救災義演，表演形意拳，獲「龍馬精神」金獎盃；人人都稱讚徐悲鴻的馬畫得好，有精神，大家細看，馬的精神是怎麼提出來的？

有人說：「馬尾揚、馬頭昂、馬鬃豎，就出了精神。」豈不知這是「從動程序」，「主動程序」還是在馬蹄飛、馬腿強健上。武學是仿生學，欣賞分析了徐悲鴻的《奔馬圖》，就理解了「手足（肘膝）的起鑽落翻和精神的關係了。

規矩自然，神氣自現；有意提神，神不自然。
手足肘膝，內外關聯；肢體強健，神氣飽滿。

（四）內外之性：「內性自律，肢體隨意」，武學不能搞「先修內、後練外」的途徑。因為內環境有億萬年進化來的自律屬性，不能隨人的意念而改變。「內修氣血」是一廂情願，不可能實現，萬物都靠四肢實現進化。武學的一切功法，都在「手足肘膝的起鑽落翻」中研究，才符合「拳理」。

「手足肘膝」上有瞬間「張頂鬆沉」的意念，不但有神氣的顯現，另外在內外的境界上，還有六個「三景」也會自然地呈現。

六見：一見「三空」，即手心空、足心空、襠心空；二見「三神」，即頭上神，手指神、足趾神；三見「三舒」，即膝弓舒、肘弓舒、腰弓舒；四見「三靈」，即頸虛靈、手腕靈、步法靈；五見「三拔」，即全身筋骨拔，氣血拔、皮肉拔；六見「三大」，即胸腔大、腹腔大、胯下空間大。

見不到「三空」，說明手型不正確；見不到「三神」，說明「手足肘膝」沒有瞬間「張頂鬆沉」的意念；見不到「三舒」，說明支撐腿的膝和胯沒有分別垂直腳掌和腳踵，而受力不正；見不到「三靈」，說明「腕踝」沒有「鬆沉」的意念；見不到「三拔」和「三大」，說明心不靜。

「意念」是重要的拳理。孫祿堂「一氣流行」的觀點，在武學主要是「意念」的學問。但是「一氣流行」須有節奏，「節奏」是天理、生理之不可缺。在武學，「節奏」是「有動有靜」產生的。連綿不斷容易讓人誤認為「有動而沒有停」，這就錯了。所有生命都有休眠期；所有臟腑都有既不鼓蕩，也不蠕動的「不應期」。其生理作用是為了補充能量，修補消耗，從而增加耐力。

「意念」也需要有生理的休息時間。孫祿堂「起落進退極其靈妙」的認識，告誡後人，「靈妙」需要瞬間的「意念」就夠了。如果「意念」太重，進退必然遲滯，但是絕不可沒有「意念」。否則大腦是一片「空白」，技擊只好挨打。

看起來，「意念」越輕、越短，近似「無意」才好。所以說，太極拳是「意念拳」，就有「意念」太重的弊端，「意念停而形不停」才外合天理、內合生理。

內外一體，意在手足；張頂鬆沉，神氣充足；
內氣智能，不可心使；臟腑自律，干擾損命。

（五）借「鑑書兵」之性：毛澤東的書法，可說是古今「大草」之最佳精品。觀其精神，源於「布白、間架和筆畫力度」。武學的「布白」就是布場；「間架」就是「手足肘膝」的佈陣；「筆畫」就是手足的力度和精度。「手足（肘膝）效書法，大草楷書四肢畫」，就把書法的屬性融於武學了。

《兵法》云：「木石之性，安則靜，危則動；方則止，圓則行；故善戰人之勢，如轉圓石於千仞之山者，勢也！」此「兵法之性」，拳術當效法之：

手轉圓石取其勢，足占地位禦守攻；
意頂手足精神顯，肘膝頂沉氣血通。

第四篇｜借力仿生

一、宇宙普遍的規律

「借力」的本質是相互作用，相互作用是宇宙萬物的基本規律。能量守恆定律告訴我們：「借力有能量循環的道理。」太陽系的行星、衛星都是借太陽之力，才有了不停地運轉；「萬物生長靠太陽」，地球上的生命也都是借太陽之力，才有進化和繁衍。

古今政權都有結盟的現象，就是想借盟國（盟友）的力量而發展自己；任何基本建設，任何企業都需要借社會的力量，才能起家和發展。

二、借力的古今認識

古今武學對「借力」有模糊概念，多沒有提到理性認識。譬如「沾連黏隨，捨己從人」，不提借力，就是消極地防守。「沾連黏隨」不是目的，「借力打倒」才是技擊的目的。

更有甚者，在「內功」上做文章，下工夫，沒有一點「借力」的內容，「內家拳」理論的提出，既分裂了武學，又脫離了「借力」的認識，所謂「應手即仆」不是「內家拳」的專利。所有拳種功夫到家的拳師，都能「應手即仆」。常說「拳練千遍，拳理自見」，但是不提高到理性認識，還只是蠻力勝人的一介武夫而已。

三、借力先學仿生

1.「魚跳崖」：

瀑布跌差產生「動壓力」，讓魚側翻成縱向側拱形，水流通過側拱的魚身，對魚產生上舉的力量（即機翼效應產生的靜壓力），其大小與魚側面積和崖高成正比。所以不管魚多大、崖多高，都能把魚舉上崖頂。見右組合圖。

2.「帆船」、衝浪等運動：

帆船運動：帆船能逆風行駛，因為帆的斷面呈弧形，再加上「手足肘膝」不停地調整身體來「壓弦」，能像飛機機翼一樣，借風力在帆前帆後產生的「靜壓差」推動前進。

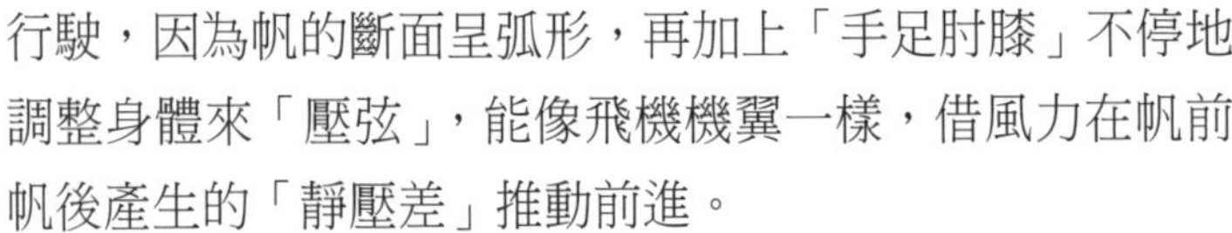

帆船運動和魚跳崖都是利用身體和帆的合理角度及機翼形的斷面來借風力和水力而逆行的。武學雖然不能借風力和水力，但是能學其中的道理，而有借地之力和借彼之力；力的傳遞都走一條直線，只能透過關節改變方向。這就是「打起和打倒人」的理論基礎（見右上組合圖）。

滑冰運動屈腿抽胯，保障了身體的穩定；攀岩運動，兩足是上爬的關鍵，兩手主管平衡（見右上組合圖）。

「衝浪」運動：需要兩足成近似三才步，身體屈縮，肩胯與衝浪板上下平行；手足肘膝調整用力，管控平衡，借波浪力而主宰沉浮（見前頁組合圖）。

驚險的漂流運動，是借雙槳的管控作用，順急流在亂石中穿梭，而有驚無險。武技若有「衝浪」主沉浮，和「漂流」管控的本事，則武技贏人如遊戲耳（見前頁組合圖）。

3. 撥愣鼓：

研究撥楞鼓，可以知道「整勁」需要脛骨正壓後足掌，同時迅速抽肩胯；研究拍皮球，可以知道打飛人需要迅速起帶；研究抽陀螺，可以知道轉體穩定的道理在速度；研究抽鞭子，可以知道「鬆中之緊」是高效傳遞力量的最佳途徑。練抽鞭子，需要頂撐手足肘膝，並迅速順逆抖動；研究蹬高蹺，可以知道虛實變換靈活的祕密；研究晃板，可以知道「虛足不能空，實腳不能停」的重要性；研究踩鋼絲，知道橫桿是平穩的參照物，也即「先有平行，才有中正」。

「一氣流行」要有先後，且意念越輕越短越好，絕不可重，絕不可長，以讓自律功能充分發揮作用。否則，氣血和腸胃必先受傷。

4. 人體跳高、跳遠：

跳高、跳遠是借體重的反作用力而出成績的；人工砸夯是借夯錘（石）的重量來夯實的；壓路機是借整機的重量和震動來壓實的（見下頁組合圖）。

射箭和蹦蹦床運動是借彈性勢能來射穿靶標和彈起身體的；機械鐘錶的道理是借內簧的彈性勢能，轉變成鐘擺的動能和位置勢能，再變成機芯的轉動而計時的。這些

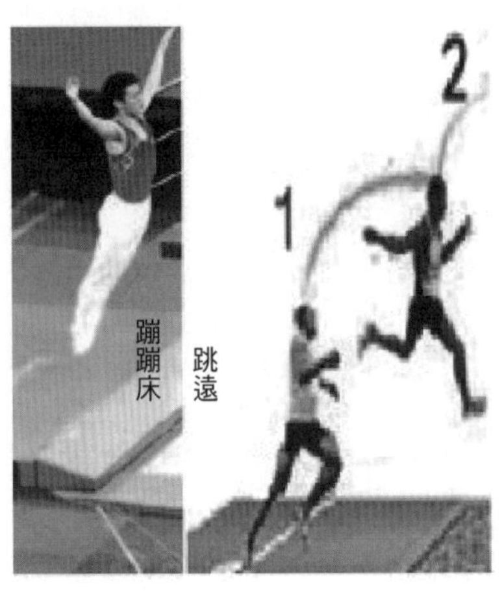

都必須是「單重起跳」，「雙重」跳不起來！也借不了力。

5. 鳥飛翔：

鳥的雙翼呈上拱形，氣流通過可以產生舉力；鳥類還會利用上升的氣流滑翔，而節省體力；鳥類的飛翔進化出了九個「氣囊」和「雙重呼吸」的本領。無論是吸氣還是呼氣，都能進行氣體交換，此為借遺傳的功能（見右圖）。

總之，魚類借水的力量而游泳遷徙，鳥類借空氣的力量而飛翔萬里，路上的動物靠地球的反作用力而跑跳和勞動生息。

現在借風力、水力、太陽能、核能來發電，就是更高級的借力技術。生活當中也離不開「借力」，譬如燃氣灶、電磁爐、煤火爐等都有烹調賴以借用的能量和器具。

帆船借風魚借水，不借動能借壓強；
單重正壓借地力，崩彈速起借勢能；
兩腳四用浪裡鑽，手肘平衡隨屈頂；
漂流無險靠雙槳，手肘管控生死爭；
看平決定身形穩，視豎決定身中正；
高蹺支撐真單重；晃板虛實忌空停；
足蹬胯抽撥楞鼓，動靜穩定學滑冰；
力量傳遞抽鞭子，拉長一緊借空鬆。

四、借力靠練器械

在武學史上。器械早於徒手幾千年。徒手拳是元清等封建王朝禁止百姓私藏兵器的結果。

1. 練器械可以增加握力和臂力。古人的刀槍，輕則幾十斤，重則百十來斤，其臂力可想而知。肌肉遵循「用則長，不用則退」的進化原則。長期練徒手拳，握力和臂力就會退化。

2. 練器械可以增加整勁，尤其是練槍術、棍術，所練之勁能夠較快地統一在槍棍上，而徒手拳練出整勁，就需要較長時間。

3. 練器械可以增加變化的靈敏度，尤其是雙手輪換著練單器械，能比較快地練出變化無形的水準。

4.練器械可以增加視力，一般徒手拳多要求看前手食指梢，練器械不但視距增長了，而且瞄準的精度也跟著會提高了。

5. 練器械是武學的必修課，不練器械，其武學功夫尚欠完美；

6. 練器械還可以增加興趣，有興趣才有體會，興趣是功夫的催化劑。

第五篇｜武學生理大要

武學是肢體文化，需要生理的支持。所以說武學研究生理，是繼承和發展孫祿堂武學必不可缺少的課題。

（一）所有生命都是由一個細胞分裂出來的。一滴水，見太陽；一粒沙，見世界；一滴血見性命、一根毛髮見基因。以上五個「一」，都是「太極一氣」的化身。

「太極一氣」是萬物之源，「一氣流行」是萬物的動靜程序。孫祿堂《太極拳學》曰：「太極者，其氣之隱於內也則為德，其氣之現於外也則為道。將神氣收斂於內，混融而為一，是太極之體也。使神氣宣佈於外，化而為八，是太極之用也。」

「有體無用，弊在無變化；有用無體，弊在無根本。所以體用兼賅，乃得萬全！知體知用，乃武學剛要。」

（二）人體內有臟腑氣血自律功能、外有肢體五官隨意功能，神經系統將兩大功能聯繫起來，成為一個生命的整體。外系統是內系統的感應和回饋終端和啟動玄關。

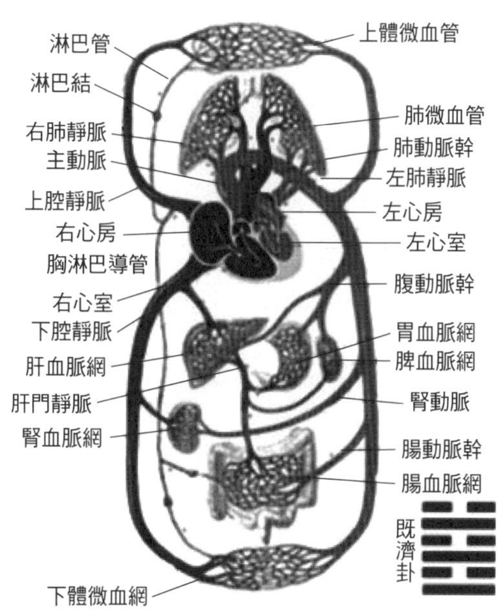

內系統自律功能中也有個別的隨意功能，譬如排二便和生理時鐘等，就有隨意功能的參與。

外系統隨意功能中也有個別的自律功能，譬如「感而遂通」是肢體、五官和皮膚先天就有的自動功能，修練武學只是提高其靈敏度而已；肢體的出汗及毛髮的生落等，也都是自律的。

隨意功能，經過長期的重複，也可轉化為自律功能，這就提示了人體本能和潛能開發的途徑，這是「拳練千遍，拳理自見」的生理基礎，也是人體「本能」之「內勁」開發的途徑。

《進化論》認為：「用則長，不用則退。」人群中下肢多比上肢老得快，究其原因，一是「久坐久站」造成「自律」功能退化；二是修練之人意念太多太重，而干擾

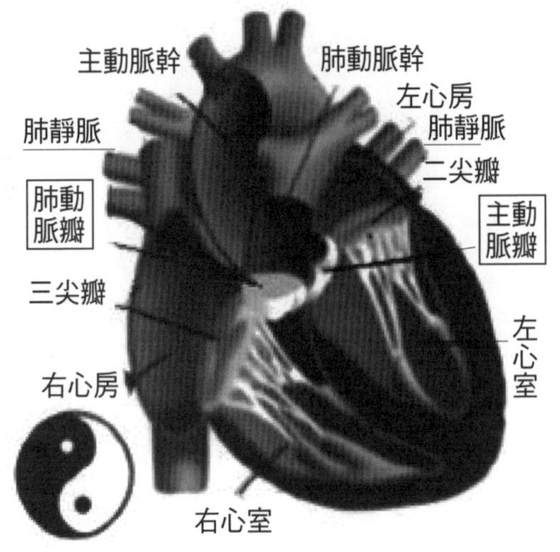

「自律」功能的傳導和反應。心意只可以指揮肢體，調控內氣則越位而有損生命。

（三）氣血乃生命之本，上下腔各有三大血脈系統「並聯」。上者大腦和五官供血循環為頭頸血脈系統。

心包大房間居中，有冠狀血脈網循環，搏動力量大，速度快。加心內的兩房兩室，合計五個房間；左右心房通心室各有一個過道門，門內分別有二尖瓣、三尖瓣控制血液不准倒流。（見上圖）

肺臟為心臟更新血液，與心臟構成居中的心肺血脈系統；

胸腹和四肢構成最龐大的體血脈系統，其中靜脈系統還衍生出人體防疫的淋巴系統。

以上三個循環系統都和心肺系統共振，這是「內外一體」和「一以貫之」的生理基礎。

（四）心房和心室交替收縮。成年人心動週期約為

0.8 秒鐘。其中左右心房收縮期約為 0.1 秒鐘，舒張期約為 0.7 秒鐘；繼而左右心室收縮，約持續 0.3 秒鐘，舒張 0.5 秒鐘。其中心房和心室有 0.4 秒鐘的「全心舒張期」。外形不停，而有一半多的休息時間，妙哉！

可見拳術也應該「有一動，必有一靜；動靜交替，循環不停」才符合生理。

意念太重，組織就不能休息。意念「有無」著循環流行，當忘者，要忘淨；當有者，要意專；當流行時，如輕風拂面，一瞬即過就有作用。

肺臟呼吸是生命的主動頻率，與心肝脾腎等臟腑和氣血，如交響樂，有共振的關係。靜態的呼吸，「氣以直養」是深吸氣，直至丹田；「綿綿若存」是慢呼氣，氤氳氳氳，潤灌全身，令手足有氣之出入感。如此呼吸，養身健體效果最好。

「起鑽」時快吸氣而稍停，大腦先得氣而有清醒感，反應和決策即時而來，若用「起鑽打化」，成功率會大大提高。

「落翻」時快呼氣而鬆沉，也稍停，手足肘膝有得力感，打擊效果也會大大提高。

這裡的呼吸之間，和心臟一樣都有短暫的休息時間，例如鐘擺，不停就沒有順逆的擺動。這是生命長久的遺傳，也是武學應該利用的自身程序和資源。

（五）胸腹之間的橫膈如內燃機的活塞而上下鼓蕩，產生胸腔和腹腔的壓差，從而推動氣血升降和新陳代謝地流行。

吸氣時橫膈下降，胸壓增大，動脈血得力而加速；

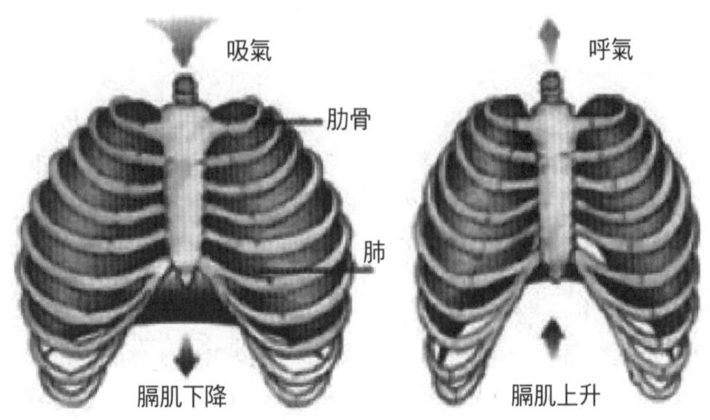

呼氣時橫膈上升，腹壓增大，靜脈血得力而加速上升，如此氣血循環不停，有利於技擊的耐力和生命的長久。

丹田部位是小腸在裡邊擠著，小腸是吸收養料（包括水分和氣體）的臟器，食物的化學反應，有的產生氣體，主要在胃臟裡進行，所以說小腸裡邊不發生釋放能量的化學反應。

「腰腹臀」有人身最長最厚的肌肉群，其中的肌肉細胞才是釋放能量的場所，所以說內勁（丹田之力），實際是橫膈和「腰腹臀」肌群共同作用的結果。

氧氣占空氣的 21%；而呼出的氣體中，氧氣還有 16%。意即氧氣不能全被吸收。而呼氣時，也不能把肺內的空氣呼盡。肺臟「吸不全呼不盡」的道理，說明「氣血都留有餘地」。

（六）肘關節，由上臂的肱骨和前臂的橈骨、尺骨三個關節組成。每兩個有一個關節囊，從而組成復關節，肱橈為窩狀關節；橈尺為車軸關節，肱尺關節最大，為蝸狀關節，是肘關節牢固屈伸的關鍵。

膝關節，由股骨內、外側髁和脛骨內、外側髁以及

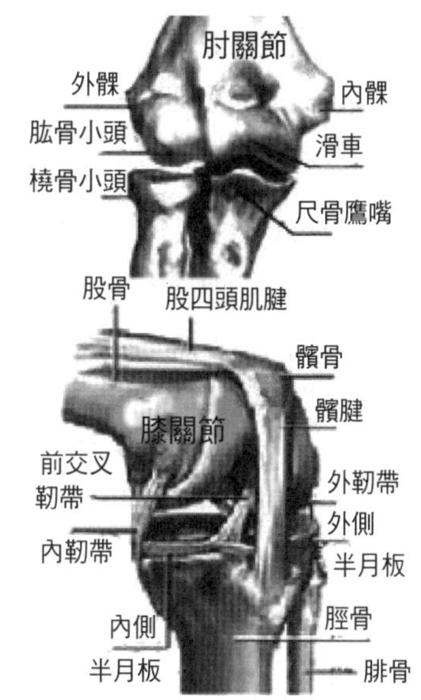

髕骨構成，為人體最大、負荷最重且構造最複雜，損傷機會較多的關節。

關節囊較薄而鬆弛，附著於各骨關節軟骨的周緣。關節囊的周圍有韌帶加固。

脛骨比腓骨粗一倍，腓骨又未參與膝關節的組成，所以借地力需要有意用脛骨正壓腳掌，垂直往下蹬勁。

脛骨髁的關節窩較淺，膝關節內有兩條交叉韌帶，加固和限制脛骨脫臼；腓外側韌帶和脛內側韌帶，加固和限制膝關節過伸，髕韌帶在前面加固和限制膝關節過屈。

肘膝關節常見的傷損：一是突然地受暴力所致，或同時受顫動的力負荷；二是長久地靜止負荷（即疲勞了還堅持）；三是不合理的屈伸（即小於 40 度的屈，大於 150 度的伸）；四是不合理的受力，即受力方向脫離了大骨（肱尺骨、股脛骨）軸線。

（七）肌肉由胚胎的中胚層發育而來，是最早生出的器官。肌肉分為骨骼肌、心肌和平滑肌三種，其功能皆為釋放力量而產生運動。心肌和平滑肌的收縮不由意識控制，且為生存所必需；自主肌肉纖維分成快慢兩種，慢肌纖維可以持續較長的時間，但力量較小；快肌收縮較快，力量也較大，但疲勞較快。

骨骼肌分佈於頭、頸、軀幹和四肢，外包結締組織膜，內有神經血管分佈。在意識和神經的支配下，牽引骨骼產生運動。骨骼肌收縮迅速、有力，但不能持久收縮。

骨骼猶如槓桿，支點在關節，肌肉的收縮產生動力。所有肌肉能量的來源，都是肌肉細胞呼吸分解有機物釋放出來的。

肌肉纖維排列整齊，其收縮都有相對肌纖維拮抗，而具有一定的緊張度。四肢的肌肉正面收縮，背面必舒張；反之正面舒張，背面必收縮。「攥著拳頭捲曲腿」是初生的先天狀態；所以獨立腿 130 度左右屈著，比直著省勁 ，對關節還有保護作用。

所有臟腑都由平滑肌包裹，以產生搏動和蠕動，推動生化和新陳代謝作用。

所謂「有氧運動」實際是「動靜中和」的運動，即氧氣供耗平衡；所謂「無氧運動」，實際是「劇烈運動」。劇烈運動消耗氧氣，比「中和運動」要多幾倍，不是「無氧」，而是供不應求的「超氧」運動。

「動靜中和」，以微微出汗為標準。汗流浹背地練功，傷水也傷氣血；不微微出汗，則運動量小，沒有強健效果。

（八）神經系統有興奮和抑制的協作，能根據肢體運動量和體液酸鹼強弱、濃淡程度而自動調整。

神經細胞以突觸連接產生記憶，需要「學而時習之」和「多次重複」而實現之。武學不重複，不會有成功。

大腦是思維和記憶中樞。左腦主存語言文本、表格數理；右腦主存視頻圖片、感性靈感。左右腦通過胼胝

(pián zhī)體關聯，且與四肢交叉聯繫。

小腦調控運動，延髓調節諸多反射，中腦調節視聽， 丘腦產生靈感，下丘腦調控內分泌(見右圖)。

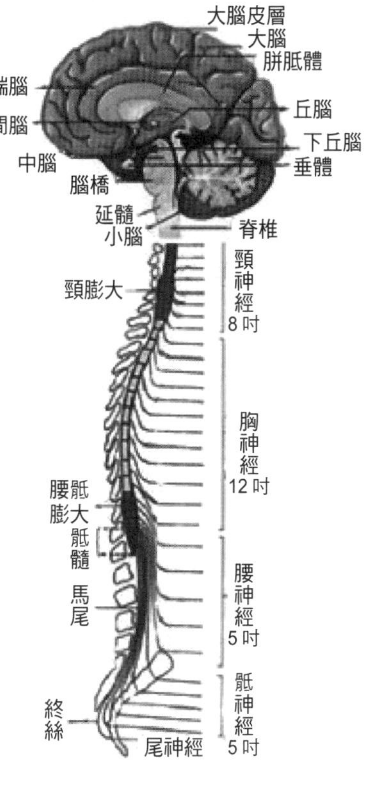

大腦有 12 對顱神經，分別是嗅神經、視神經、動眼神經、滑車神經、三叉神經、外展神經、面神經、聽神經、舌咽神經、迷走神經、脊髓副神經和舌下神經，這些神經的分佈限於頭部和頸部，但迷走神經例外，其分佈擴展至胸腔和腹腔的內臟器官。

脊髓乃神經主幹，兼有造血功能。上端在頸後，下端平第一腰椎。其中頸椎膨大，分出上肢神經叢；腰椎膨大，分出下肢神經叢。

脊髓有 31 對脊神經，每一對都有感傳訊息和指令訊息通道。分佈到軀幹和四肢。在正常生理狀況下，脊髓的許多活動是在腦的調控下完成的，但脊髓本身也能完成許多反射活動。

腦電波是大腦的基本活動，大致分為四種：

δ（德爾塔）波（頻率為每秒 1～3 赫茲）：為深睡型腦電波。

θ（塞塔）波（頻率 4～8 赫茲）：為睡意朦朧型腦電波。

β（貝塔）波（頻率為 14～100 赫茲）：為緊張應急形狀腦電波。

α（阿爾法）腦電波（頻率為 8～12 赫茲）：為大腦活躍，產生意念和意識甚至昇華為靈感型腦電波。α 腦波是我們人類先天具有的基本腦電波之一，它可以幫助人類獲得創造力和靈感。

在武學可以產生靈妙地變化。靜如平水，動如輕風；意念專注，身體輕鬆。是 α 腦波產生的條件。

（九）「視聽嗅味觸」五感是神經系統地感傳和回饋的終端，能夠導引出本能的反應。神槍手一甩就中；武技高手「應手即仆」；器樂高手不用思索，即可「妙音繞樑」；雜技演員十球飛接，無一落地；古人關羽，「箭射盔纓」等等舉不勝舉，皆是五感的作用。

踩鋼絲託大桿而有穩定、托水杯視水面而不流灑。證明兩眼見水平之物能自動調整「身穩定」，兩目掃視垂直的豎線能自動調整「身中正」。這告訴我們，武學中正和穩定，耳目有導航平與豎的作用。

心情與興趣也是武學生理大要。心情愉快地練功，招招式式有愉快心情，功夫與健康就有所得；心情煩亂地練功，臟腑既產生抵觸，還分泌毒素，有傷身之患。所以說，心情好即是長壽大要，又能產生靈感，能否做心情的主宰？能否產生靈感？主要看你的知識多寡和文化修養。

孫祿堂武學提倡「文武俱進、動靜中和」，是武學和壽世的宗旨。

（十）經絡是人體隱形的調控系統，在中國已有幾千年的歷史，武學應該認真地學習。

經絡的12正經都在「手足」之端起止，都在「肘膝」前後入臟。單側肘膝以下就有120個穴位，其中井穴、原穴、合穴等都是生命要穴。它們的循環，是「大周天」的訊息。

肘膝以下還有絡穴、郄穴各12個；陰陽蹻脈、陰陽維脈四經都起於足踝上下。

《黃帝內經》提倡「內病遠治」的理論，四總穴歌曰：「肚腹三里流，腰背委中求；頭項尋列缺，面口合谷收」。

四總穴歌說明「足三里、委中」雙穴（膝關節前後），與武學的丹田和內勁有關聯訊息；「列缺、合谷」雙穴（腕前腕後）與頸項、神氣有關聯和導引作用。另外「湧泉（腳掌下）、照海（內側腳跟）」雙穴與借力、發力有重要的關聯。武學「內功外練」在手足肘膝的穴位上有重要的機關。

奇經八脈和正經的交會穴都在手腕和足踝附近，詳見下表：

奇經	任脈	督脈	陰維	陽維	陰蹻	陽蹻	衝脈	帶脈
正經	肺經	小腸經	心包經	三焦經	腎經	膀胱經	脾經	膽經
交會穴	列缺	後谿	內關	外關	照海	申脈	公孫	足臨泣
位置	內腕上	小指根	內腕上	外腕上	內踝下	外踝下	內踝下	外踝下

孫祿堂強國健體、純以養正氣為宗旨的武學文化，總結出「文武俱進、動靜中和」地修練途徑，為把醫學、生理知識融於武學展現出光明的發展前景。但是，需要研究的內容還很多，希望武林師友當以繼承發展之。

註：其中「養正氣」就是「順自律功能而養元氣。

第六篇｜大道至簡　時位至精

「大道至簡，時位至精」，一代宗師孫祿堂分別總結為「太極一氣，動靜中和」和「形正（零誤差）則氣和，形偏（有誤差）則氣也偏」。

萬物從一個基本粒子開始，所有生命都從一個細胞分裂生長出來。這個最基本粒子和這個最原始的細胞，都含著宇宙所有的遺傳訊息和大道理。

遠古黃帝《陰符經》曰：「宇宙在乎手，萬化生乎身。」如改為「武學在於手，萬法存於身」，對武學有重要的意義。

聯繫到天籟之音，不過是 7 個音符的排列和組合；聯繫到漢字，不過是「橫豎撇捺點拐勾」7 筆的結構；現在所有通訊和多媒體等，無不是「0 和 1」排布的程序而已。

聯繫到訊息科學，「大道至簡」就簡在意念的「有無（即1和0）的循環」而一氣流行上；「時位至精」就精在意念的有無（1和0）而有序地排列上。人的大腦潛力非常大，有不少神童有「過目不忘」的本事足以證明，數位相機的道理能夠在大腦上挖掘出來，這也是「仿生、仿物」的學問，需要解放思想，實事求是地研究，消化、吸收、和再創新。

孫祿堂大師悟透了這個道理，練書法常寫「物物一太極」和「積其點畫乃成其字」。具體到武學，就是「太極一氣」和「積其手足乃成其拳」而已。

傳統武學理論都是先輩實踐總結出來的，但是能提出「動靜中和」和「積其手足乃成其拳」的道理，唯孫祿堂宗師耳！

一氣流行任自然，動靜中和借力變；
手足肘膝布球陣，時位精準神氣現。

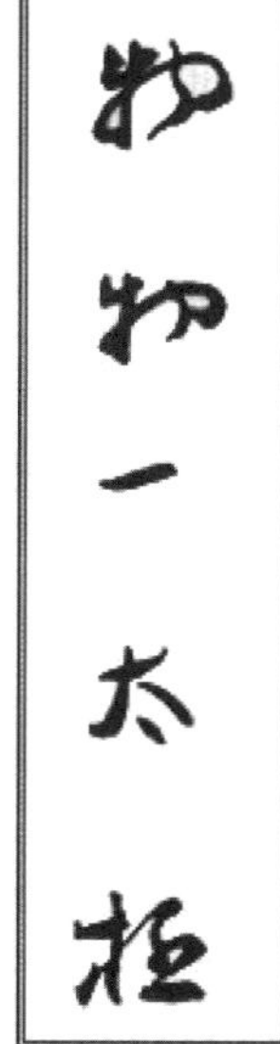

觀數位控制機床的道理，實際是仿生手足肘膝由意念啟動，而機床的精密操作全部如臟腑氣血，全自動運行的模式。如果在臟腑氣血運行上再添加「意念」指令，就是畫蛇添足，而起反作用。要知道，現在最高級的數位控制機床，也趕不上人體臟腑氣血全自動運行的精密，因為這是億萬年進化來的屬性，武學應當尊重，不可輕易妄為。

觀猛禽、猛獸無不是藏其鋒、搓起爪；觀孫祿堂、孫存周等前輩，其手型無不似鷹爪、虎掌，而在武林中「獨樹其冠」。

不用練拳，不管您什麼姿勢，譬如自然坐著，您試一試「手指腳趾張頂」，您體會胸腹頭頸是否有「六合九要」的相關要領出現；您再試一試「掌根腳根鬆沉」，體會胸腹頭頸是否也有「六合九要」的相關要領出現。這是上下有全息功能之故。

練拳中，意念「有無」著「張頂鬆沉」地循環流行，當忘者，要忘淨；當有者，要意專；當流行時，如輕風拂面，「一瞬即過」就有作用。配套措施還須：

意在手足，張頂鬆沉；腕踝肘膝，頂沉相助；
目視靶標，神存橫豎；兩足四蹄，輪換支撐。

孫祿堂宗師還常說、常寫「動中靜，靜中動；有若無、實若虛；剛柔雖分，成功則一」等字幅，這些都是「一氣流行」的要領。其頻率，快不可快過心率、慢不可慢過自然呼吸，「大道至簡」，向自身學習足矣。

孫祿堂宗師「大道至簡」的武學思想，最為明顯地表現在《八卦拳學》和《八卦劍學》上。孫式八卦拳只有一個套路，十個式子；孫氏八卦劍也只有一個套路，八個式子，這在諸家八卦拳門戶中是唯一最簡約的。

拳諺曰：「形意拳三年打死人，太極拳十年不出門。」其理在於，形意拳多是單手成拳，符合「大道至簡」的道理，所以易出功夫；各家太極拳套路多在八十多式以上，與「大道至簡」的道理有較大距離，且多有各種揠苗助長的「玄妙」功法，從而干擾了臟腑氣血和筋骨的自律功能，所以成效較慢。有太極拳老師倡導和傳授「單式」下工夫，這無疑是「明智之舉」。

從「六合九要」到「手足肘膝張頂鬆沉」，再進一步簡化到「手足張頂鬆沉」，最後再體悟「太極一氣、動靜中和」，這就能見到孫祿堂宗師「大道至簡，時位至精」的境界了。

大道本至簡，太極即一氣；拳道重中和，手足與肘膝。
六九神氣現，肢體來導引；太極柔勝剛，捋擠化彼傾。
形意由心動，奔騰與心同；武學真老師，唯心最節能。
心有不應期，拳應有瞬停；形意能練勁，五行互剋生。
八卦在身體，心肺為師尊；頭口腹股足，耳目手感應。
四肢為八卦，變化六十四；周旋少勝多，裹翻勝在中。
離心向心力，萬物賴此生；起鑽二力合，落翻二力存。
離心勻減速，向心勻加速；變速特別猛，自有災害生。

龍形

第七篇｜拳道品味

一、太極靈妙　七絕

- 正氣原是太極氣，神經感性叫靈根；
  肌肉細胞生內勁，出手靈妙在順逆。

- 拳如文章靈感做，條件反射出本能；
  開合伸縮遵生理，拳之真道踐中和。

- 一氣流行任自然，動靜中和借力變；
  手足肘膝布球陣，時位精準神氣現。

- 陰陽本是動靜象，五行生剋是作用；
  六爻八卦時位鑑，棄極用中修性命。

- 起落伸縮意在用，由足到手歸虛靜；
  正壓正載手秒殺，意念傳導如清風。

- 足踵為舟臀胯坐，腳掌為篙脛骨蹬；
  兩手為帆行順逆，兩肘為槳左右撐。

- 手足規矩謂調息，一氣流行謂息調；
  不覺出入謂停息；內外通透體呼吸。

- 上下借力順逆使，左右穿掌肘藏鋒；
  太極八法用捋擠，增加幅度彼自傾。

- 起看豎線落看平，自調中正自調平；
  起落一線連靶點，力量中和有雙贏。

二、三拳合一　七律

- 孫氏武學壽世拳，三教易理拳中含；
  練悟謙誠文武進，言傳身教桃李園。
  孫氏武學精易簡，開合太極進退連；
  八卦走轉自然步，形意起轉效天旋。

- 孫氏武學天地理，無極太極萬式基；
  孫氏儀標太極魚，龍虎熊雞體合一。
  孫氏武學尊生理，肌肉細胞發電機；
  內順自律外中和，時位精準藏絕技。

- 孫氏武學大武術，三拳合一太極理；
  拳分內外理不明，取長補短共學習。
  孫氏武學道合性，效法心肺有耐力；
  鬆空圓活玲瓏透，變化靈妙不失機。

- 孫氏武學效仿生，生命萬物存拳理；
  勁起湧泉膝胯傳，肩肘腕手鞭勁起。

孫氏武學不求玄，六合九要求規矩；
手足肘膝位精準，一氣流行求自律。

- 孫氏武學尚中和，守中用中執兩極；
鬆空圓活玲瓏透，拳法自然循順逆，
支撐八方胯為樞，起鑽落翻不露機。
三害莫犯後天化，功夫誠敬性命濟。

三、太極一氣　五絕

- 孫祿堂武學，內外一整體；整體不能分，分開不明理。
- 開合太極拳，意在手足前；伸縮如流水，順逆皮球彈。
- 八卦走轉穿，步法盡自然；穿撩橫豎撞，簡約無繁難。
- 挑拖抹掛片，六部劍飛翻；搜閉掃順截，八卦劍氣寒。
- 武術器械早，官限變徒手；刀槍力出整，劍術出靈妙。
- 明勁冷崩彈，暗勁長緩沾；化勁圓無形，本能都自然。
- 意念不可滿，行前有就靈；意念不可重，閃念即成功。
- 膝弓不可破，脛骨垂湧泉；支撐求靜固，胯根垂腳踵。

- 進步蹬腳掌，起步借體重；不蹬拉腿進，武學一大忌。
- 生命似流水，程序不倒流；行氣由基因，自律勿干擾。
- 肌肉三元理，感傳與收縮；隨意與自律，智能妙配合。
- 中和武之魂，內勁順逆求；丹田六經會，太極一氣流。
- 用胯不用腰，腰無骨架撐；用肩不用頭，頭頸護司令。
- 用拳腕勿軟，用掌指勿鬆；踢腿勿慢起；用足踝勿空。
- 快慢非為好，倣法上樓梯；速度能借力，省勁為最佳。
- 拳經在手足，起落頂張沉；時位有精準，見性自證真。
- 肌肉出內勁，細胞釋放能；有氧供耗平，劇烈難供應。
- 起步即踐性，落步即至真；式式都見性，招招見拳經。
- 武技氣為首，鼓蕩注穴流；動靜出入暢，內外玲瓏透。
- 膝弓學滑雪，抽胯學滑冰；開襠臀下坐，藏胯穩定生。
- 太極即一氣，一氣即太陰；在內為肺經，拳與肺同頻。

四、中和自律　五律

- 一切有為法，般般盡是塵；無為隨自律，天理自然存；
動當天行健，靜守地勢坤；道者非恆道，中和是真功。

- 太極充天地，皮球一氣理；虛靈頭象天，沉降足象地；
腰腹意象人，動靜有生氣；感傳皆自律，天人有全息。

- 形正氣自和，形偏氣也偏；時中身自順，位中穩如山；
手足頂有神，不張沒精神；正壓軸自中，中和正氣存。

- 搭手輕輕扶，共振求輸贏；球意永不失，借力效軸承；
以準勝彼快，鬆空勝剛柔；有意打無意，時位精度贏。

- 自律內三合，不勞意念動；隨意外三合，太極一氣行；
外合導內合，下游疏上游；梢節活氣血，根節無滯留。

- 虛實手足換，時位顯精神；支撐喜靜固，閃念打成功；
內頂膝和肘，肩胯穩坐宮；腳分舟與篙，虛實變化靈。

- 縮肘不過肋，過肋就露肘；伸肘不破弓，破弓力無崩；
虛腳不亮蹄，亮蹄腳頑空。起落不敞襠，敞襠易失中。

- 臨敵魚戲水，藐視紙老虎；精神當專注，紙虎當真虎；
後發當先至，意在彼背股；虛實靈活用，有感崩彈出。

- 勝人德為先，以道理服人；鬆空輕而勻，共振求輸贏；手足力方向，不出大骨軸；關節求正壓，膝踝無傷凶。

- 手肘張頂沉，啟動頭頸胸；頭頸自然豎，含胸肩也鬆；足膝張頂沉，啟動腰胯臀；塌腰臀胯藏，肛提神氣昂。

五、一氣流行 四絕

- 道者太極，一氣流行；中和自然，動靜不停。

- 神出虎口，張頂圓撐；意沉腕踝，氣歸坤宮。

- 天地之理，太極一氣；文武俱進，強健之基。

- 氣以直養，執兩用中；本能自然，變化無窮。

- 以虛求感，以化求變；分彼合擊，先順後逆。

- 手足肘膝，彈簧崩彈；胸腹肩胯，空而不空。

- 鷹逆風立，魚逆水游；氣逆形出，神逆氣升。

- 形正氣和，要在手足；無越不欠，勿遲勿丟。

- 支撐要靜，意念在虛；實肘鬆沉，神在虛手。

- 塌扣提頂，任督之理；裹鬆垂縮，滾鑽為用。
- 意在手足，張頂鬆沉；自然而然，一氣流行。
- 束身而起，藏身而落；起鑽踐性，落翻至真。
- 手足為用，肘膝為助；大道至簡，理在其中。
- 臂曲勁直，蓄而後發；膝屈勁正，地力能用。
- 起落進退，力從人借；勁出足蹬，神由手變。
- 手足時中，巧借順逆；敷蓋對吞，全身之力。
- 上用尺骨，拳平掌撐；下用脛骨，裹膝踝擰。
- 掤鬆肩胛，捋引斜發；擠臂沉胯，按鬆肘腰。
- 中正練體，神奇為用；體用中和，一氣流行。
- 物理生理，皆藏拳經；志堅意專，功夫有成。
- 目視靶標，見必射中；掃視橫豎，身形中正。

六、至真見性 四律

- 孫氏武學，太極文化；進跟退撤，中和實用；
  三拳合一，創新不俗；順逆和化，自然流行。

- 天賦元氣，非誠勿擾；任其自然，生命常保；
  周天循環，不勞意轉；起鑽落翻，一氣流行。

- 意在手足，張頂鬆沉；肘膝肱股，裹抱相助；
  目視靶標，神存橫豎；兩足四蹄，輪換支撐。

- 眼能攝像，見即命中；環顧橫豎，身形中正；
  指趾頂伸，雄赳氣昂；掌根足跟，意在鬆沉。

- 蹬地而起，手足張頂；占位而落，氣順身正；
  氣血升降，自律運行；胸腹鬆空，至真見性。

- 進求時位，攻不失中；退占勢位，守要寓攻；
  鬆緊自律，不用調控；攻防專注，隨彼而用。

- 內勁有限，外力無窮；拳之借力，實現萬能；
  練借地力，正壓正載；打借彼力，順彼側攻。

- 脛骨支撐，步幅適中；變換重心，快捷輕靈；
  鬆臀坐胯，一點支撐；三元之理，球動無傾。

- 練打精準，演習實戰；出其不意，忽隱忽現；狀如處女，動若脫兔；疾而無形，神為武魂。

- 武技單重，隨遇平衡；腳分舟篙，一載三撐；動壓腳掌，靜壓足踵；足踩八卦，手定五行。

後 記

孫祿堂效法伏羲先祖「觀天地萬物之理」，發現了「太極一氣、一氣流行」的萬物規律，並在武學中昇華探討，總結出「文武俱進、動靜中和」的最佳修練途徑，使武學在茫茫的傳統文化之海中，如日出海上，蓬勃向上。

本書是作者六十餘年的學練體悟。近十幾年來，幾乎每月都再瀏覽孫祿堂著作一遍，每次有每次的收穫，深感終生學習不盡。但本人表達能力有限，深深感到還沒有把孫祿堂武學的偉大和深奧精髓寫透，故而有深深地愧疚感，希望方家師友補充為盼。

現在進入訊息時代，上述大師的著作已有近百年歷史，與時俱進地繼承、發展，從而弘揚大師的武學思想，尤為重要，這將是所有武學師友的努力方向。

本書獲得孫婉容師姑的指正和肯定，還獲得董克清、馬鳳山、陳國棟、劉永占、梅紅利、高洪軍、李華、王德龍、張彬、孫靜等同學的校正，在此一併致以衷心感謝。

孫淑榮師姑 88 歲高齡，親筆寫了一幅孫祿堂晚年一首自勉詩贈余，特此附後，與眾師友共賞、品味。

絕技揚威不自神，天樞妙轉武林春；
已栽桃李成蹊徑，留得清光照後人。

導引養生功

全系列為彩色圖解附教學光碟

張廣德養生著作　每冊定價 350 元

輕鬆學武術

太極跤

東華街二段
東華街一段
B 公車站
← 往北投、淡水
1 →2 捷運石牌站2號出口
往明德站(台北方向) →
西安街二段
西安街一段
B 公車站
資源回收
榮光公園
水果店
西安街一段293巷
B 公車站
往榮總、天母
石牌國中
石牌路一段166巷
石牌路一段
致遠公園
自強街
瑞興銀行
公車站
B
石牌國小
B 公車站
大展品冠
7-11
致遠一路二段12巷
屈臣氏
致遠二路
致遠一路二段
致遠一路一段
陽信銀行
頂好超商
華南銀行
B 公車站
公車站 B
石牌路一段
石牌公車站
自強街
7-11
郵局
石牌派出所
← 往北投、淡水
承德路七段
文林北路
B 石牌公車站
承德路六段

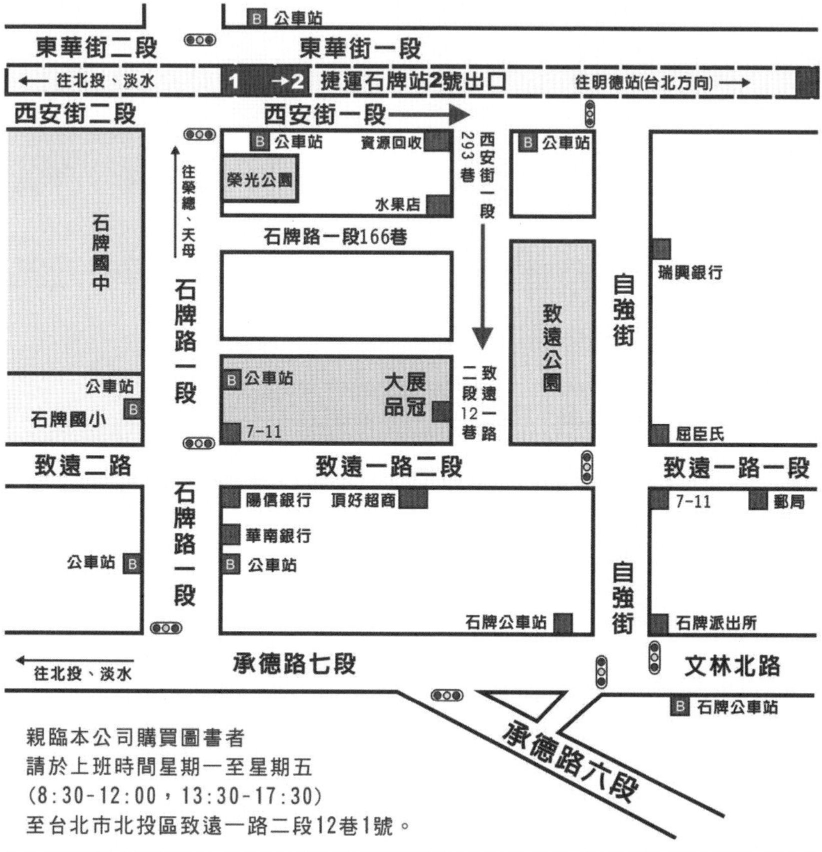

親臨本公司購買圖書者
請於上班時間星期一至星期五
(8:30-12:00，13:30-17:30)
至台北市北投區致遠一路二段12巷1號。

建議路線

1.搭乘捷運

淡水信義線石牌站下車，由月台上二號出口出站，二號出口出站後靠右邊，沿著捷運高架往台北方向走(往明德站方向)，其街名為西安街，約80公尺後至西安街一段293巷進入(巷口有一公車站牌，站名為自強街口，勿超過紅綠燈)，再步行約200公尺可達本公司，本公司面對致遠公園。

2.自行開車或騎車

由承德路接石牌路，看到陽信銀行右轉，此條即為致遠一路二段，在遇到自強街(紅綠燈)前的巷子左轉，即可看到本公司招牌。

國家圖書館出版品預行編目資料

孫祿堂武學思想 / 孫玉奎著.
——初版——臺北市，大展，2018 [民 107.12]
面；21公分—（孫氏太極拳；4）
ISBN 978-986-346-232-3（平裝）
1.拳術 2.中國
528.97 107017447

孫祿堂武學思想

著　　者 / 孫 玉 奎
責任編輯 / 李 彩 玲
發 行 人 / 蔡 森 明
出 版 者 / 大展出版社有限公司
社　　址 / 臺北市北投區（石牌）致遠一路 2 段 12 巷 1 號
電　　話 /（02）28236031，28236033，28233123
傳　　真 /（02）28272069
郵政劃撥 / 01669551
網　　址 / www.dah-jaan.com.tw
E-mail / service@dah-jaan.com.tw
登 記 證 / 局版臺業字第 2171 號
承 印 者 / 傳興印刷有限公司
裝　　訂 / 眾友企業公司
排 版 者 / 菩薩蠻數位文化有限公司
授 權 者 / 北京人民體育出版社
初版 1 刷 / 2018 年（民 107 ）12 月　　定價 / 380元

大展好書　好書大展

品嘗好書　冠群可期

大展好書　好書大展

品嘗好書　冠群可期